# Erna Pinner
# **Curious Creatures**

## *Seltsame Geschöpfe der Tierwelt*

Mit 152 Illustrationen der Autorin
und einem Nachwort von Barbara Weidle

Weidle Verlag

Praised be the fathomless universe, for life and joy,
and for objects and knowledge curious.

Gepriesen sei das unergründliche All
Für Leben und Freude, für Dinge und Wissen wunderbar.

Walt Whitman

Vorwort 7

I Der Kampf um Nahrung 9
II Allerlei Nester 37
III Väterliche Brutpflege 60
IV Wassertiere, die Luft atmen 76
V Tiere und Pflanzen 90
VI Was nicht alles aus einem Ei schlüpft 116
VII Vierfüßler, die fliegen 133
VIII Giganten der Tierwelt 147
IX Das Oberste zuunterst 166
X Camouflage 184
XI Symbiose und Parasitentum 202
XII Insekten mit sonderbaren Körperformen
und Lebensgewohnheiten 221
XIII Vögel, die nicht fliegen können 236
XIV Eine Parade der Kuriositäten 253

Nachwort
von Barbara Weidle
273
Editorische Notiz
301

## VORWORT

Die Kuriositäten des Tierreiches zeigen in bemerkenswerter Weise die Verspieltheit der Natur in ihren Entwürfen und ihre mannigfachen Neigungen und Einfälle. Diese vielseitige und eigenartige Schau, die ein besonderes künstlerisches Interesse besitzt, hat mich seit jeher angezogen, und ausgedehnte Reisen gaben mir die Möglichkeit, viele der in diesem Buch beschriebenen und dargestellten Tiere in ihrer natürlichen Umgebung zu beobachten. Bei der Betrachtung einiger der ungezählten Wunder des täglichen Lebens fühlte ich mich stets auf großzügige Weise belohnt und genoß dankbar die Gelegenheit, einen Schlüssel zu den wechselvollen Offenbarungen der Natur zu finden.

Ich spreche George Ellard, der für die Herausgabe des Buches verantwortlich ist und ein unermüdliches Interesse an seinem Entstehen zeigte, meine aufrichtigste Dankbarkeit aus. Nicht geringeren Dank schulde ich meinem Freund Dr. G. M. Vevers für das Durchsehen des Manuskripts und für all seine Hilfe und Ermutigung.

Einige Illustrationen stützen sich auf Photographien. Ich verdanke die Anregung für »Die Elf-Eule im Saguara-Kaktus« Lewis W. Walker, für »Das Flughörnchen« Edwin L. Wisherd, für »Die Gottesanbeterin« Edwin W. Teale und für »Fledermaus und Ochsenfrosch« Lynwood M. Chase.

E. P.

# I DER KAMPF UM NAHRUNG

Infolge gewisser Lebensbedingungen, oder weil sie durch ihr Milieu dazu gezwungen sind, haben viele Tiere, um sich ihre Nahrung zu fangen und sie nachher zu verwerten, höchst spezialisierte Methoden entwickelt und erfunden.

Spinnen erjagen sich ihre Beute auf besondere Weise, und jede Spinnenart hat ihre eigene Methode. Gewisse Spinnen spritzen Leim über ihre Opfer, um sie zu fangen, andere springen auf sie. Spinnen, die Netze konstruieren, sind in ihren Gewohnheiten und Aufenthaltsorten ebenfalls sehr verschieden voneinander: Die Braune Hausspinne spinnt ihr ziemlich grobes Netz zum Beispiel in jedem beliebigen Raum, während die Gartenspinne kunstvolle Netze im Freien herstellt. Alle Spinnen besitzen jedoch eine gemeinsame Eigenschaft, nämlich ihre Opfer mit Hilfe der an den Kieferfühlern sitzenden Giftklauen zu töten. Dieses Gift ist vor allem für Insekten tödlich, doch wirkt sich der Biß einiger tropischer Spinnen mitunter auch für den Menschen schädlich aus.

Die Spinnen stellen ein riesiges Geschlecht dar, das etwa dreißigtausend beschriebene Arten einschließt. Obwohl sie am zahlreichsten in tropischen Ländern sind, trifft man Spinnen noch weit bis in arktische Regionen hinein an; in der Tat, man findet sie auf fast allen Teilen der Erde, die eine Lebensmöglichkeit für sie zulassen. Spinnen sind keine Insekten; sie haben nicht sechs, sondern acht Beine, ihr Körper besteht aus zwei und nicht aus drei Abschnitten, und sie besitzen außerdem noch verschiedene andere Merkmale, die sie in die Kategorie der Arachniden einreihen, eine Klasse, die Skorpione, Milben und Zecken einschließt.

Viele Vertreter der zahlreichen Spinnenfamilien sind mit Spinnwarzen versehen, die Seide ausscheiden. Sie sind außerordentlich gute Spinner und fertigen ein schützendes Gewebe an, in das sie ihre Eier legen. Nach der ersten Häutung schlüpfen die jungen Spinnen voll entwickelt, als Miniaturausgaben ihrer Eltern, aus diesem Gehäuse oder Kokon. Außer den Kokons werden mit Hilfe der Spinnwarzen die verschiedenartigsten Netze konstruiert, die in ihrer komplizierten Anlage zwar oft von großer Schönheit sind, jedoch hauptsächlich als Falle zum Fang der Beute dienen.

Die Goldene Gartenspinne von Nordamerika, *Miranda aurantia*, fängt zum Beispiel Grashüpfer auf folgende Weise: sie webt ein großes, fast senkrecht hängendes, geometrisches Netz über Blumen. Um sich nicht selbst in ihrem Seidengespinst zu fangen, ölt sie ihre Beine immer auf das sorgfältigste ein. Der Körper der weiblichen Spinne ist über fünfundzwanzig Millimeter lang, das Männchen, weit davon entfernt, seinen Anspruch auf männliche Oberherrschaft zu vertreten, erreicht kaum ein Viertel dieser Länge. Ist nun der unvorsichtige Grashüpfer einmal im Netz gefangen, so fesselt die in leuchtenden Farben schillernde Spinne ihn so fest mit ihren Seidenfäden, daß er sich, obwohl noch lebend, nicht mehr bewegen kann. Dann spritzt sie ihr betäubendes Gift in seinen Körper und entzieht ihm alle Säfte. Nach beendeter Mahlzeit löst sie die Fäden, die den Kadaver an die Mitte des Netzes gefesselt halten, und er fällt als leere Hülle zur Erde. Das Männchen mag dann das, was noch übriggeblieben ist, verzehren, während das Weibchen zum Netz zurückkehrt und bewegungslos, mit gesenktem Kopf, auf ihr nächstes Opfer wartet.

Im Gegensatz zu dem silbrigen Gewebe der Goldenen Gartenspinne, heben die Falltürspinnen flaschenähnliche Tunnels im Boden aus. Die orientalische Falltürspinne, *Paihylomerus audouini,* glättet die Wände ihres tiefen Lochs mit feiner Seide aus und fügt dann einen waffelähnlichen, sich in Scharnieren bewegenden Deckel darüber, der, mit Erde bedeckt, sich vollkommen seiner Umgebung anpaßt. Die Spinne bewegt diesen Deckel mit ihren Beinen und wartet in dem Tunnel, unter dem kaum geöffneten Deckel, stundenlang geduldig auf Beute. Ein ahnungsloses Insekt, das sich dem Tunnel nähert, verursacht Erschütterungen, die die Spinne von seinem Nahen in Kenntnis setzen.

Goldene Gartenspinne mit Grashüpfer, der in ihrem Netz gefangen ist

Im gegebenen Augenblick springt sie dann aus dem Tunnel und stürzt sich in einer so raschen Bewegung auf ihr Opfer, daß das Auge ihr kaum folgen kann.

Über eine Periode von mehr als zehn Jahren haben F. E. Beck und Lee Passmore, zwei amerikanische Naturforscher, die einsiedlerischen Gewohnheiten der in Kalifornien weitverbreiteten Falltürspinne, *Bothriocyrtum californicum*, studiert. Sie haben durch neues Material unsere Kenntnis dieser wenig bekannten Geschöpfe erheblich erweitert. Zu den erstaunlichsten Eigentümlichkeiten der weiblichen Falltürspinne, die von ihnen entdeckt wurden, gehört die gewaltige Kraft des Tieres im Vergleich zu seiner Größe und seinem Gewicht. Sobald die ziemlich massive Tür ihres Tunnels geschlossen ist, faßt die Spinne mit ihren Klauen in zwei kleine Löcher an der Unterseite der Tür und stemmt ihre Beine gegen die Tunnelwände. In dieser Stellung kann sie sich einem Zug von zwei Kilogramm Gewicht oder noch mehr widersetzen. Dies wurde von den beiden enthusiastischen Naturforschern festgestellt, als sie den Versuch machten, die Tür mit einer starken Klinge, die sich bei diesem Versuch fast zum Zerbrechen bog, aufzustemmen.

Hochinteressant ist weiterhin die Konstruktion der ingeniösen Falltür, die mit Hilfe eines breiten Scharnieres geöffnet und geschlossen werden kann. Diese Tür, die von der Spinne mit ihren Klauen und Mandibeln gebaut wird, ist letzten Endes eine Art wasserdichter Korken aus feuchter Erde, den sie an der Unterseite und an den Rändern mit ihrem Gewebe bespritzt. Lee Passmore, der die Spinne bei ihrer Arbeit beobachtete, schreibt folgendes: »Jetzt fragten wir uns, wie wohl die kleine Arbeiterin ein Scharnier für ihre Haustür konstruieren würde, doch sie löste das Problem sehr bald auf die einfachste Weise. Sie hob die halbfertige Tür und bog sie in eine vertikale Lage zurück. Selbstverständlich brach die Tür nicht weit vom Rande der Öffnung in einer geraden Linie, aber elastisches, verstärktes Gewebe verhinderte, daß sie sich von der Innenseite der Tunnelöffnung löste. Durch die Festigkeit des Gespinstes

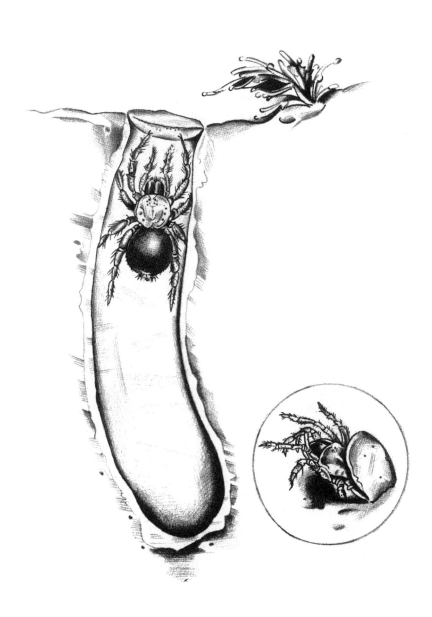

Orientalische Falltürspinne und kalifornische Falltürspinne

hatte die Spinne ein Scharnier von erstaunlicher Widerstandskraft und Stärke geschaffen.«

Im Schutze dieser gut getarnten Falltür scheint die immer wachsame und angriffsbereite Spinne den richtigen Augenblick zu kennen, um den Deckel hochzuheben, hervorzuspringen und sich auf ihre Beute zu stürzen, so wie es in der Abbildung dargestellt ist. Nach erfolgreicher Jagd läßt sie sich auf den Boden ihres Tunnels fallen, der mitunter eine Tiefe von zweiundzwanzig Zentimetern besitzt, und verzehrt die verschiedenartigsten Insekten. Um nicht aus ihrem Haus ausgesperrt zu werden, ist sie auch stets darauf bedacht, mit ihren Hinterbeinen und einem Teil ihres Hinterleibs unter der geöffneten Falltür zu bleiben, denn diese Tür paßt so genau in die Öffnung des Baues, daß sie sich nur sehr schwer von außen öffnen läßt. Es gibt sicher noch eine Menge über diese faszinierende kalifornische Spinne und das noch weitaus weniger bekannte Männchen zu lernen, und niemand weiß, welches seltsame Verhalten dabei ans Licht kommen wird.

Viele Vögel führen einen schweren Kampf um ihre Existenz, vor allem diejenigen, die von Insekten leben und jedes Jahr Tausende von Kilometern zurücklegen müssen, um genügend Nahrung zu finden. Vögel, die sich von Fischen ernähren, müssen ebenfalls viel Energie in ihrem Lebenskampf aufwenden und haben, um ihre Beute zu fangen, zahlreiche Methoden des Tauchens entwickelt. Zu den erstaunlichsten Tauchern gehören Kormorane, die in fast allen Teilen der Welt vorkommen. Gewisse Gruppen leben immer in der Nähe des Meeres, andere bevorzugen Flüsse, Seen und Sümpfe. Alle besitzen dunkle Federn auf ihrem Rücken, so daß sie aus der Entfernung schwarz aussehen, wenn auch das Gefieder in Wirklichkeit dunkelgrün oder dunkelblau gefärbt sein mag. Ganz gleich, ob sie beim Fischfang sind, auf dem Felsen sitzen und ihr Gefieder trocknen oder mit schwerem Flügelschlag in ihr Nest zurückkehren, um ihre Jungen zu füttern, immer sind sie an ihrem flaschenförmigen

Körper und langen schlanken Hals erkennbar, der beim Fliegen so weit wie möglich vorgestreckt wird. Im Gegensatz zu den Gewohnheiten vieler anderer Seevögel bauen die Kormorane ein Nest aus Zweigen und Schilf und füttern ihre Jungen durch Auswürgen der Nahrung bis zu dem Zeitpunkt, da diese unabhängig geworden und groß genug sind, einen Fisch im ganzen zu verschlingen.

Die Kormorane der alten Welt, *Phalacrocorax carbo*, bewohnen die europäischen Küsten und brüten auf Klippen und felsigen Inseln. Gewöhnlich fangen sie die Fische, indem sie mit geschlossenen Flügeln von der Wasseroberfläche aus tauchen und ihre mit Schwimmhäuten versehenen Füße als Ruder benützen; manchmal springen sie aber auch von den Felsen, um einen größeren Antrieb zu erhalten. Kormorane können geraume Zeit unter Wasser bleiben und verfolgen ihre Beute mit großer Geschwindigkeit.

Diese ausgezeichnete Methode, Fische zu jagen, ist jedoch für den Vogel selbst keineswegs immer vorteilhaft. Überall auf der Welt hat der Mensch sich die natürlichen Fähigkeiten der Tiere zunutze gemacht und in seinen Dienst gestellt. So bedienen sich die Chinesen und Japaner der Kormorane beim Fischfang. Sie verwenden zu diesem Zweck dressierte Vögel, um deren Hals sie eine Schlinge legen, und verhindern so das Verschlucken der Fische. Gewöhnlich vollzieht sich der Fischfang nachts beim Schein flammender Fackeln, von dem die Fische angelockt werden. Jedes Mitglied der Mannschaft ist für etwa ein Dutzend Vögel verantwortlich, die, wenn ihr Schlund gefüllt ist, aufs Deck zurückgezogen und gezwungen werden, ihren Fang wieder hervorzuwürgen. Nichtsdestoweniger verzweifelt der tüchtige Kormoran nicht und taucht immer wieder nach neuer Beute ins Meer.

Verlassen wir China und Japan, und begeben wir uns über den Stillen Ozean hinweg an die peruanische Küste, wo der Mensch ohne Frage ein noch größerer Nutznießer des Kormorans ist. Der peruanische Kormoran oder Guanay, der sich völlig auf die wüstenähnliche Küste des alten Inkalandes beschränkt, lebt in großen Kolonien, von denen manche aus etwa einer Million Vögeln bestehen. Seit Generationen nisten diese Kormorane hier und haben im Verlauf von Tausenden von Jahren den kostbarsten und wirkungsvollsten Dünger der Welt, den Guano, produziert. Durch das sehr trockene Klima des Landes werden die Exkremente dieser riesigen Kormorankolonien nicht weggeschwemmt, sondern häufen sich an den Brutplätzen auf und bedecken außerdem Küste, Felsen und selbst die Küstenboote mit einer dicken weißen Schicht. Obgleich ich mir des ungeheuren Wertes dieses Erzeugnisses wohl bewußt war, so verursachte mir sein überwältigender Gestank doch eine solche Übelkeit, daß ich bei dem Besuch auf einer der entfernteren Guano-Inseln nicht dazu kam, die phantastische Versammlung weißbrüstiger Kormorane zu bewundern, die für diese stattliche Düngerproduktion verantwortlich sind.

Manche Raubvögel jagen am Tag, andere nachts. Einer der raublustigsten der »schattenhaften Nachtvögel« ist fraglos die Große Gehörnte Eule, *Bubo virginianus*, die von dem berühmten Naturforscher Ernest Thompson Seton auch »der geflügelte Tiger« genannt wurde, da er sie für den charakteristischsten und reißendsten aller Raubvögel hielt. Sie ist in Nord- und Südamerika heimisch, und infolge ihrer Fähigkeit, unter den verschiedensten Lebensbedingungen existieren zu können, ist das Gebiet, das sie bewohnt, groß.

Die Große Gehörnte Eule ist wuchtiger als ihre auf den britischen Inseln lebenden Artverwandten und erreicht eine Länge von zweiundsechzig Zentimetern und eine Flügelspanne bis zu eineinhalb Meter. Wie alle Eulen besitzt sie ein schön gezeichnetes weiches Gefieder aus langen, fein gefaserten Federn in verschiedenen bräunlichen Schattierungen. Die Flügelfedern haben weiche abgerundete Enden, die den lautlosen Eulenflug bewirken, so daß sie sich unbemerkt auf ihre Beute stürzen kann. In der Verfolgung ihrer Beute ist sie gierig und kühn. Da sie sich von ungefähr allem nährt, was läuft, kriecht, fliegt oder

Tauchender Kormoran

schwimmt, ist kein Vogel oder Säugetier, vorausgesetzt, daß sie nicht zu groß sind, vor ihrem Angriff sicher. Diese Eule tötet Kaninchen, Hasen und Enten mit der größten Leichtigkeit und gelegentlich sogar Katzen, Schlangen, Stachelschweine und Stinktiere. Sie ähnelt im Aussehen dem europäischen Uhu, und genau wie dieser grausame Verwandte stößt sie nicht mit dem Schnabel auf ihre Beute, sondern ergreift sie mit den Krallen und trägt sie davon. Die Große Gehörnte Eule lebt in dichten Nadelholz- oder Laubwäldern und kommt nur nachts auf ihren Jagdexpeditionen ins offene Gelände. Sie besitzt ein sehr scharfes Gehör und hat große Augen, mit denen sie ausgezeichnet im Dunkeln sieht. Die Augen sind von einem zweiten, durchsichtigen Augenlid vor Verletzungen, denen sie beim Flug durch Zweige oder andere Hindernisse ausgesetzt ist, geschützt. Eine Eule kann allerdings nur geradeaus sehen und nicht zur Seite wie die meisten andern Vögel, infolgedessen muß sie, um ihre Blickrichtung zu ändern, den ganzen Kopf wenden.

Wenige Vögel sind so wie die Eule in der Literatur mißdeutet worden. Jahrhunderte hindurch betrachtete man sie als Unglück bringenden Vogel, obwohl anderseits ihr geradeaus gerichteter Blick für ein Symbol der Weisheit und Klugheit galt. Kein Geringerer als Homer, zum Beispiel, spricht von der weisen und »eulenäugigen« Athene.

Die meisten Nashornvögel leben wie die Eulen in Bäumen, aber der afrikanische Hornrabe, *Bucorax abyssinicus*, ist mehr für ein Leben auf dem Boden ausgestattet und frißt hauptsächlich Insekten, Ratten und Eidechsen. Wie bei allen Nashornvögeln ist auch bei dem Hornraben das Hauptmerkmal der groteske, übertrieben entwickelte hohle Schnabel, dessen Nasenaufsatz oder Helm nach vorne geöffnet ist. Der Hornrabe ist ein großer, schwarz gefiederter, etwa ein Meter langer Vogel, dessen federlose nackte Gesichtspartien bis auf blaue Ringe, die die Augen umgeben, rot sind. Er hat große kräftige Füße, und seine Beine sind länger als die der übrigen Nashornvögel. Trotz einer gewissen Schwerfälligkeit beweist er Kühnheit im

Große Gehörnte Eule Amerikas

Kampf um seine Nahrung und tötet Schlangen mit großer Geschicklichkeit, wobei er seine Flügel so eng zusammenfaltet,
daß sie wie ein Schild seinen Kopf schützen. Betrachtet man die
Abbildung des Hornraben, so wird der Leser vielleicht Mitleid
mit dem unglückseligen Opfer verspüren; letzten Endes bedeu-

Afrikanischer Hornrabe

tet aber der Lebenskampf in der Natur gegenseitiges Töten, und wenn Tiere töten, so tun sie es gewöhnlich mit größter Schnelligkeit. Und was die Ratte betrifft, so ist diese Form des Sterbens wahrscheinlich weitaus weniger unangenehm, als qualvoll in einer Falle gefangen zu werden.

Ein anderes Tier, das sich einem Leben außerhalb des Elementes, das für seine »Familie« normal ist, angepaßt hat, ist die Landkrabbe. Die Krabben, die man an den Küsten der Nordsee und des Atlantik findet, halten sich gewöhnlich in seichten Gewässern und in Felsentümpeln auf, aber in tropischen Ländern haben einige Krabben sich fast ausschließlich dem Leben auf dem Trockenen angepaßt und kehren nur zum Laichen ins Wasser zurück. Dieser Wechsel von einer Wasser- zu einer Land-Existenz muß geraume Zeit gedauert haben, da er eine Veränderung in den Atmungsorganen voraussetzt, eine Umstellung, die nur langsam vonstatten gehen konnte.

Die Landkrabbe lauert gut versteckt in Sumpflöchern und zwischen den Wurzeln der Mangroven. Wenn sie Ausschau hält, sind ihre Augen wie Periskope ausgerichtet, wenn sie aber ruht, liegen die langen Augenstiele in flachen Vertiefungen vorne auf ihrem Panzer. Für gewöhnlich ist sie sehr wachsam und immer bereit, sich auf jedes Lebewesen, das in ihre Nähe kommt, zu stürzen. Im vorgeschrittenen Alter entwickeln sich die Scheren der männlichen Landkrabben zu mächtigen Werkzeugen. Die Spezies in der Illustration, die eine Maus gefangen hat, stammt aus Westafrika.

Ein Beweis für die zahlreichen von den Krabben ausgetragenen Kämpfe sind die abgefallenen Glieder, die man bei den in der Gefangenschaft gehaltenen Tieren findet. Die Krabben besitzen jedoch eine bemerkenswerte Regenerationsfähigkeit, so daß diese Glieder mit der Zeit wieder ersetzt werden. Jede Krabbe, die eine Schere oder ein Bein verliert, stößt den Stummel an bestimmten Gelenken ab und bleibt verkrüppelt, bis sie ihre Schale abwirft. Aus diesem Schalenwechsel, bei dem die

Krabbe die ihr zu klein gewordene Schale vollständig abstößt, geht sie mit gänzlich neu ersetzten Gliedern hervor, die aber die richtige Größe erst erreichen, nachdem verschiedene Schalenwechsel stattgefunden haben.

Eine andere festländisch gewordene Krabbe, die nur zum Laichen ins Meer zurückkehrt, ist der Palmendieb, *Birgus latro*, manchmal auch Kokosnußkrabbe genannt. Der Palmendieb ist auf den kleinen tropischen Inseln des Indischen und Stillen Ozeans weitverbreitet. Im allgemeinen ist sein Aussehen dem eines großen Einsiedlerkrebses nicht unähnlich, aber da

Westafrikanische Landkrabbe

sein ungepanzerter Hinterleib unter dem mit Hornplatten bedeckten Thorax zurückgebogen ist, trägt er keine Schale zum Schutz. Die Kokosnußkrabben sind von bemerkenswerter Kraft und Größe. Ein voll ausgewachsenes Exemplar wiegt ungefähr zwei bis zweieinhalb Kilogramm und ist von der Spitze des vorderen Beinpaars bis zum hinteren Ende des Panzers gemessen fast einen Meter lang.

Das ungewöhnlichste Betragen dieses Tieres ist seine Gewohnheit, auf Palmen zu steigen. Es ist imstande, mit seinen mächtigen Scheren große, beschädigte oder gesprungene Kokosnüsse zu öffnen, um dann den fleischigen Teil der Nuß, der seine Lieblingsspeise zu sein scheint, gierig zu verzehren. Gibson Hill stellt in seiner kürzlich erschienenen Arbeit fest, daß im Gegensatz zu der allgemeinen, in vielen Abhandlungen schriftlich festgelegten Auffassung Palmendiebe nicht fähig sind, unbeschädigte Kokosnüsse zu öffnen. Er hielt Palmen-

Palmendieb oder Kokosnußkrabbe

diebe in Gefangenschaft und versuchte vergeblich, sie dazu zu bringen, solche Nüsse zu öffnen. Auf der Christmas-Insel blieben drei große Krabben drei bis sechs Wochen lang ohne Nahrung, weil sie nicht imstande waren, unversehrte Kokosnüsse zu öffnen.

Wir wissen nicht, wie lange der Palmendieb brauchte, um sich die Gewohnheit, auf Bäume zu steigen, anzueignen; wahrscheinlich bedurfte es Generationen währender Versuche, bis das Erklimmen der Bäume zu einer Selbstverständlichkeit wurde, ein Vorgang, der zweifellos eine entschlossene und intelligente Reaktion auf drastisch veränderte Lebensbedingungen beweist.

Gewisse Insekten spritzen ein paralysierendes Gift in ihre Beute, um sie dann mühelos davontragen zu können. Dieser Vorgang gehört zu den ungezählten kleinen Tragödien der Tierwelt. So wird zum Beispiel eine Zikade von einer Grabwespe, *Sphecius speciosus*, überfallen, deren Jagd sich ausschließlich auf Zikaden beschränkt, und wird von ihr nicht zu Tode gestochen, sondern in einen Zustand völliger Hilflosigkeit versetzt. Dann schleppt die Wespe sie in ihr Nest, wo die Zikade,

Von einer Grabwespe betäubte Zikade

noch immer lebend, aber gelähmt, in eine unterirdische Zelle versenkt wird. Dort legt nun die Wespe ihr Ei auf den Körper der Zikade und verschließt die Zelle mit Erde. Drei Tage später schlüpft die Larve aus dem Ei und nährt sich von dem frischen Fleisch der Zikade, bis sie ihren Kokon spinnt, in dem sie überwintert. Im Frühling verwandelt sie sich zur Puppe und schließlich zur Wespe, die, nachdem sie ihren Weg aus der Zelle gegraben hat, den ganzen Vorgang wiederholt und die nächste Generation Wespen ins Leben ruft.

Im Gegensatz zu dieser Wespe benützt der Totengräber oder Aaskäfer, *Necrophorus*, den Körper bereits verendeter Tiere, wie Mäuse, Maulwürfe und Vögel, um das Futter für die nächste Generation zu sichern. In Großbritannien allein gibt es sieben verschiedene Arten dieser Käfer, die mit Hilfe ihres stark ausgeprägten Geruchssinnes die toten Tiere ausfindig machen. Meistens scharrt eine Gruppe ausgewachsener Käfer die Erde unter der Tierleiche fort, diese sinkt in den Boden und wird dann mit loser Erde bedeckt. Die Totengräber graben vor allem mit den Beinen und benutzen ihren Kopf zum Wegschaufeln der

Totengräber oder Aaskäfer, die unter dem Körper
eines toten Vogels Erde wegschaufeln

Erde. Wenn das »Begräbnis« ausgeführt ist, legen die weiblichen Käfer ihre Eier in das von Federn oder Haaren entblößte Aas. Die auskriechenden Larven, die von dem feuchten, verwesenden Fleisch leben, entwickeln sich nach gegebener Zeit wieder zu Totengräber-Käfern, die den Zyklus fortsetzen. Mit dieser Ausnützung verwesender Tiermaterie geben die Totengräber-Käfer ein erstaunliches Beispiel von ökonomischer Assimilation in der Natur.

Verschiedene Arten von Fischen haben die Gewohnheit, aus dem Wasser hochzuspringen und auf diese Weise ihre Beute zu erhaschen. Der Schützenfisch, *Toxotes jaculator*, der in asiatischen Süßwassern lebt, besitzt eine noch originellere Methode, sich seine Opfer zu fangen. Er schwimmt nahe der Oberfläche

Schützenfisch, der auf ein Insekt zielt

und wartet, bis ein verlockendes Insekt sich auf einen überhängenden Zweig setzt oder tief über das Wasser fliegt. Nun schiebt er sein Maul nach oben und schießt einen Wasserstrahl auf sein Opfer, das naß und zerschlagen ins Wasser fällt, worauf der Fisch sich schnell seiner bemächtigt.

Da der Schützenfisch seinen Wasserstrahl mit erstaunlicher Genauigkeit zielt, fängt er Insekten außerhalb seiner sonstigen Reichweite. Schützenfische haben eine Länge von acht bis zwanzig Zentimetern, und die größeren Exemplare können auf eine Entfernung von nicht weniger als vier Meter schießen. Im Aquarium schießen sie nach Nahrung, die mit der Hand hochgehalten wird, und spritzen, wenn sie hungrig sind und die Aufmerksamkeit auf sich lenken wollen, auch nach dem vorübergehenden Wärter.

Man muß die tropischen Gewässer verlassen, um einem jener Raubfische zu begegnen, die in den lichtlosen und eiskalten Tiefen des Atlantischen Ozeans leben. Die unerforschten Tiefen der Ozeane haben seit jeher die menschliche Phantasie angeregt, und ein französisches Manuskript aus dem dreizehnten Jahrhundert enthält ein Bild, das Alexander den Großen als Taucher darstellt. Alexanders größter Ehrgeiz bestand darin, neue Welten zu erobern, aber die Legende behauptet, daß er auch der erste war, der nur um Fische zu betrachten in die Tiefen des Ozeans hinabstieg. Dabei soll er, einer Version zufolge, ein Untier gesehen haben, das nicht weniger als drei Tage benötigte, um an seinem Glaskäfig vorbeizuschwimmen.

William Beebe, der berühmte Ozeanforscher unserer Zeit, hat mit großem Erfolg Tiefsee-Expeditionen ausgeführt, indem er mit seiner Bathysphäre bis zu einer Tiefe von 923 Metern hinabsank. Bisher hat er allerdings das Fabeltier der alexandrinischen Legende noch nicht zu Gesicht bekommen, dafür aber viele phantastische Bewohner dieser geheimnisvollen Welt entdeckt. Erst kürzlich sind erneute Versuche unternommen worden, immer weiter in die Tiefen des Ozeans zu tauchen, um die Geheimnisse dieser dunklen Unterwelt zu erforschen, einer

Welt, in der die Leuchtfische eines der außergewöhnlichsten Illuminations-Systeme liefern.

Alle Fische des Ozeans sind aus Selbsterhaltungsgründen voneinander und von Krabben und anderen Kleintieren abhängig und haben daher einige erstaunliche Merkmale und Gewohnheiten entwickelt, wobei die größten durchaus nicht im-

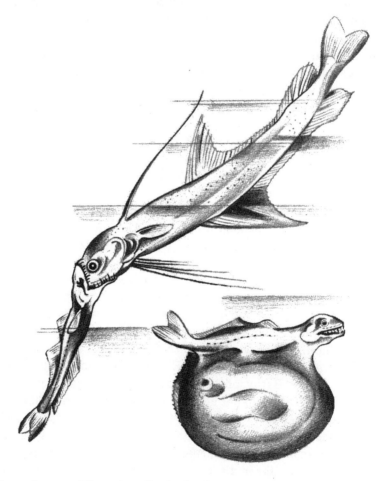

*Chiasmodon* verschlingt einen Fisch, der ihn dreimal an Größe übertrifft

mer die stärksten sind. Ein Fisch von Bermuda, *Chiasmodon niger*, der, wie die Abbildung zeigt, nicht einmal die Größe eines Herings besitzt, kann nichtsdestoweniger einen um das Dreifache längeren Fisch verschlingen, wobei sein Magen sich praktischerweise derart ausdehnt, daß er genügend Raum für sein Opfer bietet. Diese erstaunliche Fähigkeit gestattet dem kleinen *Chiasmodon*, einen viel stärkeren Gegner zu überwinden, der nur noch als zusammengerollter schwarzer Schatten in dem erweiterten Leib des kleinen Würgers zu erkennen ist.

Seesterne, *Asteroidea*, gehören zu den Echinodermen oder Stachelhäutern. Wie ihr Name besagt, ist ihre Haut hart und stachelig, und auf der Unterseite der Arme befinden sich Reihen zahlloser kleiner röhrenartiger Füßchen, mit denen sich diese Geschöpfe vorwärts bewegen. Diese sensitiven Füßchen sind mit Saugnäpfen versehen, die für die Seesterne zum Fang

Fisch, im Magen eines Seesterns gefangen

ihrer Nahrung unentbehrlich sind. Seesterne sind erbarmungslose Jäger, die die Muschel- und Austernbänke verwüsten.

Die Abbildung stellt einen gewöhnlichen fünfarmigen Seestern dar, der einen Fisch gefangen hat. Wie sehr der Fisch auch zappeln mag, er kann sich doch nicht von den Hunderten von grausamen Saugfüßchen befreien, und der Seestern wird, am Schwanz beginnend, seine lebende Mahlzeit mit Hilfe von ätzenden Magensäften gewissermaßen außerhalb seines Körpers verdauen. Hierzu stülpt er im wahrsten Sinne des Wortes seinen beutelförmigen Magen durch seinen Mund hinaus und breitet ihn um sein Opfer. In seinem gierigen und unaufhörlichen Nahrungskampf verliert der Seestern manchmal einen Arm, aber innerhalb weniger Wochen wächst ein neuer nach, so daß er bei seinem Abenteuer nicht den kürzeren zieht. Diese Regenerationsfähigkeit ist erstaunlich, und selbst wenn bestimmte Arten dieser Tiere in Stücke gerissen werden, entwickelt sich jeder einzelne ihrer Arme oder Beine mit der Zeit wieder zu einem vollständigen neuen Seestern.

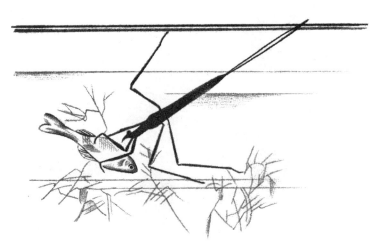

Stabwanze greift einen Bitterling an

Wenn wir das Meer verlassen und uns der verhältnismäßigen Stille seichter, stagnierender Tümpel zuwenden, so finden wir auf anderen Jagdgründen wieder andere Raubtiere. Die Stabwanze, *Ranatra linearis*, greift sehr energisch einen Bitterling unter Wasser an; der kleine Fisch, den die Stabwanze mit ihren Fangarmen erbeutet, besitzt geringe Hoffnung auf ein Entkommen und wird, da er durch den giftigen Speichel gelähmt ist, von diesem blutdürstigen Insekt bis zur Trockenheit ausgeschlürft. Ähnlich wie eine große Anzahl anderer Wasserinsekten muß die *Ranatra linearis* zum Atmen an die Wasseroberfläche treiben, und während die Spitze ihrer Atemröhre dann in die Luft ragt, bleibt der übrige Körper unter Wasser. In vielen Teichen Europas findet man Wasserstabinsekten, die dem Gewirr von Pflanzenteilen und Halmen täuschend angepaßt sind. Sie sind dreieinhalb bis vier Zentimeter lang und besitzen außerordentlich gestreckte, gelbliche Körper mit dünnen, der Kohlschnake ähnlichen Beinen.

Der »Smoky«-Dschungelfrosch, *Leptodactylus pentadactylus*, des undurchdringlichen südamerikanischen Urwaldes, ist eine für seine Größe überaus gefräßige Kreatur. Er verbirgt sich in den Tümpeln tropischer Höhlen und ähnelt mit seinem breiten Kopf, den großen hervorstehenden Augen und dem fetten kräftigen Körper dem Ochsenfrosch. Mit seinem Gewicht von etwa 450 Gramm greift er fast jedes lebende Tier seiner eigenen Größe an und bewältigt mit Hilfe seiner muskulösen Zunge Fledermäuse, Ratten, kleine Opossums und Schlangen. Kenneth W. Vinton, Professor für Naturwissenschaften an der Cristobal High School in der Panamakanal-Zone, hielt zwei Jahre lang einen solchen Dschungelfrosch gefangen. Er berichtet von dem erstaunlichen Appetit dieses Vertreters der Amphibien und gibt eine, anschaulich von Röntgenaufnahmen begleitete, lebhafte Schilderung der denkwürdigen Episode, als »Smoky« eine grüne Baumschlange von nicht weniger als 1,37 Meter Länge verzehrte. Nachdem der Frosch seine Zunge gegen ihren Kopf geschnellt hatte, schnappte er ihn und würgte dann zwei

Tage lang die Schlange stückweise hinunter. Von Zeit zu Zeit hielt er mit philosophischer Gelassenheit ein, um den Magensäften Zeit zu geben, ihr zerstörendes Werk zu verrichten und den Weg für das Ende der Mahlzeit frei zu machen. Bevor sie erstickte, schlug die Schlange wie wild um sich und wand ihren Körper um den Frosch. Aber wie Professor Vinton sagt, über das Ende des Kampfes konnte kaum ein Zweifel bestehen, denn selbst eine Schlange kann nicht lange ohne Luftzufuhr mit ihrem Kopf in einem Froschmaul leben.

Fast zweitausend bereits bekannte Froscharten leben über die Erde verstreut. Es gibt Riesenfrösche und Zwergfrösche, kletternde und sich vergrabende Frösche, haarige und gehörnte Frösche, und sie alle haben sich auf die eine oder andere Weise den verschiedenen Lebensbedingungen angepaßt. Nichtsdestoweniger kann man mit Sicherheit behaupten, daß die meisten Frösche ihre Beute durch Hervorschnellen ihrer klebrigen Zunge fangen. Die Illustration auf Seite 33 zeigt einen javanischen Frosch, *Limnodytes erythraeus*, der ein Insekt fängt. Die Zunge, die in der Ernährung des Frosches eine so bedeutende Rolle spielt, ist weich, fleischig und von klebrigem

»Smoky«-Dschungelfrosch, der eine Schlange verschluckt

Speichel benetzt. Es ist bemerkenswert, daß bei der Froschzunge alles sozusagen umgekehrt ist: Anstatt daß die Zunge
im Schlund wurzelt und die Zungenspitze vorn im Mund liegt,
ist die Froschzunge an der inneren Unterlippe angewachsen,
und die Zungenspitze hängt lose in den Hals hinunter. Will der
Frosch ein Insekt fangen, so bewegt sich der ganze Apparat im
Halbkreis, die Beute wird mit der Zungenspitze gefangen, erst
in den Mund und dann in den Magen geschleudert, worauf die
Zunge wieder in ihre normale Stellung zurückkehrt. Dieser eindrucksvolle Vorgang vollzieht sich mit rasender Geschwindigkeit und ist für die Mehrzahl der Frösche von entscheidender
Bedeutung zur Beschaffung ihrer Nahrung.

Javanischer Frosch, der ein Insekt fängt

Im Gegensatz zu den Fröschen benutzt die Schlange ihre Zunge weder um Nahrung zu fangen noch, wie allgemein angenommen wird, zum Stechen. Die sensitive und vibrierende Zunge der Schlange dient neben dem Tasten auch dem Riechen, indem sie die Nahrungsstoffe zu einem am oberen Gaumen sitzenden Geruchsorgan führt. Sie ist lang und dünn und spaltet sich am Ende in zwei fadenähnliche Spitzen.

Schlangen besitzen weder Beine noch äußere Ohröffnungen noch bewegliche Augenlider. Die Augen werden durch durchsichtige hornige Platten geschützt, die zur Schlangenhaut gehören und mit dieser abgeworfen werden, wenn die Schlange sich häutet. Der Mangel an beweglichen Augenlidern ist der Grund für den typisch gläsernen und starren Schlangenblick, der diese Reptilien kennzeichnet.

Schlangen haben eine ganz besondere Methode entwickelt, sich auf dem Boden vorwärts zu bewegen. Sie besitzen eine ungeheure Anzahl von Rippen, die sich fast über die ganze Länge des Körpers erstrecken, und jede dieser Rippen ist durch Muskeln mit den breiten, hornigen, sich überlagernden Schilden verbunden, mit denen die ganze Unterseite dieser Tiere bedeckt ist. Die Schlange kann, indem sie diese Schilde vorwärts bewegt und dann gegen die Unebenheiten des Bodens wieder abstößt, mit großer Geschwindigkeit wellenartig vorangleiten, Diese Art von Fortbewegung ist eine der bemerkenswertesten Phänomene in der Mechanik der Tierwelt.

Im allgemeinen verschlingen Schlangen ihre Beute im ganzen, wobei sie, wenn erforderlich, ihr Maul erstaunlich weit ausdehnen können. Dies wird dadurch ermöglicht, daß die aus zwei fast geraden Knochen bestehenden Kiefer vorn durch elastische Sehnen verbunden sind, die sich sowohl ausdehnen als auch zusammenziehen können. Dank dieser ingeniösen Einrichtung vermögen die Schlangen selbst große Tiere anzugreifen und zu verschlingen, kurzum, sie passen ihr Maul der jeweiligen Größe ihrer Beute an und nicht umgekehrt.

Es gibt viele Arten von Giftschlangen, wie Nattern, Vipern,

Kobras und Kraits, und sie alle sind für Tiere, selbst wenn diese größer als die Schlangen selbst sind, von gleich tödlicher Gefahr. Die Königshutschlange oder *Hamadryas* der malaiischen Staaten, *Naja hannah*, ist die größte aller Giftschlangen und erreicht eine Länge von fast fünf Metern. Die ausgewachsene Schlange ist von gelblichbrauner Färbung mit schwarzen Kreuzbändern. Diese Kobra, von den Portugiesen *Cobra de Capello* genannt, gehört zu den Hutschlangen, die alle Mitglie-

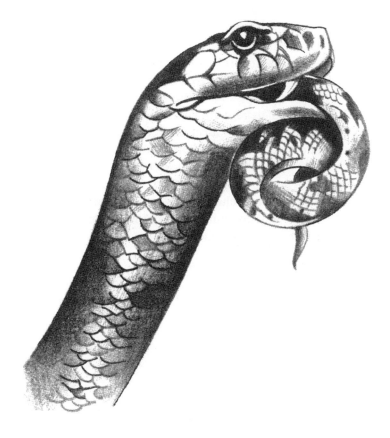

Hamadryas verschlingt eine andere Schlange

der der Familie *Elapidae* sind. Ihre Mannigfalt und Häufigkeit ist erstaunlich, und das bekannteste Merkmal ist der »Hut« der sich unter dem Einfluß großer Erregung erhebt. Er besteht aus einer losen Schicht Nackenhaut, die mittels der verlängerten Rippen aufgespannt werden kann. Keine Kobra hält jedoch ihren Hut dauernd aufgerichtet oder entfaltet, und während die Kobras ruhen, sind die Rippen zurückgefaltet, und von dem Hut ist jede Spur verschwunden.

Die Königshutschlange wird als eines der gefährlichsten Tiere der Welt betrachtet. Kannibalisch in ihren Gewohnheiten, nährt sie sich von anderen Schlangen, und ihr Biß ist ausnahmslos tödlich für den Menschen. Das Gift wird durch ein Paar Giftzähne, wie sie die meisten Giftschlangen in ihrem Oberkiefer besitzen, in das Opfer gespritzt. Diese gefurchten und starren Zähne stehen mit Giftsäcken, die zu beiden Seiten im Inneren des Hinterkopfes liegen, in Verbindung. Beißt die Schlange, so öffnen sich die Säcke durch Druck und versorgen die Giftzähne mit dem verhängnisvollen Toxin. Sollten die für das imposante Reptil durchaus lebenswichtigen Zähne abbrechen, so werden sie durch neue ersetzt. Die *Hamadryas* ist das großartige Beispiel eines hochentwickelten und spezialisierten Tieres, typisch für das im Nahrungskampf geltende Naturgesetz: »Friß oder werde gefressen.«

Die Sage von Phönix, dem Feuervogel, der seiner Wiege aus Flammen und Asche entsteigt, mag frei erfunden sein; dennoch besteht kein Zweifel, daß ungezählte Kreaturen in den sonderbarsten Wiegen geboren und aufgezogen werden, sei es auf dem Land oder auf und unter dem Wasser. In diesem Kapitel will ich einige der ungewöhnlichen Methoden schildern, die gewisse Tiere anwenden, um diese Nester oder Wohnstätten zu bauen.

Das Atmen von Luft ist für Spinnen zwar durchaus lebensnotwendig, doch haben einige Spinnenarten die bemerkenswerte Eigenschaft erworben, sich lange Zeit unter Wasser aufzuhalten. So spinnt zum Beispiel die Wasserspinne, *Argyroneta aquatica*, eine interessante Bewohnerin vieler Teiche, ein hohles glockenförmiges Nest unter Wasser, das mit Hilfe elastischer Seidenfäden an irgendwelchen Wasserpflanzen verankert wird. Nach Fertigstellung dieser Wohnglocke, die nach unten geöffnet ist, muß die Wasserspinne, um darin leben zu können, dieselbe mit Luft versorgen. Dies geschieht, indem sie zur Wasseroberfläche aufsteigt, ihren haarigen Körper mit der Luft in Berührung bringt und die derart gesammelte Luft in einer großen Luftblase, die mit Hilfe der Beine an den Hinterleib gedrückt wird, unter ihr Gehäuse zurückträgt. Dort angekommen, läßt sie die Luftblase los, die automatisch durch die Öffnung zur Decke ihrer Behausung emporsteigt. Diesen Vorgang wiederholt sie mehrere Male, bis ihre Wohnglocke ganz mit Luft gefüllt ist. Nachdem diese Vorbedingungen zum Atmen getroffen sind, finden Liebesspiel, Paarung und Eiablage innerhalb der Glocke statt, und die jungen Wasserspinnen wachsen in einer besonderen Kinderstube im oberen Teil des Gehäuses auf, ohne die Notwendigkeit vorübergehender Kiemen.

Die Wasserspinne verbringt den größten Teil ihres Lebens in ihrer Wohnglocke; am Tage ruhend, jagt sie nachts die verschiedenartigsten Wasserinsekten, die ihr als Nahrung dienen. Sie verwendet große Mühe darauf, ihr feines Haarkleid sauber-

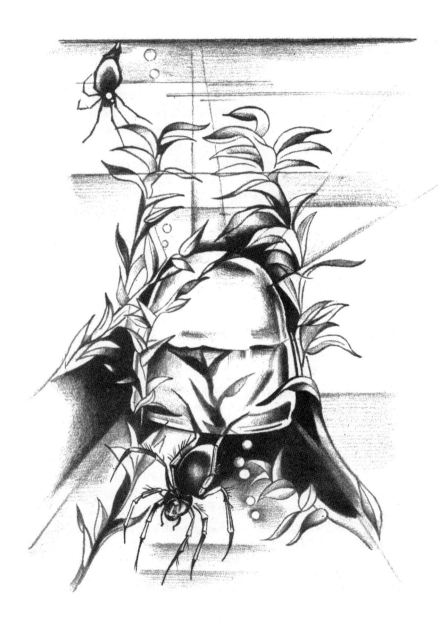

Weibliche Wasserspinne und ihre Wohnglocke unter Wasser

zuhalten, das eine so wichtige Rolle beim Lufttransport von der Oberfläche zum Gehäuse spielt. Man beobachtete Spinnen, deren Behaarung durch Algen und Moosteilchen beschmutzt und verklebt war, bei fruchtlosen Versuchen, Luftblasen zu sammeln. Ihr Schicksal war besiegelt.

Wie einfach und bescheiden die Konstruktion der Seidenglocke der Wasserspinne auch sein mag, ist sie dennoch ein Wunder technischer Vollendung, verglichen mit den menschlichen Versuchen, Taucherglocken herzustellen, deren Ausführung kompliziert und schwerfällig ist.

Im Gegensatz zu der Wasserspinne baut der Katzenhai, *Scyliorhinus canicula*, kein eigentliches Nest, sondern schützt seine Eier mit sonderbaren gelben, länglichen Hornhüllen, die man am Strande findet und die vom Volksmund auch mitunter »Meerweiberbeutel« genannt werden. Diese Eihüllen sind an den Enden mit langen spiralig gedrehten Schnüren versehen, mit deren Hilfe sie an Seetang oder Felsen befestigt werden. Da sie durchsichtig sind, kann man gelegentlich im Aquarium den mit einem Dottersack verbundenen jungen Fisch darin sehen, der sich bis zum Ausschlüpfen von diesem Dottersack ernährt, eine Entwicklung, die acht bis neun Monate dauert.

Der Katzenhai kommt in allen Gewässern um die britischen Inseln und den europäischen Kontinent ziemlich häufig vor. Er gehört seiner allgemeinen Anatomie nach zur Familie der Haie. Die rauhe Haut ist nach der Gerbung als Chagrinleder bekannt und wird, wie die Haut einiger größerer Haie, zum Polieren verwendet.

Die meisten Vögel bauen ihre Nester in Bäumen und Hecken, auf Klippen und in Dachgiebeln und sogar auf der Erde. Einige allerdings besitzen ungewöhnlichere Nistgewohnheiten. So baut zum Beispiel die Elf-Eule, *Micropallas whitneyi*, die nicht viel größer als ein Spatz ist und wahrscheinlich zu den kleinsten Eulen der Welt zählt, überhaupt kein Nest, sondern bezieht eine bereits von einem Specht ausgehöhlte leerstehende Wohnung, ein Loch in etwa fünf Meter Höhe im Stamme eines Riesen-

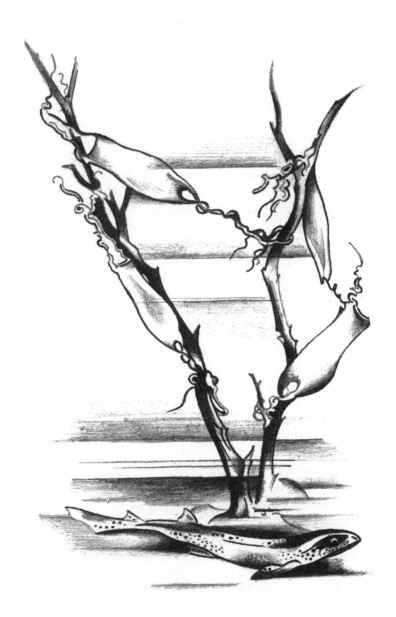

Katzenhai mit seinen Eikapseln

Saguaro-Kaktus, Dieser Unterschlupf ist innen mit einer dikken Schicht hart gewordenem Kaktussaft überzogen, und hier
oben in ihrer Dachkammer, mit einem Blick über die heiße Wüste von Arizona und den Kaktusgürtel der südwestlichen Staaten Nordamerikas, fühlt die kleine Eule sich sehr sicher. Sie ist
ein Nachtvogel und nährt sich von Insekten, Ameisen, Käfern,
Grashüpfern und gelegentlich auch einmal von einer Maus. Im
Gegensatz zu ihren großen lautlosen Artverwandten fliegt die
Elf-Eule mit zischendem Flügelschlag durch die Nacht und verursacht dabei ein Geräusch, das in keinerlei Verhältnis zu ihrem Ausmaß steht. An List ist sie den großen Eulen jedoch absolut ebenbürtig; wenn man sie fängt, stellt sie sich oft tot und
wartet bewegungslos und schlaff auf eine Gelegenheit zu entwi-
schen, die sie dann mit erstaunlicher Geschwindigkeit ergreift.

Ein anderer Vogel, dessen Nistgewohnheiten ebenso sonderbar sind, ist der indische Doppelnashornvogel, *Dichoceros bi-
cornis*, der in den dichten Urwäldern von Bengalen zu Hause
ist. Dieser schwarz und weiß gefiederte Vogel ist mit einem riesenhaften gelben Schnabel versehen, auf den ein imposanter
Helm aufgesetzt ist; er ist bei weitem der auffallendste aller in
den Bäumen lebenden Nashornvögel – ein Vogel hinter einem
Schnabel.

Im Frühling sucht sich das Weibchen eine Höhlung in einem
Baumstamm und mauert sich dann ein, indem sie ihren Schnabel als Maurerkelle benützt; sie verkleistert den Eingang mit
Schlamm oder Mist, bis zum Schluß nur noch eine kleine Öffnung übrigbleibt, durch die sie kaum den Kopf stecken kann.
Dieses Einmauern wird ausschließlich von dem Weibchen voll-
bracht, das seine Arbeit vom Nestinneren her ausführt; das
Männchen scheint, unserer Kenntnis nach, das Nest nie zu be-
treten, wenn auch bei gewissen Nashornvogelarten das Weibchen von ihm mit Material versorgt wird. Die Einmauerung
dient zweifellos zum Schutz gegen Schlangen und sonstige
feindliche Tiere, doch macht sie anderseits das Weibchen zu einer Gefangenen, bis die Eier ausgebrütet sind und die Jungen

Kleine Elf-Eule im Stamm eines großen Saguaro-Kaktus

sich den Gefahren des Waldes aussetzen können. Die Vogelmutter hungert jedoch nicht, da das Männchen sie unausgesetzt mit wilden Früchten, kleinen Reptilien, Insekten und anderen Futtermitteln versorgt, die es durch den kleinen Spalt mit seinem Schnabel hineinreicht. Während dieser Kerkerzeit findet gewöhnlich bei den Weibchen eine Mauserung statt, und sie verlieren ihre großen Federn, was wahrscheinlich von den Vögeln in ihrer engen, wenn auch hygienischen »Kinderstube« als Erleichterung empfunden wird.

Nashornvögel sind außerordentlich aktive Vögel und ausdauernde, wenn auch langsame Flieger. Die Leichtigkeit, mit der sie sich trotz ihres riesigen Schnabels durch die dichten Wälder manövrieren, wird besser verständlich, wenn man einen toten Nashornvogel seziert und die trockene hornige Schale, die seinen Schnabel umgibt, abnimmt. Die Knochenstruktur unter der Schale ist nicht massiv, sondern besteht aus unzähligen lufthaltigen Zellen oder Kammern, die durch allerdünnste Knochenwände voneinander getrennt sind. Dementsprechend ist die ganze Struktur außerordentlich leicht: ein etwa dreißig Zentimeter langer Schnabel wiegt nur ein paar Unzen.

Völlig verschieden von den Nashornvögeln sind die australischen Großfußhühner oder Megapoden, die ihre Eier überhaupt nicht ausbrüten. Manche legen sie in den heißen Sand, andere suchen sich geeignete Plätze in der Nähe heißer Quellen, und wieder andere, wie der Talegallahahn oder Buschputer, *Alectura lathami*, werfen riesige Haufen aus Pflanzenstoffen auf, deren natürliche Gärung die für das Ausbrüten der großen Eier notwendige Hitze erzeugt.

Das Material für diese Hügel wird meistens von mehreren männlichen Vögeln, die gemeinsam arbeiten, zusammengescharrt, indem sie rückwärts tretend aus Laub, Erde und Schutt einen Haufen aufwerfen. Wenn eine größere Anzahl Vögel sich zusammengetan hat, um ein gemeinsames Nest an einer bestimmten Stelle zu errichten, und Jahr für Jahr daran weiterbaut, erreicht der Haufen manchmal einen Umfang von dreißig

Indischer Doppelnashornvogel

Metern und eine Höhe von über zwei Metern. Ein solcher Hügel, der im Zoo von Whipsnade während der Nistperiode aufgeschichtet wurde, wog über fünf Tonnen. Die Weibchen legen ihre Eier in diesen Laubhaufen, wo sie sorgfältig bedeckt liegenbleiben, bis sie ausgebrütet sind. Dann bahnen die jungen Buschputer sich ihren Weg ins Freie und erscheinen nicht, wie man erwarten würde, als mit Flaum bedeckte Kücken, sondern mit einem Gefieder, das sich nur wenig von dem der ausgewachsenen Vögel unterscheidet. Dazu kommt, daß sie innerhalb einer Stunde nach ihrem Auskriechen fliegen können und so zu den wenigen Vögeln zählen, die in solch fortgeschrittener Form aus dem Ei schlüpfen. Dieser Vorgang zeigt, daß keine elterliche Fürsorge als solche besteht und deren Aufgabe erfüllt ist, wenn die Eier in eine angemessene Umgebung gelegt sind. Die Gewohnheit, das Ausbrüten dem Zufall zu überlassen, ist allerdings bei den meisten Reptilien verbreitet, und die Tatsache, daß die Großfußhühner die gleichen Gewohnheiten besitzen, mag eine Ureigenschaft sein, mit Hinblick auf die Theorie, daß sich die Vögel aus den Reptilien entwickelten.

Australischer Buschputer

Zwergmäuse

Im Gegensatz zu dem reptilienähnlichen Verhalten der meist am Boden lebenden Megapoden, flicht die kleine europäische Zwergmaus, *Micromys minutus*, ein kugelförmiges Nest, das mit der kunstvollen Konstruktion einiger Vogelnester verglichen werden kann. Hauptsächlich aus Grashalmen hergestellt, wird es manchmal an einem Zweig oder einer kräftigen Pflanze frei aufgehängt, aber meistens im Getreide um ein paar reifende Ähren geschlungen. Die Nestwände sind dünn, aber stark genug, die ziemlich große Familie von gewöhnlich sieben oder acht eng aneinandergedrückten Jungen einzuschließen, die ernährt werden müssen, bis sie sehen und sich selbst versorgen können. Das Nest dient nur als Sommerresidenz, denn sobald es kalt wird, zieht sich die Maus unter die Erde zurück, wo sie den Winter in einem Zustand mehr oder weniger ausgeprägter Erstarrung verbringt.

Die Zwergmaus ist ohne Schwanz gemessen nicht mehr als fünf Zentimeter lang und wiegt nur wenige Gramm. Neben ihrer Geschicklichkeit im Nestbau besitzt sie noch die Auszeichnung, das einzige europäische Säugetier zu sein, das über einen Greifschwanz verfügt. Diesen Schwanz benützt sie höchst erfolgreich und führt im Getreide damit die akrobatischsten Kunststücke auf. Man kann sie, den Schwanz um einen Stengel geschlungen, oben auf einer schwankenden Ähre sitzen sehen, emsig damit beschäftigt, ihr Gesicht zu waschen oder eifrig an einem der Körner zu nagen. Dieses anziehende kleine Geschöpf, mit seinem rostbraunen Fell und seiner weißen Brust, ist im Notfall auch imstande, hervorragend zu schwimmen und zu tauchen.

Welch ein enormer Unterschied besteht zwischen der eleganten und zierlichen Zwergmaus und dem bescheidenen Pillendreher, *Scarabaeus sacer*; aber die Vorsorge, die dieses Insekt für seine Nachkommenschaft trifft, noch ehe die Eier gelegt sind, macht es nicht weniger interessant. Der Pillendreher nährt sich von dem Mist der verschiedensten Tiere, wie Pferde, Kamele und Schafe. Aus dieser Substanz formt er eine

Kugel, die etwa der Größe einer Walnuß entspricht, und rollt sie dann mit seinen Hinterbeinen rückwärts in ein Loch oder in eine weiche Bodenvertiefung, wo der Schatz vergraben wird. Diese Aufgabe, die Pille zu rollen, wird öfters von mehreren Käfern gemeinsam ausgeführt. Die Dungkugeln werden nicht nur verzehrt, sondern von den weiblichen Käfern dazu benützt, ihre Eier hinein zu legen. Nachdem die Larven aus dem Ei geschlüpft sind, nähren sie sich von diesem von den Eltern beschafften Speisevorrat.

Von allen Pillendrehern ist zweifellos der weitaus berühmteste der ägyptische Skarabäus, dessen schöne grüne Färbung einen Goldschimmer besitzt. Der Skarabäus ist fast auf allen ägyptischen Baudenkmälern abgebildet, manchmal mit geschlossenen und manchmal mit ausgebreiteten Flügeln, eine Dungkugel zwischen den Vorderbeinen haltend. Es ist mit Sicherheit anzunehmen, daß im Ägypten der Pharaonen der Skarabäus als heiliges Tier verehrt wurde. Amulette aus Gold und Edelsteinen wurden in der Form dieses Käfers hergestellt und von den Ägyptern um den Hals getragen, die anscheinend von ihrer zauberhaften Schutzwirkung so überzeugt waren, daß sie

Pillendreher

sich mit diesem Schmuck begraben ließen. Das vorstoßende, seltsam gekerbte Kopfschild des Skarabäus und die zahnähnlichen Auswüchse an seinen Vorderbeinen wurden als Sinnbild der Sonnenstrahlen gedeutet. Andererseits begründete sich der Glaube, daß die Tiere in einer Beziehung zum Mond stünden, auf der Annahme, daß die Käfer ihren geheimen Speisevorrat erst achtundzwanzig Tage oder einen Mondmonat nach der Versenkung angriffen.

Ein anderes Insekt, der Große Schwarze Kolbenwasserkäfer, *Hydrous piceus*, baut sein Nest unter Wasser. Dieser Käfer, der zur Familie der *Hydrophilidae* gehört, ist in fast allen Teilen der Welt zu finden. Er erreicht, wenn er ausgewachsen ist, eine Länge von ungefähr siebenunddreißig Millimetern. Da er ein luftatmendes Insekt ist, das sich einer Existenz im Wasser angepaßt hat, trägt er unter den harten glänzenden Flügeldecken einen großen Luftvorrat zwischen den feinen, den oberen Teil seines Hinterleibes bedeckenden Härchen. Außerdem ist

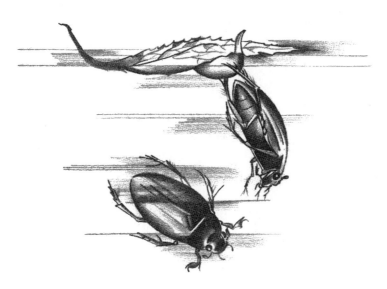

Großer Schwarzer Kolbenwasserkäfer mit seinem Kokon

seine ganze Bauchfläche noch mit einer silberglänzenden Luftschicht bedeckt, der er wohl seinen englischen Namen *Great Silver Water Beetle* verdankt. Sehr charakteristisch ist weiterhin das kurze, kolbig verdickte und mit Schwimmhaaren versehene Fühlerpaar, das der Käfer beim Auftauchen an die Wasseroberfläche zum Atmen benutzt. Indem er seine Hinterbeine abwechselnd bewegt, schwimmt der Kolbenwasserkäfer im Zickzackkurs durch die stehenden Gewässer der mit Wasserpflanzen bedeckten Tümpel, Gräben und Teiche. Er nährt sich hauptsächlich von pflanzlichen Stoffen.

Nachdem nun eine gewisse Vorstellung seiner allgemeinen Erscheinung gegeben wurde, ist es angebracht, das eigenartige Nest zu beschreiben, das der Schwarze Kolbenkäfer unter Wasser konstruiert. Dieses Nest dient ausschließlich als Kinderstube und wird aus Seidenfäden vom weiblichen Käfer hergestellt, der zwei Spinnwarzen am hinteren Ende seines Körpers besitzt. Das Käferweibchen klammert sich, mit dem Rücken nach unten, an Seetang oder an ein auf dem Wasserspiegel treibendes Blatt und fertigt eine gewölbte Gespinstplatte an, die es mit einem von ihm erwählten Objekt verankert. Daraufhin nimmt es wieder eine normale Stellung ein und verfertigt eine zweite Gespinstplatte, die es mit der ersten an den Rändern vereinigt. In den so entstandenen kugelförmigen Kokon legt es dann seine Eier, und dieser winzige Nachen schwimmt auf dem Wasser und besitzt sogar einen kleinen Mast, der wie das Periskop eines Unterseebootes emporragt und wahrscheinlich den Kokon mit Luft versorgt. Die Herstellung dieses Kokons dauert vier Stunden, und innerhalb von sechzehn Tagen schlüpfen die Larven aus. Sie sind im Gegensatz zu ihren Eltern ausgesprochene Fleischfresser und nähren sich von Wasserschnecken. Die Brutpflege ist, nachdem die Eier gelegt sind, beendet, und das Eierschiffchen nimmt vollkommen unabhängig seinen eigenen Kurs.

Solitäre Bienen sind Insekten, die wie die Kolbenwasserkäfer ihre Jungen niemals sehen und gewöhnlich sterben, ehe diese

Blattschneiderbiene I. Neströhre mit Blattzellen
II. Einzelne Blattzelle III. Blattdeckel

ihr Leben beginnen. Trotzdem zeigen ihre Bemühungen um die Brut große Geschäftigkeit und Voraussicht. Die Nester werden auf dem Boden, in hohlen Pflanzenstengeln oder anderen Pflanzenteilen angelegt sowie in Mauerspalten, morschem Holz und an vielen anderen Orten. Das meiste Baumaterial besteht aus Pflanzenstoffen, denn es ist nicht bekannt, daß Einzelbienen Wachs produzieren.

Ehe die Blattschneiderbiene näher betrachtet wird, mag es wichtig sein, zu wissen, daß die solitären Bienen in jeder Bienenfauna das dominierende Element darstellen und daß von den über zweihundert verschiedenen Bienenarten, die, um nur ein Beispiel zu geben, auf den britischen Inseln vorkommen, nicht mehr als siebenundzwanzig Arten staatenbildend sind. Das Leben aller Bienen jedoch, der solitären sowohl wie der sozialen Bienen, ist auf das engste mit dem der blühenden Pflanzen verknüpft, da die Bienen völlig von Nektar und Blütenstaub abhängen, aber ihrerseits als Gegenleistung wieder dafür sorgen, daß die Blüten befruchtet werden.

In der großen Gruppe der Einzelbienen sind die Blattschneiderbienen durch ihre sonderbare Angewohnheit, außerordentlich säuberlich glattrandige Stücke aus den Blättern der Rosen und anderer Pflanzen herauszuschneiden, besonders bemerkenswert. Eine sehr weitverbreitete Art ist die Blattschneiderbiene *Megachile centuncularis*, die eine ausgesprochene Vorliebe für Rosengärten hat und die Blätter zum Bau ihrer Eierzellen verwendet. Die weibliche Biene legt zunächst einen Tunnel in einem morschen Pfosten oder in einem Stück verfaulten Holzes an, der oft eine Tiefe von etwa dreißig Zentimetern hat. Dann fliegt sie zum nächstgelegenen Rosenbeet und schneidet mit ihren Kiefern rundliche oder längliche Stücke aus den Blättern aus. Sobald sie mit dem Schneiden so weit ist, ein ihrem Gewicht entsprechendes Stück herauszureißen, setzt sie sich, den Hinterleib hoch aufgerichtet, in Positur, beendet die Trennung und fliegt mit dem Blattstück zu der vorbereiteten Neströhre zurück. Beim Fliegen sieht sie fast wie ein vom

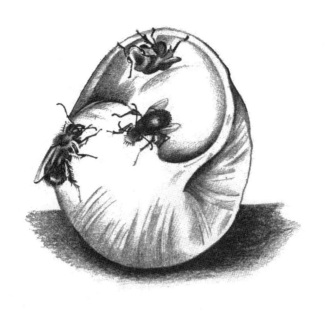

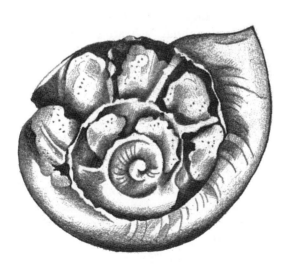

Osmia Bicolor und ihr Nest in einem leeren Schneckenhaus

Winde verwehtes Blatt aus, da sie ihre zurückgebogene Last mehr oder weniger rechtwinklig zu ihrem Körper hält. Aus jedem ovalen Blattstück wird eine fingerhutförmige Zelle konstruiert und mit Pollen und einem Ei versehen. Ein weiteres rundes Blattstück schließt wie ein Deckel jede Zelle ab, die nach ihrer Vollendung in der Neströhre übereinandergesetzt werden. Die gleiche Biene kann eine Anzahl aneinandergereihter Neströhren anfertigen und somit mit großer Geschicklichkeit die zukünftige Entwicklung ihrer Nachkommenschaft sichern.

Keineswegs weniger geschickt in der Anfertigung ihrer Eierzellen sind andere Einzelbienen, wie die Mörtelbienen. Sie verdanken ihren Namen der Tatsache, daß sie zum Bau der Zellen eine Art Mörtel aus Erde, Sand, winzigen Kieseln oder Sägemehl verwenden, ein Material, das vermutlich mit einer Ausscheidung der Speicheldrüse verkittet wird. Jede Zelle erfordert etwa zwei Tage Arbeitszeit. Ihr Inneres wird mit Honig und etwas Blütenstaub gefüllt und nach der Eiablage verschlossen. Die Mörtelbienen unterscheiden sich von den Honigbienen insofern, als sie eine Bauchbürste besitzen, während die Honigbienen ihre formvollendeten Bürstchen und Körbchen an den Hinterbeinen tragen.

In der Illustration sehen wir die schwarzrote Zweifarbige Schneckenhausbiene, *Osmia bicolor*, aus der Gruppe der Mauerbienen, die ihr Nest, wie der Name sagt, in einem leeren Schneckenhaus baut. Ein Querschnitt durch das Schneckenhaus zeigt die Anordnung der Zellen. Bevor sie den Eingang mit einem gutsitzenden Deckel verschließt, plaziert die *Osmia bicolor* Pollenbälle in den Zellen, um die Larven mit Nahrung zu versorgen. Dann tarnt sie die Öffnung mit Kiefernnadeln und Moos und schützt so die nächste Generation vor parasitischen Feinden, bis die jungen Mauerbienen in der Lage sind, ihr Kinderzimmer zu verlassen, und ausfliegen, um ihr eigenes Schicksal zu erfüllen.

Nach der Betrachtung dieser Einzelbienen liegt es nahe, sich den solitären Wespen zuzuwenden. Dabei lassen wir die männlichen Wespen außer acht, da sie, von der Paarung abgesehen, keine große Bedeutung besitzen. Jede weibliche Wespe arbeitet allein und verwendet große Energie und Ausdauer auf den

Pillenwespe

55

Nestbau und die Versorgung ihrer Jungen. Solitäre Wespen füttern ihre Larven mit ganzen Insekten, die, durch den Stich der Wespe gelähmt, unfähig geworden sind, irgendeinen Widerstand zu leisten. Die meisten dieser Wespenarten sind sehr wählerisch in ihrer Nahrung und beschränken sich daher nur auf eine bestimmte Insektenart, wie bereits im vorhergehenden Kapitel in bezug auf die Zikaden tötende Wespe erwähnt wurde.

In der Abbildung ist die Pillenwespe, *Eumenes*, stark vergrößert dargestellt. Diese Wespe formt kleine irdene Urnen mit engen Hälsen und heftet sie an Heidekrautzweige oder andere holzige Pflanzen. In das fertige Krüglein werden kleine paralysierte Raupen gestopft, und das Wespenei, das sie legt, an einen pendelartig dünnen Faden gehängt, der oben befestigt ist. Dann wird die Öffnung der Urne versiegelt. Nachdem die Larve aus dem Ei geschlüpft ist, frißt sie die Raupen und schläft wohlgenährt im Schutz ihrer Urne durch den Winter. Sobald sich im Frühling das Wetter erwärmt, verwandelt sich die Larve zunächst in eine Puppe und dann in eine Wespe, die schließlich ein Loch in die Seitenwand ihres Schlammgefängnisses beißt. Noch unbeholfen und schwach kriecht sie heraus, doch schnell erholt fliegt sie davon als das uns vertraute schwarz-gelbe Geschöpf mit der engen Taille, sucht sich ein Männchen und wiederholt den ganzen Zyklus aufs neue.

Die meisten Frösche und Kröten kümmern sich wenig oder überhaupt nicht um die Beschaffenheit ihrer Laichplätze. Sie leben im Wasser oder in unmittelbarer Nähe des Wassers, in das sie ungezählte Eier legen, ohne besondere Maßnahmen zu ihrem Schutz zu treffen. Aber wie bei allen Regeln gibt es auch hier Ausnahmen, und einige Frösche üben eine hochentwickelte Brutpflege aus, die als Folge eine Verminderung in der Zahl der gelegten Eier mit sich bringt. Der brasilianische Baumfrosch oder Kolbenfuß, *Hyla faber*, hat jedoch den Nachteil seiner verminderten Eiablage in ingeniöser Weise ausgeglichen. Sowohl die männlichen wie die weiblichen Frösche begeben sich zur

Laichzeit ans Wasser, aber nur der weibliche Frosch beschäftigt sich mit der Konstruktion einer Kinderstube für die Kaulquappen. Das Weibchen wählt das seichte Ende eines Tümpels, taucht auf den Grund und trägt auf seinem flachen Kopf größere Mengen von Schlamm herauf, der zu einem Ring um einen winzigen Teich aufgeschichtet wird. Mit seinen Vorderfüßen oder »Händen« streicht das Froschweibchen den Wall von innen glatt und setzt seine Arbeit so lange fort, bis der Rand über den Wasserspiegel hinausragt. Diese Bautätigkeit dauert zwei Nächte, und nachdem die Eier gelegt sind, liegen Weibchen und Männchen auf der Lauer, um sie zu bewachen. Die Kaulquappen schlüpfen nach vier oder fünf Tagen aus, bleiben aber in dem winzigen Brutteich, der sie vor Feinden schützt, bis sie sowohl stark als auch schnell genug sind, sich in tiefen Gewässern selbst zu verteidigen.

In Brasilien heißt der Kolbenfuß »Ferreiro« – Schmied –, auf Grund seiner Stimme, die, wenn sie die feuchten tropischen Urwälder durchdringt, wie ein Hammer klingt, der auf einen Am-

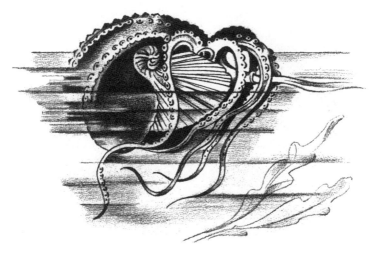

Weibliche Argonaute oder Papierboot

boß schlägt. Wenn ein Frosch quakt, bleibt sein Mund geschlossen. Von den Lungen wird Luft in den Mund und von dort weiter durch bestimmte Öffnungen in die Schallsäcke gepreßt. Letztere sind Resonanzböden, die dem Froschruf seine Lautstärke und Klangfarbe geben. In Südamerika hörte ich einmal einen Chor verliebter Ferreiros, und ihr primitives nächtliches Konzert machte mir in dramatischster Weise den Glauben verständlich, daß die ersten Stimmen, die in vorgeschichtlicher Dämmerung auf unserem Planeten erschallten, die der Frösche waren.

Brasilianische Baumfrösche

Weichtiere oder Mollusken kümmern sich nicht weiter um ihre Jungen, nachdem diese ausgeschlüpft sind, doch eine ganze Anzahl trifft sorgfältige Vorkehrungen zum Schutz der Eier. Das Papierboot, *Argonauta argo*, früher Papiernautilus genannt, ist ein kleiner Tintenfisch, der aber im Gegensatz zu anderen Tintenfischen, die keine sichtbaren Schalen haben, mit einer transparenten, spiralig gewundenen Schale versehen ist. Diese entsteht aus einer Absonderung des lappenartig verbreiterten oberen Armpaares. Das wunderbare papierdünne Gehäuse wird nur von dem Weibchen produziert, dem es hauptsächlich als Wiege zur Entwicklung seiner Eier dient. Die Schale ist kein eigentlicher Bestandteil des Körpers, sondern wird lediglich von den beiden Lappenarmen, die sie fast ganz verdecken, in der richtigen Stellung festgehalten.

Früher glaubten die Naturforscher, daß die Schale als Boot und die Lappenarme als hochgestellte Segel dienten. Diese Vorstellung regte unvermeidlicherweise die dichterische Phantasie an, und Byron verherrlichte diese vermeintlichen Seefahrten in folgenden Zeilen:

The tender Nautilus who steers his prow,
The sea-born sailor of his shell canoe.

Der zarte Nautilus an seinem Bug,
Der see-geborene Lenker seiner Muschelbarke.

Leider wurde diese reizvolle romantische Vorstellung durch die Entdeckungen der modernen Wissenschaft völlig zunichte gemacht, denn wie jetzt bekannt ist, treibt das Papierboot nur dann an der Oberfläche, wenn es krank ist oder durch einen heftigen Sturm aus seinen normalen Jagdgebieten vertrieben wird. Für gewöhnlich kriecht es am Meeresboden entlang oder vergnügt sich in unter Wasser liegenden Grotten wie der gewöhnliche Tintenfisch, mit dem übrigens das schalenlose Männchen in allen Einzelheiten übereinstimmt.

Die zierliche großäugige Argonaute, die nur im Mittelmeer zu finden ist und die mit jeder Bewegung ihres Körpers ihre Farbe zu wechseln scheint, zieht ihre seltsame Wiege als eindrucksvolles Beispiel mütterlicher Obhut durch das Wasser und ist durchaus nicht weniger märchenhaft als die phantastische Vorstellung von dem in seiner Barke segelnden Nautilus.

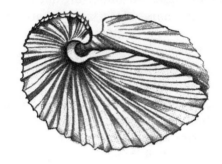

Schalennest der weiblichen Argonaute

# III VÄTERLICHE BRUTPFLEGE

In dem letzten Kapitel wurde gezeigt, daß die Verantwortung für die Aufzucht der Familie gewöhnlich dem Weibchen zufällt. Es gibt jedoch viele Fälle, in denen aus unbekannten Gründen diese Verantwortung dem Männchen zugeteilt ist und dieses (die Eiablage selbstverständlich ausgenommen) allein die Sorge um das Aufwachsen der nächsten Generation trägt. In vielen grundsätzlich voneinander verschiedenen Tiergruppen ist der die Brutpflege ausübende Vater eine feststehende Einrichtung.

Väterliche »Ammen« sind ziemlich häufig unter den Fischen vertreten und erreichen ihren Höhepunkt bei dem kleinen Seepferd, *Hippocampus*, dem kleinsten aller Seefische. Dieses dem Fisch so unähnliche Geschöpf erreicht eine Länge von nur ein paar Zentimetern und besitzt eine harte, aus Platten bestehende Haut. Es ist ein schlechter Schwimmer und verdankt seine Fortbewegungsfähigkeit zum größten Teil einer stets vibrierenden Rückenflosse. Der sehr entwickelte Greifschwanz wird von dem Seepferd zum Verankern an Seetangzweigen benützt; an diese treibenden Pflanzen geklammert, verbringt das hilflose Geschöpf fast sein ganzes Leben, im wesentlichen der Gunst des Windes und der Wellen ausgesetzt. Das Seepferd ist mehr oder weniger ein Kosmopolit warmer Meere, und die übliche Art ist auf beiden Seiten des Atlantik heimisch. Bei den in Gefangenschaft gehaltenen Seepferden hat man beobachtet, daß ihre Lippen sich mit einem deutlich vernehmbaren Schmatzen über die winzigen Krebschen schließen, die ihre Nahrung darstellen, und ebenfalls, daß diese erstaunlichen kleinen Kreaturen ihre großen Augen unabhängig voneinander bewegen können.

Die bemerkenswerte »Ammentätigkeit« des Seepferds wurde erst während des vergangenen Jahrhunderts entdeckt, als ein französischer Naturforscher bei den männlichen Tieren an der Vorderseite des Körpers zwei einen Beutel bildende Hautlappen entdeckte, in den ein oder mehrere Weibchen ihre Eier pressen

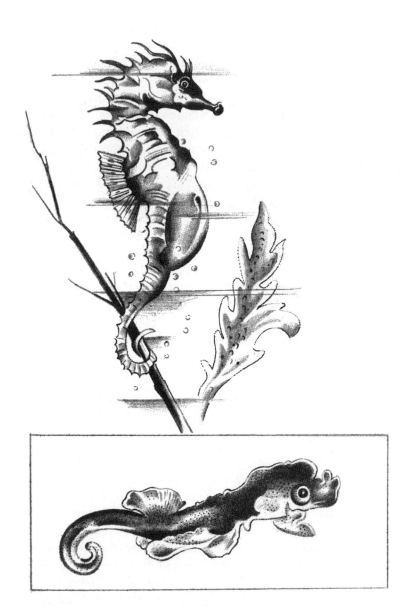

Männliches Seepferd und Junges aus der Bruttasche des Vaters

und es dann ausschließlich dem Männchen überlassen, die Verantwortung für die nächste Generation zu tragen.

Die in den Brutsack versenkten Eier entwickeln sich dort, nachdem sie befruchtet sind, in ähnlicher Weise wie die Embryos der Säugetiere in der Gebärmutter. Während der zwischen vierzig und fünfzig Tage dauernden Inkubationszeit schwimmt das männliche Seepferd immer in der für seine Art typischen aufrechten Haltung entweder senkrecht im Wasser aufsteigend, indem es seinen Schwanz ausstreckt, oder sinkend, indem es ihn wie eine Spirale zusammenrollt. Durch eine Bewegung des Schwanzes und der Rückenflosse kann das Seepferd aber auch langsam am Meeresboden entlang kriechen. Nur etwa ein paar hundert Eier können in dem Brutbeutel Platz finden. Am Ende der Inkubationszeit werden die jungen Seepferde, eins nach dem anderen, mit Hilfe einer muskulösen Zusammenziehung des Beutels durch einen Schlitz ausgestoßen. Während dieses Vorgangs sieht der Vater aus, als ob er unter richtigen Geburtswehen leide. Mit seinem Schwanz an einen Pflanzenstengel angeklammert, biegt er seinen Körper in schneller Bewegung vor- und rückwärts, bis die Öffnung des Beutels sich erweitert und eins der Seepferd-Babys, Kopf voran, herausschlüpft.

Diese jungen Seepferdchen treten mehr oder weniger als Miniaturausgaben ihrer Eltern ins Leben, wenn auch transparenter in der Färbung und ohne die seltsame pferdeähnliche Neigung des Kopfes, der bei den Jungen eher groß und plump ist.

Dem Seepferd verwandt ist die groteske Seenadel. Sie bewohnt in großen Mengen alle gemäßigten und tropischen Gewässer und vermehrt sich, mit Ausnahme von zwei Arten, in sehr ähnlicher Weise wie das Seepferd. Das Männchen besitzt zwei Hautlappen am Unterleib, die übereinandergefaltet eine Tasche bilden, in der die Jungen ausgetragen werden. Der Schwanz der Seenadel ist nicht so beweglich wie der Schwanz des Seepferds, aber er vermag dennoch seinen Besitzer in einer beinahe aufrechten Haltung an Wasserpflanzen zu verankern. Die Farbe dieser Fische wechselt je nach der Färbung des Seetangs, zwischen dem sie ihre Nahrung suchen; und ein Fisch, der hellgrün im Gebiet grüner Algen ist, paßt sich schnell roten oder braunen Algen an, sollte die Strömung ihn dorthin abtreiben. Eine der größten Seenadeln, *Syngnathus griseolineatus*, erreicht eine Länge von etwas über dreißig Zentimetern. Die meisten Seenadeln sind jedoch wesentlich kleiner.

Die lange, knochige, gemächlich dahintreibende Seenadel hat schon im dritten Jahrhundert vor Christus die Aufmerksamkeit eines so frühen Beobachters wie Aristoteles auf sich gelenkt: »Dieser Fisch, der Belone genannt wird, birst zur Zeit der Fortpflanzung auseinander, und auf diese Weise treten die Eier hervor; denn dieser Fisch hat unter dem Magen und den Gedärmen eine Spalte wie die Schlangen, die typhinae heißen. Nachdem der Fisch seine Eier produziert hat, bleibt er am Leben, und seine Wunde heilt wieder.« Aller Wahrscheinlichkeit nach ist dies der erste Bericht, den wir über die bemerkenswerte Fortpflanzungsmethode der Seenadel besitzen.

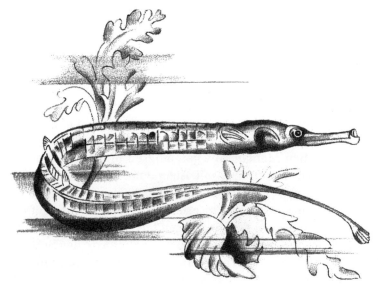

Seenadel

Ein anderer Verwandter des Seepferds und der Seenadel ist der Stichling, dessen verschiedene Arten sowohl im Süßwasser wie auch im Salzwasser der nördlichen Hemisphäre leben. Der Dreistachelige Stichling, *Casterosteus aculeatus*, in Asien, Europa und Nordamerika, verdankt seinen Namen den drei scharfen, voneinander getrennten Stacheln, die seinen Rücken zieren. Andere Stichlingsarten besitzen fünf bis zwölf Stacheln und manche sogar noch mehr.

Der männliche Dreistachelige Stichling, der eine Länge von sieben bis acht Zentimetern erreicht, hat eine sehr eigenartige Methode in der Ausübung väterlicher Brutpflege. Im Frühling nimmt sein Bauch eine grellrote Färbung an, und er baut aus Pflanzenstoffen und anderem Material ein rundes Nest, dessen Eingänge zu einem röhrenförmigen Gang führen. Die feinen Stroh- und Grashalme, aus denen der Fisch das Nest konstruiert, werden mit einem fadenziehenden Sekret, einer Ausscheidung seiner Nieren, zusammengeleimt. Dieses Nest verbirgt er

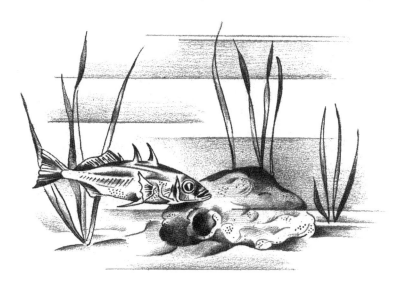

Dreistachliger Stichling, der sein Nest beobachtet

zwischen Wasserpflanzen oder in Felsentümpeln, dort, wo eine leichte Strömung vorhanden ist, und glättet das Nestinnere mit einer von seinem Körper kommenden klebrigen Substanz aus. Nachdem er seine Kinderstube vollendet hat, paradiert der Stichling in seiner leuchtenden Pracht vor einem Weibchen seiner Art und veranlaßt sie, einige Eier in das Nest zu legen, wobei er sie gelegentlich mit seiner Schnauze oder seinen Stacheln stößt. Die Befruchtung der Eier findet unverzüglich statt, und die Paarungszeremonie wird mit anderen Weibchen so lange wiederholt, bis genügend Eier in dem Nest liegen. Dann bewacht der Stichlingsvater die beiden Eingänge auf das sorgfältigste und stürzt sich wütend auf jeden Eindringling, nicht davor zurückschreckend, einen Fisch, dreimal so groß wie er selbst, anzugreifen.

Die beiden Nestöffnungen ermöglichen das Einströmen des Wassers, und der eifrige Hüter führt außerdem noch den Eiern, durch eine fächelnde Bewegung seiner Kiemen, frischen Sauerstoff zu. Nach acht bis zwölf Tagen schlüpfen die Jungen aus, werden aber im Nest gehalten, bis sie sich zu so kräftigen Schwimmern entwickelt haben, daß der Vater nicht mehr in der Lage ist, eventuelle Ausreißer mit seinem Maul aufzulesen und zurückzuschleppen.

Stichlinge leben in kleinen Schwärmen und bevorzugen Gräben, Bäche und seichte Stellen in Flüssen oder Teichen. Sie sind ausgezeichnete Jäger, und ihre Jagd erstreckt sich auf Insekten, Würmer, Fischlaich und kleine Fischbrut. In seinem Buch »Fischkunde« versichert A. F. Magri MacMahon mit großem Nachdruck, daß, wenn die ungezählten Stichlinge der englischen Küsten und Flüsse den Hechten an Umfang gleichkämen, diese Gewässer selbst für den Menschen eine noch größere Gefahr bedeuten würden, als wenn Krokodile darin hausten.

Wie bereits geschildert wurde, macht der Stichling beim Nestbau von einem klebrigen Sekret seines Körpers nützlichen Gebrauch. Luftblasen mögen als Material für ein Nest ebenfalls seltsam erscheinen, sie werden aber von dem chinesischen

Paradiesfisch, *Macropodus opercularis*, in folgender Weise angewendet: das Männchen nimmt an der Wasseroberfläche mit seinem Maul Luft auf, die es mit Speichelsekret vermischt und wieder als Blasen ausstößt. Der kleine Schaumnestbläser gibt sich dieser Tätigkeit eine ganze Zeitlang hin und lockt dann das herannahende Weibchen zu dem kunstvollen Nest, unter dem, nach ausgedehntem Liebesspiel, das Makropodenweibchen auf dem Rücken liegend seine Eier ausstößt, die von dem Männchen sofort befruchtet werden. Meistens steigen die Eier auf, da sie leichter sind als Wasser, sollte sich jedoch ein Ei nicht auf natürliche Weise an die Luftblasen anhaften, so nimmt das Männchen es in sein Maul und stopft es in die richtige Stelle des

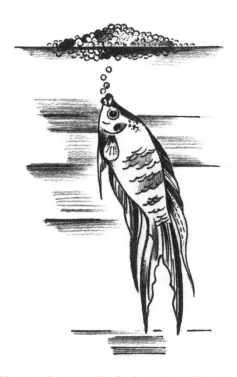

Chinesischer Paradiesfisch und sein Schaumnest

Nestschaumes. Dieser Akt der Eiablage wird einige Male wiederholt.

Nachdem die Larven ausgeschlüpft sind, bleiben sie noch einige Tage im Schaumnest und werden, sollte die eine oder andere zum Sinken neigen, sofort von dem wachsamen Vater geschnappt und, solange sie noch der Hilfe bedürfen, wieder zurückgebracht.

Das Paradiesfischweibchen zeichnet sich genau wie das Stichlingsweibchen durch kannibalische Neigungen aus, so daß die Männchen, in dem wütenden Verteidigungskampf um ihr Territorium, die Weibchen zu den Feinden zu zählen haben, vor denen die Jungen verteidigt werden müssen. Fällt ein Männchen aber selbst einem raubgierigen Feind zum Opfer oder sollte es eines natürlichen Todes sterben, so bleiben die Eier selbstverständlich unausgebrütet.

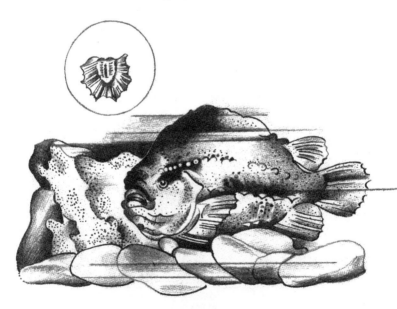

Lumpfisch oder Scheibenbauch
Oben: die Saugscheibe

Eier, die unbewacht im Wasser abgelegt werden, sind großen Gefahren ausgesetzt, und es gibt viele Beispiele elterlicher Fürsorge, die sich, um so viel Schutz wie möglich zu bieten, auf weit mehr als nur die Wahl eines zum Ablaichen günstigen Platzes erstreckt. Der weibliche Lumpfisch, Scheibenbauch oder Seehase, *Cyclopterus lumpus*, ein schwerfälliger, klobiger Fisch, stößt seine Eier in einer klebrigen Masse über Felsen aus und nimmt dann keinerlei Notiz mehr von ihnen. Nach der Befruchtung bemüht sich der männliche Lumpfisch, dessen aufopferungsvolle Tätigkeit um das Wohlergehen seiner Jungen ihm den englischen Spitznamen »hen fish« eingebracht hat, etwa sechzig bis siebzig Tage lang, an hunderttausend Eier zu beschützen. Selbst nachdem die Brut von der Flut an den Strand verschlagen ist, bewacht der »Lump« sie unbeirrt weiter.

Lumpfische sind schlechte Schwimmer, dafür können sie sich mittels einer runden Saugscheibe, die durch eine Vereinigung beider Bauchflossen gebildet ist, an Felsen anheften. Sie bewegen sich selten und geben ihr langsames Verhalten nur auf, wenn sie über eine Beute herfallen. Im Gegensatz zu ihren Eltern sind die jungen Seehasen aber außerordentlich lebendig und benützen ihre Saugscheibe im wesentlichen nur, um sich auszuruhen.

Während der Zeit der Liebesspiele färbt sich der Bauch des männlichen Fisches ziegelrot, verliert aber, wenn die Paarung stattgefunden hat und der verzweifelte Kampf zur Erhaltung der Brut einsetzt, seine reizvolle Färbung. Alle Nord- und Ostseeküsten beherbergen den Lumpfisch, wenn auch niemals in großen Mengen.

Der Butterfisch, *Centronotus gunnelus*, löst das Problem, seine Eier zu beschützen, auf eine andere, wenn auch nicht minder sorgfältige und wirkungsvolle Weise. Diese Fische erreichen, wenn sie voll ausgewachsen sind, eine Länge von etwa fünfundzwanzig Zentimetern. Beide Eltern rollen gemeinsam den Laich zu einer Kugel zusammen und benützen dann ein Loch oder eine leere Muschel als Nest. Gewöhnlich ist es das Männchen, das, seinen Körper um die Eier schlingend, diese behütet. Die Abbildung zeigt einen Butterfisch, der von einer leeren Austernmuschel Besitz ergriffen hat und diesen fix und fertigen Unterschlupf mit ein paar Napfschnecken teilt, die an der Innenseite der oberen Muschelhälfte haften.

Bisher wurden in diesem Kapitel nur die väterlichen Brutgewohnheiten der Fische behandelt. Unter den vielen Tieren, bei denen in der Betreuung ihrer Jungen eine Umkehrung normaler Verhältnisse besteht, befinden sich auch männliche Kröten und Frösche, die, ähnlich wie die Seepferde und Seenadeln, ihren eigenen Körper als Kinderstube benützen.

Ein seltsamer, zierlicher, von Darwin in Chile entdeckter Frosch, der Nasenfrosch, *Rhinoderma Darwini*, ist sicherlich das eindrucksvollste Beispiel eines geradezu mustergültigen Vaters. Der männliche Nasenfrosch besitzt zwei Kehlsäcke, die

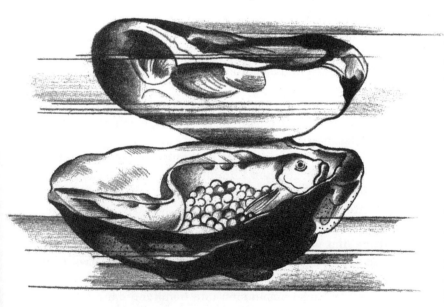

Butterfisch benützt eine leere Muschel als Kinderstube

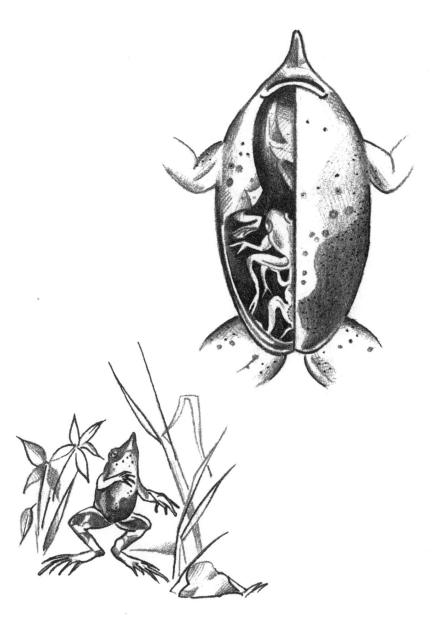

Nasenfrosch *Rhinoderma Darwini*
Oben: Ventrale (vorderseitige) Bruttasche mit Embryos

sich nach innen, zu beiden Seiten der Zunge, öffnen und normalerweise zur Verstärkung des Lautes dienen. Man weiß nicht genau, wie die Eier ihren sonderbaren Bestimmungsort erreichen, doch O. Bürger nimmt an, daß während der Brutperiode das winzige Männchen die befruchteten Eier, deren Zahl zwischen fünf und fünfzehn schwankt, in die Mundhöhle nimmt und sie dann rechts und links in die Kehlsäcke preßt. Dort entwickeln sie sich, und die Embryos, von ihrem Dottersack ernährt, benötigen bald mehr Raum. Der häutige Sack dehnt sich entsprechend aus, bis er, von der Kehle nach den Seiten reichend, zuletzt die ganze Unterseite des Körpers einnimmt. In der sicheren Abgeschlossenheit dieser Bruttasche werden nicht nur die Eier ausgebrütet, sondern die Jungen machen hier ebenfalls ihre weitere Verwandlung durch, bis sie, als Miniaturausgaben ihrer Eltern, die selbst nur eine Länge von etwa dreißig Millimetern erreichen, einer nach dem anderen dem väterlichen Maul entspringen. In der Illustration ist der Frosch an der Vorderseite aufgeschnitten, um die Jungen als Embryos zu zeigen.

Männchen der Geburtshelferkröte

72

Ein in Europa weitverbreitetes Amphibium ist die kleine Geburtshelferkröte, *Alytes obstetricans*, die ihren Namen wohl mit Recht besitzt. Die Eier werden am Land in zwei langen Schlingen gelegt, durch die das Männchen seine Hinterbeine schiebt und sie dann in ein Loch zieht. Nachts kommt das Krötenmännchen hervor, um sich Nahrung zu suchen und gleichzeitig die an seinen Körper angehafteten Eier zu befeuchten. Nach einer etwa dreiwöchigen sorgfältigen Brutpflege trägt es seine Nachkommenschaft, die jetzt das Stadium des Ausschlüpfens erreicht hat, zum nächstgelegenen Teich. Die gallertartige Masse, von der die Eier umgeben sind, wird durch das Wasser erweicht, in das die Jungen sich unverzüglich ihren Weg bahnen.

Bei den meisten Vogelarten ist, wenn zwischen den Geschlechtern ein Unterschied in der Färbung besteht, das Gefieder der männlichen Vögel leuchtender. Im Falle des Wassertreters, *Phaleropus*, trifft dies jedoch nicht zu, da bei diesen Vögeln die Weibchen sowohl schöner gefärbt als auch größer sind. Stolz auf ihre sichtbaren Vorzüge, zeigen sie, nachdem die Eier einmal gelegt sind, keinerlei Interesse mehr für Heim oder Familie. Sie bauen weder das Nest noch brüten sie die Eier aus, noch kümmern sie sich um die Jungen. Selbst bei den Paarungsspielen sind die Weibchen die Angreifer, und es ist durchaus kein ungewöhnlicher Anblick, ein armes, kleines, fast unscheinbar aussehendes Männchen zu beobachten, das von zwei großen, in leuchtenden Farben schimmernden Weibchen verfolgt wird, die mit vorgestreckten Hälsen die Luft mit sonderbar grunzenden Lauten erfüllen.

Nach der Eiablage vergnügen sich die Weibchen und stellen ihre Reize in verstreuten Scharen zur Schau, während es den bedauernswerten Männchen überlassen wird, die Eier auszubrüten und die Jungen großzuziehen.

Wassertreter sind schwimmende Wasserläufer, und ihre Lappenfüße sind nur teilweise mit Schwimmhäuten versehen; sie schwimmen wie kleine Enten und machen gerne von dieser Fähigkeit Gebrauch. Einige Arten verbringen sogar die Wintermonate auf offener See, und ihre dichten Brust- und Bauchfedern und die darunter befindlichen Daunen erweisen sich, genau wie bei den Enten, als ein wirksamer Schutz gegen das Wasser.

Wilsons Phalerope, *Steganopus tricolor*, ist ein ausschließlicher Bewohner der Neuen Welt. Diese Vögel überwintern im südlichen Chile und in Patagonien und verbringen den Sommer in Zentralkalifornien und Manitoba, wo sie sich an mit Gras bestandenen Teichen und in sumpfigen Wiesen aufhalten; ihre Nahrung besteht fast ausschließlich aus Wasserinsekten. Die Zehen dieser eleganten kleinen Vögel sind mit weniger breiten Lappen versehen als die der anderen Arten, demzufolge sich ihre Lebensgewohnheiten mehr dem Land angepaßt haben.

Wilsons Phalerope, im Vordergund das größere Weibchen

Den Wassertretern in ihren Brutgepflogenheiten ähnlich sind die *Turnicidae*, furchtsame Vögel, die eine gewisse Ähnlichkeit mit den Zwergwachteln besitzen, aber nicht mit einer hinteren Zehe ausgestattet sind. Die zweiundzwanzig Arten dieser großen Familie bewohnen ein weites Gebiet, das sich über Europa, Afrika, Madagaskar, Südasien, den indischen Archipel und Australien erstreckt. Sie beschränken sich auf grasreiche Landstriche, wo sie sich bis zur Zeit der Paarung gut versteckt halten. Auch hier dominieren die an Größe und Buntheit überlegenen Weibchen und ergreifen die Initiative bei den der Paarung vorangehenden Liebesspielen. Sie stoßen Lockrufe aus und kämpfen heftig um die kleineren und unscheinbar aussehenden Männchen, die später die gesamte Brutpflege, mit Ausnahme der Eiablage, zu übernehmen haben. Die weibliche Kampflust einiger asiatischer Turnixarten hat sogar dazu geführt, daß die Eingeborenen diese Vögel wie Kampfhähne halten und bei ihren Kämpfen kleine Wetten abschließen.

Das Laufhühnchen, *Turnix sylvatica*, ist in gewissen Teilen von Nordafrika, Spanien und Sizilien heimisch und ist ohne Frage ein sehr reizvoller Vertreter dieser Familie, die eine so bemerkenswerte Umkehr in den sonst üblichen Beziehungen der Geschlechter darstellt.

Laufhühnchen

Tiere, die sowohl im Wasser als auch auf dem Lande leben, werden gewöhnlich als Amphibien bezeichnet, und die meisten sind so beschaffen, daß sie zum mindesten eine Zeitlang in beiden Elementen, Wasser und Luft, existieren können. Zu den üblichen bekannten Arten gehören Frösche, Kröten, Molche und Salamander, doch gibt es noch andere, die man im allgemeinen weniger genau kennt.

Unter den niedrigeren Lebensformen, die in beiden Elementen existieren können, befindet sich ein molchähnliches Geschöpf, dem die alten Azteken Mexikos den Namen Axolotl gaben. Dieser entfernte Verwandte des Frosches ist ein seltsam aussehendes Tier, das an beiden Seiten des Halses drei Paar feine, fedrige Kiemen trägt. Man findet das Axolotl in Nordamerika und in bestimmten Seen von Mexiko. Solange dieses Tier eine mit dem Wasser verbundene Existenz führt, lebt es, vermehrt es sich und stirbt es als Axolotl.

Die spanischen Eroberer Mexikos des sechzehnten Jahrhunderts hielten das Axolotl keineswegs für ein bemerkenswertes Geschöpf, außer vielleicht auf kulinarischem Gebiet; gebraten und mit spanischem Pfeffer gewürzt, stellte es eine Delikatesse dar, die den mexikanischen Gaumen zu reizen schien.

Gewisse, mit einem Schwanz versehene Amphibien, die mit den Molchen verwandt sind, sich aber mehr einem Leben auf der Erde angepaßt haben, nennt man Salamander, und man glaubte früher, daß eine in Europa verbreitete Form, der Feuersalamander, »aus Feuer gezeugt und von Feuer ernährt« würde. Der Tigersalamander, *Amblystoma tigrinum*, ist in Amerika ziemlich häufig vertreten, und man findet ihn von New York bis Kalifornien und Mexiko. Vor dem Jahre 1865 aber war niemand auf den Gedanken gekommen, ihn mit dem Axolotl in Verbindung zu bringen. In diesem Jahre jedoch begannen einige Axolotl, die in Paris gehalten wurden und sich dort seit einigen Generationen vermehrt hatten, ihre Kiemen und Flossen zu verlieren. Sie fingen weiterhin an, mit Lungen zu atmen, Augenlider zu entwickeln, gelbe Flecken zu erwerben und sich in Salamander zu verwandeln, den Kaulquappen ähnlich, die plötzlich zu Fröschen werden. Auf diese Weise wurde es klar, daß die vermeintlichen ausgewachsenen Axolotl nichts anderes waren als die unverwandelten Larvenformen des nordamerikanischen Salamanders.

Axolotl

Man kennt heute verschiedene Methoden, diese Verwandlung herbeizuführen, von denen die augenscheinlichste natürlich der Wechsel von einer Wasser- zu einer Landexistenz ist, bedingt durch das Austrocknen der Gewässer, in denen das Axolotl lebt. In der Gefangenschaft wird diese Verwandlung jederzeit durch eine künstliche Ernährung mit Schilddrüsenpräparaten erreicht. Nichtsdestoweniger, was immer auch der Anlaß für diese faszinierende Umstellung sein mag, das beharrliche aquatische Axolotl, das sich in manchen Fällen niemals verwandelt, kann als eine Art dauernde Larve angesehen werden, die sich nicht weiterentwickeln will, ein Peter Pan der Tierwelt.

Die Süßwasser von Afrika, Australien und Südamerika bergen drei verschiedene Arten von Lungenfischen. Sie sind primitive Geschöpfe und ähneln in gewisser Weise fossilen Fischen aus der Devon-Periode, die einige Hundert Millionen Jahre zurückliegt. In diesem frühen Stadium der Erdgeschichte stellten die Fische die dominierende Lebensform dar, und man nimmt an, daß gewisse Arten unseren Lungenfischen oder Doppelatmern (Dipnoer) verwandt waren, da sie sowohl Lungen als auch Kiemen besaßen. Aus einer Gruppe devonischer Dipnoer entwickelten sich wohl auch die ersten Amphibien. Der Lungenfisch kann mit Hilfe seiner Kiemen im Wasser aufgelösten

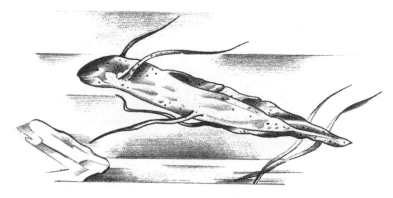

Afrikanischer Molchfisch

Sauerstoff atmen; er kann aber auch seine Schwimmblase, die zu einer Lunge umgeformt ist, zum Atmen von trockener Luft benutzen.

Der afrikanische Molchfisch, *Protopterus annectens*, gräbt sich während der Trockenzeit in ein Flußbett ein und bleibt nur durch einen kleinen Trichter mit der Außenluft verbunden, die er mit seinen Lungen atmen kann. So liegt er mitunter sechs volle Monate in dem harten trockenen Lehm vergraben. Beim Einsetzen der Regenzeit weicht die Lehmkruste auf, und der Fisch, dessen Körperfeuchtigkeit durch eine schleimige Absonderung der Hautdrüsen erhalten blieb, erwacht und schwimmt sofort mit seinem Flossensaum und seinen peitschenartigen Anhängen ins Wasser. Während dieser Periode ist er ein gieriger, fleischfressender Räuber, der sich für die nächste Trockenzeit auf Vorrat vollfrißt und mästet.

Afrikanische Molchfische sind des öfteren in ihrem Schlammkokon oder ihrer Erdkruste von der Goldküste nach den zoologischen Gärten Europas verschickt worden und erwiesen sich,

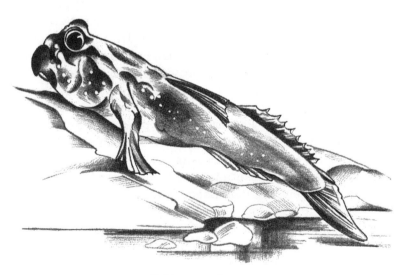

Schlammspringer

nachdem sie von ihrem Gehäuse befreit waren, immer als ganz lebendig. Es ist jedoch bisher noch nicht geglückt, sie zu bewegen, sich in der Gefangenschaft einzugraben.

Der Schlammspringer, *Periophthalmus kolreuteri*, der in den Mangrovensümpfen des tropischen Afrika lebt, verbringt seine Zeit halb im Wasser und halb auf dem Land. Er hüpft bei Ebbe mit Hilfe seiner kräftigen Brustflossen über den verschlammten Grund und springt im wahrsten Sinne des Wortes auf seine Beute. Von Stein zu Stein hüpfend, erjagt er kleine Krustentiere und klettert sogar auf die Wurzeln der Mangroven. Die hoch auf dem Kopf nahe zusammenstehenden Augen sind unabhängig voneinander bewegbar. Sie stehen kugelförmig hervor, können jedoch in unterhalb der Augen befindliche Vertiefungen eingezogen werden. Der Schlammspringer erreicht eine Länge von ungefähr fünfzehn Zentimetern. Zur Laichzeit und wenn er verfolgt wird, flüchtet er in das Wasser zurück. Solange seine Kiemen feucht sind, ist dieser originelle Fisch aber durchaus in der Lage, für eine lange Zeit außer Wasser zu existieren.

Die nordamerikanische Dosenschildkröte, *Terrapene carolina*, ist, wie ihr Name verrät, eine Bewohnerin der Neuen Welt und bildet ein Verbindungsglied zwischen den Schildkröten, die ganz auf dem Festland leben, und denen, die sich im Süßwasser aufhalten. Den Namen Dosenschildkröte verdankt sie ihrem Panzer oder ihrer Schale, die mittels eines quer über die Bauchplatten laufenden Scharniers völlig abgeschlossen werden kann. Die untere Panzerschale ist prachtvoll gefärbt, und nicht zwei Exemplare gleichen sich in der Mannigfaltigkeit und Schönheit des Musters. Die Dosenschildkröte benützt ihre Vorder- und Hinterfüße nicht nur zum Schwimmen, sondern auch zur Fortbewegung auf dem Land. Ihre Zehen sind mit Krallen bewaffnet und die Hinterfüße mit nur kurzen Schwimmhäuten versehen, während die echten Wasserschildkröten hingegen voll entwickelte Schwimmhäute besitzen. Die Dosenschildkröte verbringt den größten Teil ihres Lebens an Land, schwimmt aber ausgezeichnet, wenn sie sich ins Wasser begibt.

Nordamerikanische Dosenschildkröte

An Land ist sie ein scheues, ängstliches Geschöpf, das sich am Tage versteckt hält und erst in der Dämmerung seine Beute jagt. Im Gegensatz zu den Landschildkröten ist sie kein Pflanzenfresser, sondern nährt sich von Schnecken, Würmern und Insekten. Wenn sie auf ihren Jagdausflügen von einem größeren Tier angegriffen wird, zieht sie sich ganz in ihren Panzer zurück und ist somit außerordentlich gut geschützt. Diese Fähigkeit, sich bei Gefahr durch den Panzer zu sichern, mag wohl einer der Gründe sein, daß die Dosenschildkröte ein Alter von mindestens sechzig Jahren erreicht. Ein anderer Grund ist möglicherweise der Umstand, daß sie sich, wie die Landschildkröte, im Herbst eingräbt und bis zum Frühling in ihrem Winterschlaf verharrt.

Der Fischotter, *Lutra lutra*, gehört zu den fleischfressenden Raubtieren, die noch heute auf den britischen Inseln existieren. In seiner jetzigen geographischen Verbreitung reicht sein Wohngebiet von Irland bis Indien. Er ist in Wirklichkeit ein Landtier, das sich einem Leben im Wasser angepaßt hat. Mit seinem langgestreckten, gleichmäßig gerundeten Leib, dem dichten weichen Fell und den mit breiten Schwimmhäuten versehenen Füßen schießt der Fischotter mit besonderer Eleganz und Schnelligkeit durch das Wasser, den geschmeidigsten Lachs an Flinkheit sogar noch übertreffend.

Fischotter fressen hauptsächlich Fische, lassen sich jedoch herab, auch Muscheln und Napfschnecken von der Küste, Frösche aus den Sümpfen und gelegentlich sogar Wildgänse und Kaninchen zu verzehren. Es wird behauptet, daß der Otter die unschöne Gewohnheit besitzt, nur das beste Mittelstück des Lachses zu verspeisen und dann den Kopf und den Schwanz auf dem Wasser treiben zu lassen. Er jagt hauptsächlich in der Nacht.

Der Fischotter erreicht eine Länge von ungefähr neunzig Zentimetern und auch mehr und ein Gewicht von dreizehn bis vierzehn Kilo. Er hat kleine, lebhafte Augen, und die in dem dichten Fell versteckten Ohren können im Wasser mittels einer

Fischotter

Hautfalte abgeschlossen werden. Gewöhnlich leben die Fischotter in Höhlenbauten an Flußufern, deren Eingang sich unter Wasser befindet. Sie sind hervorragende Eltern und bringen jedes Jahr einen aus zwei oder drei Jungen bestehenden Wurf zur Welt. Der junge Fischotter ist die ersten zehn Tage seines Lebens blind, und man sagt, daß der Ottervater während dieser Zeit am Eingang des Baues Wache hält. Die Jungen müssen zuerst, wie die Biber, in der Kunst des Schwimmens unterrichtet werden, lernen aber sehr schnell, sich in dem nassen Element zu bewegen und zu fischen.

Fischotter fallen in keinen Winterschlaf, und wenn sie ihre übliche Nahrung nicht finden können, weil Flüsse und Seen vereist sind, sollen sie nicht davor zurückschrecken, in Geflügelhöfe einzubrechen oder gar Hechte unter der Eisschicht zu verfolgen. Der Fischotter entzieht sich vielen Gefahren durch seine Stärke, seine scharf ausgebildeten Sinne und seine Wachsamkeit und Wanderlust. Er legt in einer Nacht oft eine Strecke von fünfundzwanzig Kilometern zurück. Weiter vorteilhaft für die Erhaltung seiner Art ist die Vielseitigkeit der Nahrung, die Ausgedehntheit seiner Jagdgründe, die List, sich Verfolgungen zu entziehen, und nicht zuletzt wohl die sorgfältige Aufzucht des Nachwuchses. Das größte Problem im Existenzkampf des Fischotters ist, zum mindesten in Großbritannien, die Überwindung der Schwierigkeiten des modernen Lebens. Wenn die fashionablen Fischotterjagden nicht verboten oder wenigstens eingeschränkt werden, ist zweifellos zu befürchten, daß dieses graziöse Raubtier sich dem Dodo und der Wandertaube als Museumsstück zugesellt.

Robben werden, weil sie sich von Fischen nähren, zu den fleischfressenden Säugetieren gezählt. Sie verbringen jedoch den größten Teil ihres Lebens im Meer und unterscheiden sich insofern von den Raubtieren des Landes, als ihre vorderen und hinteren Gliedmaßen aus Flossen bestehen. Einige Arten, wie der Seelöwe, biegen ihre Hinterflossen nach vorne um, so daß sie sich ziemlich schnell auf dem Land bewegen können. Bei den echten Robben aber sind die hinteren Gliedmaßen starr nach rückwärts gestreckt, was diese Robben zwingt, sich am Land mehr auf ihre Vorderflossen und auf ein Zusammenziehen und Vorwärtsschieben des Körpers zu verlassen, ein Vorgang, der ihre Fortbewegung unbeholfen und langsam macht.

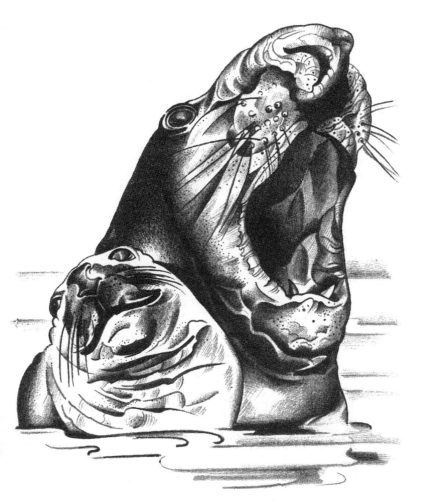

See-Elefant und Junges

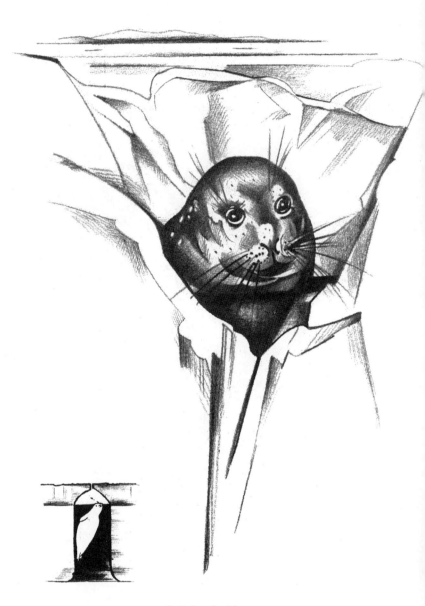

Grönlandrobbe
Unten: das Luftloch im Eis

Die größte aller Robben ist der See-Elefant, *Mirounga leonina*, der die antarktischen Gewässer bewohnt. Früher lebte er auf vielen Inseln des südlichen Atlantiks, des Pazifiks sowie des Indischen und Antarktischen Ozeans, ja selbst so weit nördlich wie auf Juan Fernandez; er wurde jedoch auf Grund seines Handelswertes und besonders wegen seines Öls so heftig gejagt, daß auch diese Art von der ernstlichen Gefahr des Untergangs bedroht ist. Der männliche See-Elefant kann eine Länge von sechs Metern und ein Gewicht von mehreren Tonnen erreichen. Diese Robben verdanken ihren Namen, abgesehen von ihrer Größe, dem kurzen Rüssel, der, ungemein beweglich, nach Belieben aufgeblasen und zusammengezogen werden kann und im aufgeblasenen Zustand manchmal achtzig Zentimeter mißt. Dieses stattliche Organ ist nur den ausgewachsenen Männchen eigen, die jungen besitzen noch keinen Rüssel. See-Elefanten nähren sich hauptsächlich von Kraken. Sie wurden gelegentlich in Gefangenschaft gebracht und mit Fischen ernährt, doch wegen ihres ungeheuren Appetits können die wenigsten zoologischen Gärten sich diese gigantischen Fischverzehrer leisten.

Die Grönlandrobbe, *Phoca groenlandica*, gehört zu den kleineren Robbenarten. Eines schwarzen Fleckes halber, der sich bei den Männchen von den Schultern nach beiden Seiten des Körpers ausbreitet, wird sie auch manchmal Sattelrobbe genannt. Die durchschnittliche Länge dieser Robbe ist ungefähr zwei Meter. Gegen Mitte des Winters wandert die Grönlandrobbe südwärts und kommt mitunter bis an die schottische Küste. Sie lebt hauptsächlich auf treibenden Eisschollen, die sie dem Packeis vorzieht, oder in deren Umgebung, und indem sie nach Möglichkeit das Land vermeidet, bringt sie sogar ihre Jungen auf dem Eis zur Welt. In den ersten Wochen ihres Lebens besitzen die jungen Robben ein dickes, wolliges, schneeweißes Fell, das zu ihrem Unglück bei den Pelzhändlern sehr gefragt ist. Robben, die in Packeis leben, halten sich gewöhnlich an der Oberfläche ein Luftloch offen, zu dem sie zum Atmen aufsteigen, da keine Robbe sich dauernd unter Wasser aufhalten kann;

selbst schlafende Robben sollen zum Atmen automatisch an die Oberfläche steigen.

Obwohl die Sirenen oder Seekühe, denen der Dugong, *Halicore dugong*, angehört, den Robben in mancher Hinsicht ähneln, so sind sie in Wirklichkeit keineswegs mit ihnen verwandt, sondern gehören vielmehr zu den Elefanten. Die vorderen Gliedmaßen sind Flossen, hintere sind überhaupt nicht vorhanden, und der waagrechte Schwanz wird als eine Art Ruder benützt. Der Dugong hat sehr kleine Augen und Ohren, aber riesige wulstige Lippen, und seine großen Brüste, die sich zwischen den vorderen Gliedmaßen befinden, haben – so sagt man – den Anlaß zu der alten Legende von der Meerjungfrau gegeben. Aus großer Entfernung betrachtet, mag dieses in seichten Gewässern sich suhlende Tier wohl die Vorstellung einer Sirene oder Seenymphe erwecken, doch in der Nähe gesehen wird die Illusion sofort zerstört, und die alten Seefahrer, die jene Legende verbreiteten, müssen eine sehr von geheimen Wünschen beschwingte Phantasie besessen haben.

Dugongs bewohnen hauptsächlich die Küsten des Indischen Ozeans, während ein naher Verwandter von ihnen, der Manatis, auf beiden Seiten des Atlantischen Ozeans zu finden ist. Sie verlassen nie das Wasser und bevorzugen die weiten Mündungen der großen Flüsse, wo sie sich von Seetang und Wasserpflanzen nähren. Wie alle Wassersäugetiere müssen sie zum Atmen an die Oberfläche kommen. Die Weibchen halten dann senkrecht aufgerichtet ihr Junges mit den Vorderflossen gegen die Brust. Alle Seekühe vermögen aber dank ihrer großen Lungen lange Zeit unter Wasser zu bleiben. Im allgemeinen erreichen sie eine Länge von ungefähr drei Metern, obwohl Steller, vor etwa zweihundert Jahren, eine Seekuh von über sechs Metern Länge entdeckte. Diese größte aller Sirenen wurde von ihm gefunden, als er auf der Bering-Insel Schiffbruch erlitt. Unglücklicherweise wurde dieses riesenhafte, aber sture Tier kurz nach seiner Entdeckung ausgerottet, und nur gelegentlich findet man noch Knochen, die seine nunmehr erloschene Existenz bestätigen.

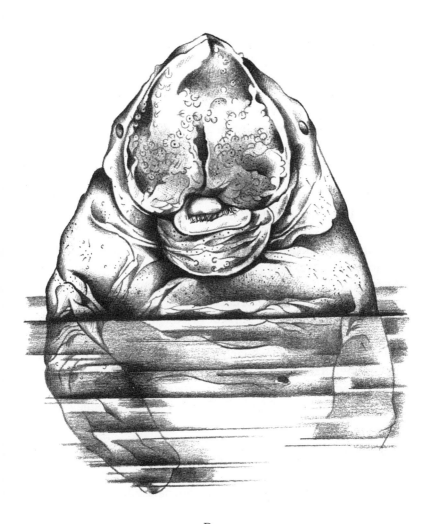

Dugong

# V TIERE UND PFLANZEN

Die frühesten durch Versteinerung erhaltenen lebenden Organismen sind einfache Seetiere und Pflanzen, die den heutigen Protozoen (erste Tiere) und Algen (Seetang) ähneln. Man nimmt an, daß sich aus diesem Anfang die Vielfältigkeit der Lebensformen, die wir jetzt um uns sehen, entwickelt hat. Es ist nicht der Zweck des vorliegenden Buches, auf diese Lehre näher einzugehen, dennoch ist es interessant festzustellen, daß, obwohl die stufenweise Entwicklung von Tier- und Pflanzenleben einen gänzlich voneinander getrennten Verlauf nahm, nichtsdestoweniger noch eine enge Verbindung besteht. Pflanzen sind bis zu einem gewissen Grade in ihrer Nahrung und auch in der Funktion der Befruchtung auf Tiere angewiesen; Tiere aber sind in ihrer gesamten Nahrung völlig und hinsichtlich des Sauerstoffs, den sie atmen, teilweise von Pflanzen abhängig. Selbst rein fleischfressende Tiere essen das Fleisch von Tieren, die sich von Pflanzen nähren.

Die Blütenstrukturen der Pflanzen sind in Einzelheiten und Funktion vielfältig, und jede Blume löst auf ihre Art das Problem, den Pollen von den männlichen Staubbeuteln auf die weiblichen Narben zu befördern. Dieser Vorgang ist oft sehr kompliziert, da eine große Anzahl Pflanzen nur männliche Blüten tragen und die der Art entsprechenden weiblichen Blüten auf einer anderen Pflanze wachsen. In manchen Fällen bringen Pflanzen gleichzeitig männliche und weibliche Blüten hervor, benötigen aber trotzdem eine kreuzweise Befruchtung. Alle diese Pflanzen sind auf einen äußeren Vermittler angewiesen, der den an und für sich unbeweglichen Blütenstaub zur Narbe befördert, damit die weibliche Pflanze Früchte tragen kann. Einige Pflanzen verlassen sich auf den Wind, andere hingegen sind auf verschiedene Pollenträger des Tierreiches angewiesen, und diese Abhängigkeit hat zu den seltsamsten Beziehungen zwischen Pflanzen und Tieren geführt.

Eine eindrucksvolle Zusammenarbeit von Pflanze und Insekt ist die der nordamerikanischen Yuccapflanze und ihrer Motte *Pronuba*. Die Blüte der Yucca kann nur von dieser Motte befruchtet werden, während die Raupe dieser Motte nur in den glockenförmigen Blüten dieser Pflanze leben kann. Die weibliche Pronubamotte besucht, nachdem sie befruchtet wurde, eine Yuccablüte, formt mit ihren Kiefertastern aus dem Blüten-

Bestäubung der Yuccapflanze durch die Pronubamotte

staub eine große Kugel und fliegt damit zu einer anderen Yuccablüte. Dort stopft sie sie in die Narbenöffnung und legt dann mit Hilfe eines Legebohrers ihre Eier in die Fruchtknotenhöhle. Auf diese Weise ist die Befruchtung der Yuccablüte gesichert; die Samen entwickeln sich und mit ihnen die Raupen. Die Tatsache, daß die Raupen sich von der Pflanze nähren, bedeutet jedoch für diese keine Gefahr, da die Raupen nur einen Teil der Samen verzehren und genug übriglassen, um die Yuccapflanzen am Aussterben zu verhindern. Schließlich verlassen die wohlgenährten Raupen ihren Unterschlupf und fallen zu Boden, wo sie sich den Winter über verpuppen, um dann im folgenden Jahr als Motten auszuschlüpfen. Gerade um diese Zeit steht die Yuccapflanze mit ihren üppigen Rispen, die sich nachts stark duftend erschließen, in voller Blüte, so daß die seltsame Verbindung von Motte und Pflanze erneut stattfinden kann. Dies zeigt, wie die Yuccapflanze, im Austausch für die ihr erwiesenen Dienste der Befruchtung, den Motten in großzügiger Weise vorübergehenden Unterschlupf und Nahrung gewährt.

Die Feige und die *Blastophaga psenes*, Feigengallwespe, eine winzige Verwandte der Wespen, stellen ein weiteres Beispiel gegenseitiger Abhängigkeit von Pflanze und Insekt dar.

Es gibt zwei Formen von Feigenbäumen, und bei beiden Formen tragen die jungen Feigen in ihrem Innern die Blüten. Die wilde Feige oder Geißfeige, *Caprificus*, die aus Kleinasien stammt, enthält in der gleichen Frucht männliche sowohl wie weibliche Blüten, während die zahme oder kultivierte Smyrna-Feige in ihren urnenförmigen Blütenständen nur weibliche Blüten mit langem Griffel und wohlentwickelter Narbe trägt. Die winzigen Blüten befinden sich an den Innenseiten der fleischigen Fruchtwände, und jeder »Samen« stellt eine einzelne Blüte dar. Da keine Befruchtung stattfindet, reifen entweder die unentwickelten Smyrna-Feigen nicht, oder sie fallen zu Boden. In den Geißfeigen aber nistet sich die *Blastophaga psenes* ein und macht dort ihre Entwicklung durch. Das weibliche Insekt legt seine Eier auf die Fruchtknoten im unteren Urnenteil bestimmter verkümmerter Feigen. Es entstehen Gallen, und das flügellose Männchen, das zuerst ausschlüpft, beginnt sofort eine Galle zu suchen, die ein Weibchen seiner Art enthält. Sobald er sie gefunden hat, nagt er sich einen Weg ins Innere und befruchtet die weibliche Feigenwespe sozusagen in ihrer Wiege. Diese zwingt sich, nachdem sie flugfähig ist, einen Weg ins Freie, und da sie über die männlichen Blüten im oberen Urnenteil der Feige kriecht, verläßt sie mit Pollen bestäubt ihr Heim. Sie sucht dann in der Nähe eine neu entwickelte Frucht, in die sie ihre Eier legt und die wiederum ein Obdach für die nächste Generation bietet. So spielt sich die normale Entwicklung der Feigengallwespe, *Blastophaga psenes*, in der wilden Geißfeige ab.

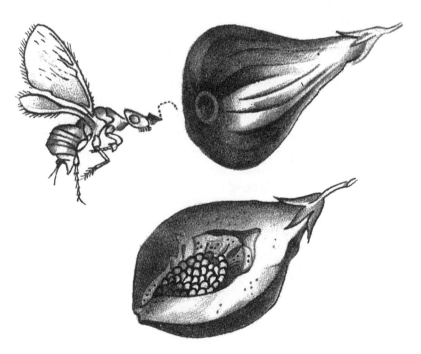

Feigengallwespe und kultivierte Feige

Auf Grund dieser Beobachtung haben seit der Antike die Züchter von Smyrna-Feigen das Problem der Befruchtung gelöst, indem sie Zweige der wilden Geißfeige zwischen die blühenden Smyrna-Feigenbäume hängten. Nachdem eine weibliche Wespe der wilden Feige entschlüpft ist, kriecht sie früher oder später in die blühenden, noch nicht geschlossenen Blütenstände einer Smyrna-Feige, findet aber, daß diese so geformt sind, daß sie ihren zu kurzen Legebohrer nicht einsenken kann. Im Umherkriechen befruchtet sie jedoch mit dem anhaftenden Pollen ihres ursprünglichen Heims die Samenblüten, und wenn sie dann eine für ihre Eiablage geeignetere Feige sucht, verläßt sie die unbeschädigte Smyrna-Feige, der sie durch den Vorgang, den man als Kaprifikation bezeichnet, entschieden einen guten Dienst erwies.

Die Bestäubungsfähigkeit der *Blastophaga psenes* ist so zuverlässig, daß in Kalifornien der Anbau von Smyrna-Feigen und wilden Geißfeigen, in denen das Insekt lebt, gleichzeitig betrieben wird.

Die Befruchtung vieler Blüten ist abhängig von dem Besuch der Insekten, die mit dem Wind als Pollenüberträger rivalisieren. Es gibt jedoch noch ein paar andere Beförderer des Blütenstaubs, die eine wichtige Rolle bei diesem Vorgang spielen.

Die faszinierenden Kolibris von Nord- und Südamerika zählen zu den schönsten und charakteristischsten Blumenliebhabern. Zu ihnen gehören die kleinsten Vögel, die existieren, von denen einige, vom Schwanz bis zum Schnabel gemessen, nicht mehr als eine Länge von zweiundsechzig Millimetern erreichen. Man kennt über fünfhundert Arten Kolibris, und die meisten leben in der Nähe des Äquators und in der Umgebung der südamerikanischen Anden. In den hochgelegenen Gegenden von Peru habe ich sie oft gegen den Hintergrund des schneebedeckten Vulkans Misti gesehen, schwärmend wie Insekten und leuchtend wie kostbare Edelsteine. Als vollendete Beherrscher der Lüfte sind sie durch ihre hohe Fluggeschwindigkeit schwer mit dem Auge zu verfolgen; ihre Kunst, in der

Kolibris
Oben: Adlerschnabel Mitte: Schwertschnabel

Luft schwebend, blitzschnell die Berührung mit den Blumen zu vollziehen, ist einzigartig.

Blumen locken die meisten Kolibris, da sie sich von Nektar und den in den Blütenkelchen gefangenen kleinen Insekten nähren. Sie werden genau wie die Bienen während ihrer Nahrungssuche mit Blütenstaub bedeckt, den sie dann von Blüte zu Blüte tragen, und einige Kolibriarten sind von großer Wichtigkeit für die Befruchtung bestimmter Pflanzen.

Die röhrenförmigen Zungen und die langen dünnen Schnäbel der meisten Kolibris sind in bemerkenswerter Weise der Erforschung der Blüten angepaßt. Im Falle des Adlerschnabels, *Eu-*

Trinkendes Taubenschwänzchen

*toxeres condamini*, ist der Schnabel jedoch so gebogen, daß er einen Haken bildet und dem Vogel nur gestattet, in besonders dafür geeignete Blüten einzudringen. Der Schwertschnabel, *Docimastes ensifer*, hingegen besitzt einen zwölfeinhalb Zentimeter langen Schnabel, der seine übrige Körperlänge übertrifft und demzufolge er auf tiefe, trompetenähnliche Blütenkelche angewiesen ist.

Der englische Name »humming bird« für den Kolibri bezieht sich auf den schwirrenden, summenden Ton, den die schnell vibrierenden Flügel erzeugen; nicht weniger als fünfundsiebzig Flügelschläge in der Sekunde wurden gezählt. Diese Vögel können in der Luft vor den Blüten »stehen«, während sie den süßen Nektar schlürfen, oder sie können mit pfeilschneller Bewegung Insekten in der Luft erhaschen. Es wird sogar behauptet, daß manche Kolibris sich in der Luft schwebend paaren. Kolibris vermögen sich mit ihren Füßen an »schwierige« Pflanzen anzuklammern und, mit dem Kopf nach unten hängend, mit größter Leichtigkeit Jagd auf winzige Organismen zu machen. Im Gegensatz zu dem volkstümlichen Glauben fliegen die Kolibris nicht erst am Abend aus, sondern suchen sich ihre Nahrung bei Tag, wobei sie offenbar mit Wohlgefallen ihre minuziöse Schönheit zwischen den üppigen Blüten im strahlenden Sonnenlicht zur Schau tragen.

Die Annahme, daß die Kolibris ihre Nahrung am Abend suchen, ist zweifellos auf eine Verwechslung mit einem Schwärmer, dem Taubenschwänzchen, *Deilephila lineata*, zurückzuführen, der diesen Vögeln an Größe nicht nachsteht. Er ist in der Illustration zu sehen. Diese Falter schweben in der Dämmerung in der gleichen Weise über den duftenden Blüten wie die Kolibris am Tage, und während sie ihre langen Rüssel auf den Grund der Blütenkelche stoßen, um den Nektar zu saugen, bewegen sich die schlanken Flügel mit großer Geschwindigkeit. Der haarige Körper und der abgeflachte Schwanz erinnern an einen Vogel, und nur die Fühler am Kopf verraten die wahre Natur dieser Geschöpfe. Jeden Sommer werden Gerüchte, daß

Kolibris in England aufgetaucht sind, widerrufen und auf eine Verwechslung der wirklichen Kolibrivögel mit den Schwärmern zurückgeführt.

Die Geschwindigkeit aller Insekten ist erstaunlich, und sie ist bei diesen Dämmerungsfaltern besonders ausgeprägt. In seinem Buch *Le vol des insectes* berichtet A. Magnan, daß die *Deilephila lineata* mit einer Geschwindigkeit von achtundzwanzig Kilometern pro Stunde fliegt, fünfundachtzig Flügelschläge in der Sekunde ausführt und in dieser Zeit eine Entfernung von fünf Metern zurücklegt. R. Detmoll berechnet die Geschwindigkeit mancher Nachtschwärmer sogar auf das fast Dreifache dieser Zahl.

Von allen Insekten sind Bienen bei weitem die wichtigsten Bestäuber der Blumen, da sie nicht nur Nahrung für sich selbst suchen, sondern auch für die gegenwärtige und kommende Generation im Bienenstock Vorrat sammeln. Der segensreiche Pollentransport der Bienen ist eine unbewußte Handlung und ergibt sich in der Tat rein zufällig auf ihrer Suche nach Nahrung, der einzige Grund, der sie veranlaßt, Blumen zu besuchen. Der Pollen enthält eine Menge Proteine und Fett, und viele Blumen liefern noch ein Nektarsekret, eine zuckrige Flüssigkeit, die nach einer teilweisen Verdauung im Kropf der Biene als Honig wieder ausgewürgt wird. Honigbienen und Hummeln erzeugen Wachs, eine Ausscheidung der an dem Unterleib junger Arbeiterbienen oder Hummeln sich befindenden Drüsen.

Bei dem Sammeln von Nektar und Pollen verfolgen die Bienen ihren Weg nicht ziellos wie Schmetterlinge, die von einer Blütenart zur andern wechseln. Hat eine Biene einmal angefangen, sich auf Astern niederzulassen, wird sie sich während ihres ganzen Fluges auf Astern beschränken, und solange sie einen Tropfen Nektar oder Pollen erbeuten kann, zu keiner anderen Blumenart übergehen. Diese Beständigkeit macht die Bienen zu verläßlichen Blumenbestäubern, und dank ihrer Geschicklichkeit in der Ausübung dieser »Vermählungszeremonie« werden die Honigbienen auch oft »Priester der Blumen« genannt.

Hummel und Honigbiene besuchen Geißblatt

Sobald die Blüten aufgehen und es für die Bienen warm genug ist auszufliegen, beginnen sie ihre Tätigkeit bei Tagesanbruch und setzen sie bis zum Einbruch der Dunkelheit fort, oder bis Kälte oder Nässe sie daran hindern. Auf diese Weise besuchen sie ungezählte Pflanzen, kriechen in die Blüten und entziehen ihnen mit Hilfe ihres vorstehenden Rüssels den Nektar. Sie wälzen sich geradezu in dem gelben Blütenstaub, der ihrem Haarkleid anhaftet, und nachdem sie die an den Hinterbeinen sich befindenden Körbchen mit Pollen gefüllt haben, fliegen sie entweder zur nächsten Blüte weiter oder in den Bienenstock zurück, von dem aus sie aber kurz darauf wieder aufs neue ihre Sammeltätigkeit fortsetzen. Was immer sie tun, unfehlbar tragen sie den Pollen von der einen Blüte zu den Samenanlagen der nächsten.

Nachdem das wunderbare Einvernehmen zwischen Pflanze und Tier entsprechende Würdigung gefunden hat, muß man zugeben, daß gelegentlich »eine Schlange in den Garten Eden eindringt«. Bei gewissen Blüten befindet sich nämlich der Nektar am Boden eines langen Kelches und kann nur von Insekten, die wie die Dämmerungsfalter lange »Spiralfeder«-Zungen besitzen, erreicht werden.

Einige Hummeln haben jedoch diese Schwierigkeit überwunden und gelernt, mit ihrem scharfen Kiefer in den unteren Teil der Blütenkelche Löcher zu schneiden, um den Nektar von der Seite her zu erreichen. Die Honigbiene nun, die mit ihren weichen Kiefern das Gewebe der Geißblattblüte nicht durchschneiden kann, besucht die Blüte nach der Hummel und erhält auf diese Weise ebenfalls eine süße Ladung. Weder Staubfäden noch Narbe werden bei diesen Vorgängen berührt, so daß in diesem Ausnahmefall keine Befruchtung stattfindet.

Einer der fundamentalen Unterschiede im Leben der Pflanzen und Tiere besteht in der Methode der Ernährung. Tiere nähren sich entweder von Pflanzen oder Tiersubstanzen, während Pflanzen alles, was zu ihrer Erhaltung notwendig ist, aus der Erde, der Luft und dem Wasser beziehen.

Kannenpflanze oder *Nepenthes*

Eine kleine Anzahl Pflanzen bildet jedoch eine Ausnahme von dieser allgemeinen Regel und hat sich eine teilweise aus Tiersubstanzen bestehende Diät in der Form kleiner Insekten angeeignet. Diese Pflanzen wachsen meistens in sumpfigen Gebieten, in denen der Boden außerordentlich säurehaltig und arm ist und vor allem einen Mangel an Stickstoff aufweist, der für das Gedeihen und Wachsen der höher entwickelten Pflanzen unerläßlich ist.

Man kennt ungefähr fünfhundert Arten insektenfressender Pflanzen, und eine der bemerkenswertesten ist die tropische Kannenpflanze, *Nepenthes*. Die Spitzen der herabhängenden Blätter verlängern sich zu Stielen, die an ihren Enden leuchtend gefärbte Kannen tragen. Jede dieser Kannen ist mit einem leicht aufgesetzten Deckel und einem verstärkten Rand versehen. Rund um den scharf umgebogenen Rand wird Nektar erzeugt, und die Insekten, die davon angelockt herbeifliegen, finden bald, daß die Oberfläche unter ihren Füßen bei weiterem Eindringen außerordentlich schlüpfrig wird. Sie gleiten schließlich auf den Grund der Kanne, wo sie in einer reichlichen flüssigen Ausscheidung ertrinken. Die Pflanze absorbiert dann die verwesenden Reste, und da der Körper der Insekten reich an Stickstoff ist, gleicht sie damit den Mangel an wichtigen Salzen aus, die ihre Wurzeln nicht aufnehmen können.

Einige dieser Kannen haben eine Länge von fünfundvierzig Zentimetern und enthalten eine so große Menge flüssiger Ausscheidung, daß ein kleiner Vogel ohne weiteres darin ertrinken kann. Obwohl dieses Sekret oft durch Regenwasser verdünnt ist, verliert es nicht seine zersetzende Wirkung. Die tödliche Gefahr solcher Blättertümpel wird aber nichtsdestoweniger von einer winzigen Moskitofliege überwunden, die, von den mikroskopisch kleinen Futterpartikeln in der Flüssigkeit angelockt, wie ein Helikopter in die offene Kanne hineinflitzt und ihre Eier an die Wasseroberfläche legt. Dann steigt sie rasch auf und entflieht. Die zurückgelassenen Eier entwickeln sich, und die Larven, immun gegen die Verdauungssäfte der Nepenthes, nähren sich von den Mikroorganismen, die sich auf den Leichen der bereits ertrunkenen Insekten ansammeln. Sie wachsen, werden zu dickköpfigen Puppen und fliegen, nachdem sie schließlich ausgeschlüpft sind, auf und davon. *Wyeomyia* ist die einzige Moskitoart, die von der Flüssigkeit in der Kannenpflanze Gebrauch macht, und ihre Larven werden nur in diesen versteckten Brutplätzen gefunden. Diesen interessanten Vorgang haben Lorus J. und Margery J. Milne von der Universität New Hampshire beschrieben.

Im Jahre 1860 entdeckte Darwin in Hartfield in Surrey, daß sich viele Insekten ständig in den Blättern einer kleinen flachwachsenden Pflanze mit dem botanischen Namen *Drosera* verstrickten. Dies führte zu Forschungen auf einem gänzlich neuen Gebiet, und die Resultate von Darwins intensiven Arbeiten in dieser Richtung erschienen fünfzehn Jahre später in seinem Buch *Insectenfressende Pflanzen*.

Unter den zahlreichen darin beschriebenen Pflanzen befindet sich die Venus-Fliegenfalle, *Dionaea muscipula*, die Darwin auf Grund ihrer erstaunlichen Funktionen als »die wunderbarste Blume der Welt« bezeichnete. In den Sümpfen von North Carolina heimisch, besitzt diese Pflanze in ihrer allgemeinen Erscheinung und in ihrer Art des Wachstums eine gewisse Ähnlichkeit mit der Drosera, da jedes Fliegenfallen-Blatt durch eine Mittelrippe in zwei symmetrische zusammenfaltbare Hälften geteilt ist. Beide Hälften, von denen jede in der Mitte drei steife sensitive Borsten besitzt, stehen offen. Sobald jedoch eine der Borsten berührt wird, schnappen die beiden mit Stacheln versehenen Kiefer des Blattes mit einem Ruck zusammen, und jeder Fremdkörper, wie zum Beispiel ein Insekt, das gegen die Borsten gestoßen sein mag, wird unerbittlich wie in einer Falle festgehalten.

Über das gefangene Insekt strömen nun die an der Oberfläche der beiden Blätterhälften liegenden Drüsen eine Säure aus. Das Opfer wird langsam zersetzt, und die Proteine, die von dem Blatt aufgesogen werden, versorgen die Pflanze mit zusätzli-

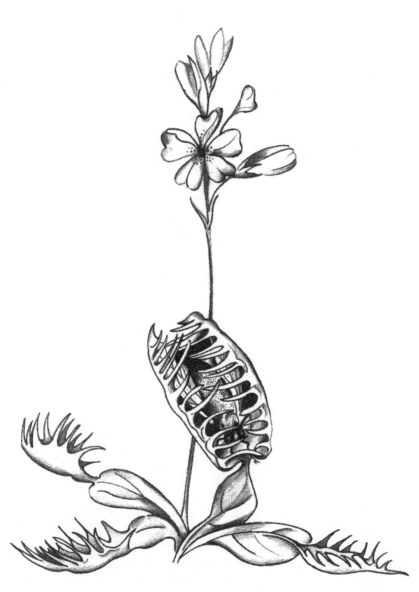

Venus-Fliegenfalle

chem Stickstoff, dem Vorgang ähnlich, der sich in dem Magen eines Tieres nach dessen Mahlzeit abspielt. Diese Assimilation benötigt mitunter eine Woche, dann öffnet sich das Blatt in Erwartung der nächsten Mahlzeit von neuem. Unverdauliche Materie, wie kleine Steine, wird ausgestoßen.

In den wärmeren Ländern gedeihen viele Pflanzen, die der Venus-Fliegenfalle ähneln, und einige größere Arten werden auf Grund ihrer reichen Drüsenausscheidungen von den Bauern aufgehängt und als Fliegenfänger benützt.

Verschiedene Insekten stellen sich schützende Hüllen aus pflanzlichen Stoffen her. Einige Raupen rollen die Blätter der Pflanzen, von denen sie sich nähren, zu hohlen Röhren zusammen und können so, gut verborgen, ihre Mahlzeiten darin einnehmen. Noch ungewöhnlicher ist der als Schutzdeckung benützte Schaum, den die kleinen sich auf Blättern niederlassenden Zikaden oder Stirnzirpen, *Cercopidae*, produzieren. Ihren englischen Namen »froghoppers« verdanken sie ihrem dikken Kopf, der ihnen ein froschähnliches Aussehen verleiht, und ihrer Vorliebe, sich hüpfend fortzubewegen.

Die kleine Zikade beginnt ihr Leben als eine weiche, winzige, etwa sechs Millimeter lange Larve und scheidet kurz nach ihrer Geburt eine wasserklare Flüssigkeit aus. Sie hängt von Grashalmen oder Blumenstielen stets mit dem Kopf nach unten, und indem sie ihren Leib auf und ab bewegt, bedeckt sie ihren ganzen Körper mit den aus dem After quellenden Schaumblasen. Das so entstandene kleine Schaumnest wird volkstümlich »Kuckucksspeichel« genannt.

Seine eigentliche Bedeutung hat Anlaß zu vielen Vermutungen gegeben. Das Schaumnest scheint jedoch hauptsächlich den weichen Larvenkörper vor dem Austrocknen zu bewahren und außerdem, bis zu einem gewissen Grade, die wehrlosen Jungen vor räuberischen Feinden zu schützen, obwohl einige Wespenarten, wie man festgestellt hat, durchaus imstande sind, den Schaumkokon zu durchbohren. Gelingt es aber einer Zikade, allen Gefahren zu entrinnen, so verbleibt sie bis zum

Larve der Schaumzikade fertigt ihren Kokon an

Abschluß ihrer Häutungen behaglich in der Schaumfestung und schlürft als Nahrung den Pflanzensaft, bis sie völlig ausgewachsen, mit Flügeln zum Fliegen und Beinen zum Hüpfen, dieselbe verläßt.

Stirnzirpen oder Schaumzikaden sind über Europa, Mittelasien, Sibirien, Nordamerika und Japan verbreitet. Sie greifen eine große Anzahl wilder und kultivierter Pflanzen und Gräser an; zu den bekanntesten Mitgliedern dieser Familie zählt die Wiesenschaumzikade, *Philaenus spumarius*, die ihr schaumiges Heim in nur fünfzehn Minuten erzeugt.

Die Insektenwelt ist zum größten Teil von den Weibchen beherrscht, und in diesem Reich weiß eine Generation wenig oder gar nichts von der nächsten; das Individuum, das eine kleine, aber wichtige Rolle in der natürlichen Entwicklung der Dinge spielt, ist darauf beschränkt, zu fressen, sich zu vermehren und zu sterben.

Der Seidenspinner, *Callosamia promethea*, ein mit zarten farnähnlichen Fühlern ausgestatteter Falter, wird geboren, paart sich, pflanzt sich fort und stirbt innerhalb weniger Tage. Wie alle seidenspinnenden Falter besitzt er keinen Mund. Nachdem das Weibchen aus dem Kokon geschlüpft ist, wird es von dem Männchen, manchmal aus der Entfernung von einer Meile, dank eines erstaunlichen Geruchssinns gefunden, und die Paarung vollzieht sich. Das Weibchen legt seine Eier, die sich schnell entwickeln, und die Raupe spinnt ihren Seidenkokon zur Verbergung öfters in ein Laubbaumblatt. Um zu verhindern, daß das Blatt in den Herbststürmen fortgeblasen wird oder abfällt, spinnt die Raupe vor der Metamorphose einen Überzug aus widerstandsfähiger Seide um den Blattstengel und den Zweig. Auf diese Weise gut gesichert, verbringt die Puppe den Winter in dem Blatt und schlüpft erst im Mai oder Juni aus.

Es gibt eine große Anzahl Falter, deren Raupen Seidenkokons spinnen, doch kommt die Seide, die wir benützen, zum größten Teil von dem Kokon des chinesischen Seidenspinners *Bombyx mori*. Mit großer Sorgfalt werden die Raupen dieses

Falters in kühlen luftigen Räumen gehalten und mit Maulbeerblättern ernährt. Eine Seidenraupe spinnt, indem sie aus ihren Spinndrüsen eine klebrige Flüssigkeit ausstößt, die, wenn sie mit der Luft in Berührung kommt, erhärtet und einen Seidenfaden bildet. Die Larve benötigt drei bis vier Tage, um den Kokon zu vollenden, und der abgewundene Faden erreicht mitun-

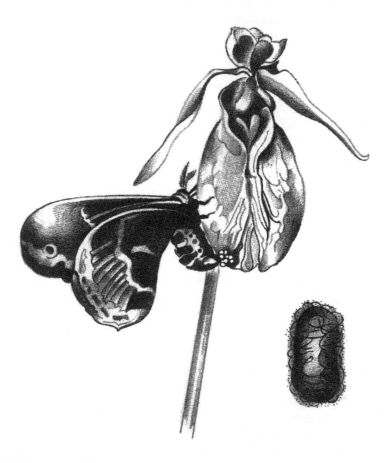

Seidenspinner-Weibchen, das seine Eier auf einem Frauenschuh ablegt
und Kokon der Chinesischen Seidenraupe

ter eine Länge von tausend Metern und mehr. Dieser Vorgang bedingt aber, daß man die Puppe vorher in ihrem Kokon tötet, da sie sonst beim Ausschlüpfen einen Teil des Gehäuses zerstören würde. Dies geschieht mit Hilfe von kochendem Wasser oder trockener Hitze. Dann wird die lose Seide entfernt, und nachdem der Anfang des Fadens gefunden ist, spult man die Seide auf einer Maschine ab. Fäden von nicht weniger als fünfundzwanzigtausend Kokons sind notwendig, um ein Pfund Seide herzustellen, doch ungeachtet dieser phantastischen Zahlen exportiert Japan allein jedes Jahr sechs Millionen Pfund Seide nach den Vereinigten Staaten.

Die Natur erfand den Kokon für die Seidenraupe, aber der Mensch hat die Seidenraupe dem Kokon untergeordnet, mit dem Erfolg, daß der gezüchtete Maulbeerspinner ein Haustier geworden ist, das die Fähigkeit zu fliegen verloren hat. Die Chinesen verwandten Seide schon 2600 vor Christus, und die Kunst der Seidengewinnung wurde durch den Verrat einer chinesischen Prinzessin nach Japan gebracht. Sie reiste ihrem Bräutigam, dem Prinzen von Khotan, entgegen, und in den unschuldigen Blüten ihres hochzeitlichen Haarschmucks lagen gut verborgen einige mohnkorngroße Eier des so begehrten *Bombyx mori.*

Es ist allgemein bekannt, daß sich auf den Körpern vieler Tiere Läuse befinden. Pflanzen leiden aber gleichfalls unter Läusen, die man als Blattläuse oder *Aphididen* bezeichnet. Von den nicht weniger als zweitausend verschiedenen Blattläusen sind in England allein 450 Arten verbreitet. Darunter befinden sich viele berüchtigte Feinde der Pflanzenkulturen, wie die grünen und die schwarzen Blattläuse.

Die weitgehenden Verwüstungen und Zerstörungen, die die Aphididen verursachen, sind eine direkte Folgeerscheinung ihrer phantastischen Fortpflanzungsfähigkeit. Als flügellose Weibchen, die ihre scharfen Schnäbel in eine Pflanze versenken und den Saft aussaugen, schlüpfen sie im Frühling aus dem Ei. Bald setzen die jungfräulichen Weibchen weitere lebende

Weibchen in die Welt, die den Vorgang fortführen, bis eine riesige Anzahl flügelloser weiblicher Aphididen entstanden ist. Jedes einzelne Weibchen vermag jede halbe Stunde ein Junges zu erzeugen. Sollte eine Nahrungsknappheit eintreten, werden Weibchen mit Flügeln geboren, und diese fliegen zu anderen Pflanzen, um dort wieder die Erzeugung einer Kette flügelloser Weibchen zu beginnen. Tests in den Laboratorien ergaben, daß manchmal hundert Generationen von Aphididen ohne das Auftreten eines Männchens entstehen. Nur gegen Ende des Sommers erscheinen Männchen sowohl wie echte Weibchen, und die Form der Fortpflanzung wechselt über zur Eiablage. Diese Eier ruhen den Winter über, und erst im Frühling nehmen die ausschlüpfenden jungen Blattläuse den erstaunlichen Zyklus der Vermehrung wieder auf.

Aller Wahrscheinlichkeit nach übertrifft kein anderes Lebewesen die Aphididen an Geschwindigkeit der Vermehrung, und Dr. Julian Huxley stellte fest, daß, wenn die Nachkommen von nur einer einzigen Blattlaus sich während eines Sommers ohne naturgegebene Einschränkungen vermehren könnten, die gesamte Erdoberfläche mit Blattläusen bedeckt wäre.

Zum Glück für die Gärten und Felder bestehen solche naturgegebene Einschränkungen, da die Feinde der Blattläuse Legionen zählen. Wäre dies nicht der Fall, beherrschte die schwache, kleine und wehrlose Blattlaus tatsächlich die Erde. Ihre Zerstörungskraft bewies sich vor einem halben Jahrhundert, als die mit der Aphis verwandte Reblaus die Weinberge Frankreichs heimsuchte, und ehe man ihren zerstörerischen Kurs aufhalten konnte, achtzig Millionen Hektar Reben verwüstete.

Zu den wichtigsten Feinden der Blattläuse zählt der rotschwarz-weiße Marienkäfer. Auf Grund seines ununterbrochenen Kampfes gegen diese Pest ist er eines der beliebtesten Insekten der Welt und wird in manchen Gegenden in fast religiöser Verehrung gehalten. Dies deutet auch sein Name an, der aus einer weit zurückliegenden Epoche stammt, in der das Insekt der Heiligen Jungfrau Maria geweiht war.

Marienkäfer, der sich nach der Jagd auf Blattläuse ausruht

Die Marienkäfer und ihre Larven sind im wesentlichen Fleischfresser, und jede gierige Larve verzehrt allein etwa dreißig bis vierzig Blattläuse in der Stunde. Die Bedeutung des Marienkäfers für die Landwirtschaft kann am besten an Hand der Geschichte der kalifornischen Zitrusfruchtindustrie gegen Ende des neunzehnten Jahrhunderts erläutert werden. Um diese Zeit wurde eine neue Sorte Orangenbäume von Australien importiert und brachte, als sie am »Golden Gate« in San Francisco ankam, ein Insekt, Wollschildlaus genannt, mit, das in kurzer Zeit sich über die kalifornischen Orangenplantagen ausbreitete und eine Fährte toter oder absterbender Bäume hinterließ. Der damals abgesandte deutsche Wissenschaftler Albert Köbele entdeckte in Australien auf seiner Suche nach dem natürlichen Feind dieses Insekts einen eingeborenen Marienkäfer, der sich ausschließlich von der Wollschildlaus nährte. Eine ganze Kolonie dieser Käfer wurde eingefangen und sofort nach Kalifornien versandt, wo 129 Stück lebend ankamen. Dieses australische Marienkäferbataillon vermehrte sich so rasch, daß es innerhalb von zwei Jahren die Gefahr der Wollschildlaus überwand und eine Industrie, die hundert Millionen Dollar im Jahr einbrachte, rettete.

Marienkäfer, die sich von verschiedenen Ungeziefern nähren, werden in der ganzen Welt gesammelt und in Obstgärten und auf Plantagen an die Arbeit gesetzt. Die Schweden nennen sie »Goldene Hühner der Jungfrau Maria«, und die französischen Bauern sprechen von ihnen als »die Kühe des Herrn«, doch was auch immer ihr Name sein mag, es besteht kein Zweifel, daß ihr großer Schmarotzer-Hunger sie zu den beliebtesten Insekten der Menschen gemacht hat.

Pflanzen haben viele Methoden zur Abwehr feindlicher Angriffe entwickelt, von denen die der Schnecken am schlimmsten sind. Dornen und Stacheln zählen zu diesen allgemeinen Abwehrmaßnahmen, auf die aber die Schnecken durch Gegenmaßnahmen reagieren. So kriecht eine Gartenschnecke, ohne sich zu verletzen, über den Zweig eines Dornbusches, indem sie die

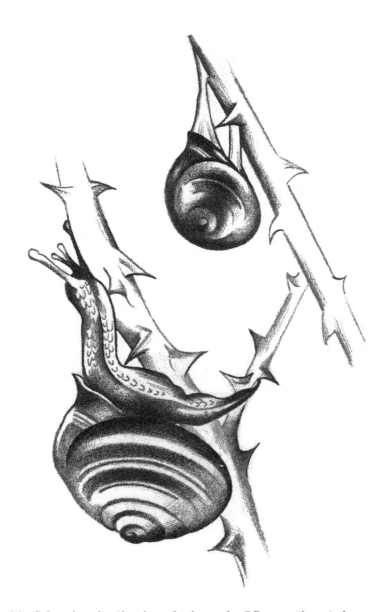

Wie Schnecken die Abwehrmaßnahmen der Pflanzen überwinden

gefährliche Oberfläche mit Schleim bedeckt, und überwindet in der gleichen Weise die stachlige Distel. Versuche mit Schnecken haben gezeigt, daß sie, durch ihren Schleim geschützt, sogar unbeschädigt über die scharfe Schneide einer Rasierklinge gleiten können.

Eine bemerkenswerte Eigenheit der Schnecke ist ihre Methode des Essens. Beim Öffnen der Kiefer setzt sich eine wunderbar konstruierte Zunge, einer Raspel ähnlich, in Tätigkeit, und während die Schnecke ihren Kopf seitlich hin- und herbewegt, schneidet diese raspelförmige Zunge die eroberten Blätter in kleine Stücke. Die Zunge der gewöhnlichen Gartenschnecke besteht aus 135 Reihen, die mit je 105 Zähnen besetzt sind, was eine Gesamtzahl von nicht weniger als 14.175 Zähnen ergibt.

Schnecken, die ihr Haus mit sich tragen, benötigen nur einen feuchten Platz, der ihnen die Möglichkeit bietet, ungestört den Winter in ihrem Gehäuse zu verschlafen. Mangel an Feuchtigkeit ist die größte Gefahr, die sie bedroht, sonst ist ihr Leben, verglichen mit dem einer Menge anderer Kreaturen, verhältnismäßig sehr einfach. Einige Schneckenarten besitzen einen Deckel oder operculum, mit dem sie den Eingang zu ihrem Gehäuse verschließen, andere erzielen die gleiche Wirkung mit einer Schleimschicht.

Das seltsamste Merkmal dieser Bauchfüßler ist aber zweifellos die Tatsache, daß sie Hermaphroditen sind, d. h. sowohl männliche wie weibliche Organe in einem Individuum vereinen. Jede einzelne ausgewachsene Schnecke trägt also durch das Ergebnis gegenseitiger Befruchtung zum Anwachsen der Kolonie bei. In einigen Arten dieser zweigeschlechtlichen Tiere liegen die Organe so, daß sie zur gleichen Zeit die Rolle des männlichen Partners bei einer und die des weiblichen Partners bei einer anderen Schnecke übernehmen können und auf diese Weise Ketten bilden, die, von Bäumen oder Büschen hängend, häufig in Gärten zu sehen sind. Die Mehrzahl der Schnecken vermehrt sich durch Eier, und die Lebensdauer dieser Zwitter beläuft sich auf etwa zwei bis fünf Jahre.

Es wäre ungerecht, dieses Kapitel zu beschließen, ohne darauf hinzuweisen, daß Schnecken, die als berüchtigte Feinde der Pflanzen gelten, sich manchmal als freundliche Samenüberträger betätigen. Ein weißer fleischiger Faden, der den herabgefallenen Samenkörnern der wild wachsenden Nieswurz anhaftet, lockt sie an, und sie verzehren ihn wegen seines Ölgehaltes. Während dieser Mahlzeit bleiben die restlichen Samenkörner an der schleimigen Haut der Schnecke hängen und werden, während sie sich in ihrem üblichen Tempo fortbewegt, verteilt. Das langsam dahinkriechende Tier stellt auf diese Weise ein weiteres überraschendes Beispiel dar, in dem die komplexe und wechselseitige Beziehung zwischen Tier und Pflanze ihren Ausdruck findet.

Vielzellige Geschöpfe, deren Körper aus einer größeren oder kleineren Anzahl Zellen zusammengesetzt ist, die sich wie Ziegelsteine in einer Mauer aufschichten, beginnen als eine einzige befruchtete Eizelle. Die Eizelle stammt von der Mutter und wird durch die Samenzelle, die vom Vater stammt, befruchtet.

Wir alle entstehen aus dem Ei, aber die Eier der meisten Säugetiere entwickeln sich im Körper der Mutter, und die Jungen werden in einem mehr oder weniger fortgeschrittenen Stadium geboren. Primitive Säugetiere hingegen legen Eier, und die Jungen, die sich innerhalb der Eier entwickeln, nähren sich von dem Dotter, bis sie ausschlüpfen. Nach dem Ausschlüpfen besteht ihre Ernährung aus der von der Mutter abgesonderten Milch; die Milch kommt aus einer Anzahl kleiner Poren und nicht, wie bei den höher entwickelten Säugetieren, aus Zitzen.

Das Schnabeltier oder Platypus und der Schnabel- oder Ameisenigel, *Echidna*, sind die einzigen lebenden Säugetiere, die Eier legen. Beide bewohnen ausschließlich australische Gebiete.

Das Schnabeltier, *Ornithorhynchus anatinus*, ist, wenn auch gelegentlich und im Scherz halb als Vogel und halb als Säugetier bezeichnet, nichtsdestoweniger ein echtes Säugetier. Die Kiefer stehen wie ein horniger, entenähnlicher »Schnabel« hervor, der mit einer haarlosen Haut bedeckt ist. Der zahnlose und äußerst sensitive Schnabel der ausgewachsenen Tiere ist etwa siebeneinhalb Zentimeter lang und wird dazu benützt, den Schlamm des Flußbettes aufzuwühlen oder Insekten, Würmer und kleine Flußkrebse zu fangen.

Das dichte und samtartige Fell der Schnabeltiere ist dunkel graubraun gefärbt. Der Schwanz ist kurz und mit borstigen Haaren besetzt, und die Füße sind, in Anpassung an das Leben im Wasser, mit Schwimmhäuten versehen. An der Innenseite der Hinterfüße trägt das Männchen hornige hohle Sporen, die mit einer Giftdrüse verbunden sind. Das Schnabeltier benützt diese beachtliche Waffe aber nur, wenn es aufs äußerste gereizt wird. Tatsächlich ist es das einzige mit einem Fell bekleidete Geschöpf, das mit einem Giftsporn ausgerüstet ist.

Das männliche Schnabeltier ist ungefähr sechzig Zentimeter lang, das Weibchen ist etwas kleiner. Die Tiere graben eine fast zehn Meter lange Röhre an den Flußufern aus, die manchmal einen Unterwasserzugang hat, gewöhnlich aber mit zwei Eingängen über der Wasseroberfläche versehen ist. Am Ende der Röhre befindet sich in einem verbreiterten Raum das aus Gras, Blättern, kleinen Wurzeln und Schilf angefertigte Nest, in das von dem Weibchen zwei oder drei Eier gelegt werden, keines größer als siebzehn Millimeter. Sie haben eine ledrige, weiße Schale und sind mit einer klebrigen Flüssigkeit bedeckt.

Schnabeltier oder Platypus

Man schätzt, daß das Ausbrüten der Eier mit Hilfe der mütterlichen Körperwärme etwa zwei Wochen dauert. Beim Ausschlüpfen sind die Jungen blind und besitzen kein Fell – sie sind in der Tat nackt –, und die zusammengerollte Mutter drückt sie gegen ihren Leib, damit sie die Milchdrüsen ablecken können. Das Schnabeltierbaby ist ein außergewöhnlich hilfloses Wesen,

Nest mit jungen Schnabeltieren

noch hilfloser als ein menschlicher Säugling, und wird von seiner Mutter versorgt, bis es ausgewachsen ist.

Einige sehr wichtige neue Beobachtungen über das Leben und Verhalten des Schnabeltiers, im allgemeinen heute Platypus genannt, sind vor kurzem in Australien veröffentlicht worden. In seinem Buch *We Breed the Platypus* gibt David Fleay, ein hervorragendes Mitglied der jüngeren Generation der »Platypus-Spezialisten«, eine sehr lebhafte Schilderung seiner erfolgreichen Experimente. Unter den vielen bemerkenswerten Eigenschaften dieser »wundersamsten aller lebenden Säugetiere« hebt David Fleay besonders den großen und kostspieligen Appetit der Schnabeltiere hervor. Eine Versuchsmahlzeit, die während einer Nacht der Schnabeltiermutter in der Platypus-Freistätte gegeben wurde, bestand aus 400 großen Regenwürmern, 338 Käferlarven und 38 kleinen Flußkrebsen. Das Gesamtgewicht dieser Mahlzeit betrug stattliche 800 Gramm, und da das Höchstgewicht der säugenden Mutter nur 910 Gramm betrug, muß die Verdauung fast gleichzeitig mit der Fütterung stattgefunden haben. Allerdings verlangt die Ausübung angespanntester Tätigkeit, wie Schwimmen, Fischen, Graben, und die Milchversorgung der Jungen eine verhältnismäßig große Quantität leicht verdaulicher Nahrung. David Fleay zieht nach diesem »Fünf-Dollar-Dinner« mit Recht die Schlußfolgerung: »Was für eine aufreibende Zeit muß eine Platypusmutter in der Freiheit haben! Kein Wunder, daß die Jungen mitunter das Nest zu früh verlassen.«

Zu den übrigen eierlegenden Säugetieren zählen die Schnabel- oder Ameisenigel von Australien, Tasmanien und Neuguinea. Es sind schwerfällige Tiere, deren Haut mit scharfen Stacheln und Haaren besetzt ist. Sie sind fast schwanzlos, und die klebrige Zunge, die sie aus ihren langen Schnäbeln hervorstoßen, dient dem Fang von Ameisen und anderen Insekten. Dem Platypus gleich, besitzen sie keine Zähne. Während aber das Weibchen des Platypus seine Eier in ein Nest legt, trägt und brütet das Weibchen des Ameisenigels seine Eier in einer Bruttasche aus.

Gradschnabeliger Ameisenigel
Oben: Weibchen mit Beutel

Der gradschnabelige Ameisenigel, *Echidna aculeata*, bevorzugt trockene und hoch gelegene Gebiete in den waldbestandenen Teilen Ostaustraliens. Eine Unterart des *Echidna aculeata* tritt auch in Tasmanien auf. Die Größe dieser Tiere wechselt je nach ihrer Art, doch entspricht sie im Durchschnitt der eines großen Igels von etwa siebenunddreißig bis fünfzig Zentimetern Länge. Genau wie der Igel kann der Ameisenigel sich zu einer Kugel zusammenrollen, wobei ihm sein stachliges Fell einen sicheren Schutz gegen die Feinde bietet. Das Weibchen legt nur ein Ei, das nicht größer als ein Sperlingsei ist. Es gleicht mit seiner ledrigen weißen Schale einem Reptilienei und wird von dem Weibchen in die Mammartasche gebracht, die dem Beutel der Känguruhs entspricht, aber wieder verschwindet, wenn sie nicht mehr gebraucht wird. Nachdem das Junge aus dem Ei geschlüpft ist, bleibt es noch ein paar Wochen in der Tasche, bis es eine Länge von etwa zehn Zentimetern erreicht hat.

Der schwarzstachlige Langschnabeligel, *Proechidna nigroaculeata*, ist ein ziemlich großes und schweres Tier, das sich in den gebirgigen Gegenden von Neuguinea aufhält. Es besitzt einen sehr langen, von einer Hornscheide überzogenen Schnabel, und die borstigen Haare auf seinem Körper sind mit dicken schwarzen Stacheln durchsetzt.

Das samtige Schnabeltier und die stachligen Ameisenigel, die Eier legen und ihre Jungen säugen, sind heute zweifellos die primitivsten lebenden Säugetiere. Durch ihr seltsames Verhalten und mit ihren vogelähnlichen »Schnäbeln« vermitteln sie einen Rückblick in die dunkle und geheimnisvolle Frühzeit der Tierwelt, aus der die Säugetiere sich entwickelt haben.

Reptilieneier sind im allgemeinen kleiner im Verhältnis zur Größe der Tiere als die der Vögel. Die Eier der Krokodile zum Beispiel besitzen etwa die gleiche Größe wie Gänseeier.

Krokodile legen ihre zahlreichen, schweren, ovalen und hartschaligen Eier gewöhnlich in ein Loch im Sand oder mitten in einen Haufen von Pflanzenresten, nicht weit von den von ihnen bewohnten Gewässern entfernt. Die tropische Sonne benötigt etwa acht Wochen, um die Eier auszubrüten, und mitunter verteidigt die Mutter grimmig die Eier sowohl wie die Jungen vor feindlichen Angriffen. Das junge Krokodil benützt zum Zerbrechen der Eischale einen scharfen Eizahn, den es wenige Stunden später verliert. Ein bellender Laut, der vom Inneren des Eies das Auskriechen der jungen Krokodile ankündet, soll die Aufmerksamkeit der Mutter auf sich ziehen und sie zum Nest zurückbringen. Krokodilbabys sind schon beim Ausschlüpfen lebhaft und kräftig und können, noch ehe sie die Schale ganz verlassen haben, bereits wütend zuschnappen. Obwohl sie eine Länge von nur wenigen Zentimetern besitzen, werden sie von der Mutter sofort ins Wasser geführt, um den tödlichen Angriffen der großen Raubvögel zu entgehen.

Das Krokodil ist das größte Reptil der Welt und kann erwiesenermaßen ein Alter von hundert Jahren erreichen.

Es ist in Afrika und Asien heimisch und unterscheidet sich von dem Alligator der Neuen Welt durch die Stellung des vierten Unterkieferzahnes. Dieser paßt in eine tiefe Grube außen

Schwarzstacheliger Langschnabeligel

am Oberkiefer und ist daher bei geschlossener Schnauze sichtbar, während beim Alligator sich dieser Zahn in eine Höhlung innen im Oberkiefer fügt und bei geschlossenem Maul unsichtbar bleibt. Im allgemeinen ist die Schnauze der Krokodile auch länger als die der Alligatoren. Krokodile erreichen überhaupt eine ungeheure Länge – die größten Arten sind nachweislich zehn Meter lang, während Alligatoren gewöhnlich eine Länge von vier Metern nicht überschreiten.

Den Elefanten gleich besitzen die voll ausgewachsenen Kro-

Junges Krokodil bricht aus der Schale

kodile keinen anderen wirklichen Feind als den Menschen. Ihre Hauptnahrung besteht aus Fischen, doch wenn sich eine Gelegenheit bietet, verachten sie auch keineswegs ein menschliches Wesen, gewöhnlich dann, wenn sie ihre normale Nahrung nicht finden können und deshalb auf andere Beute angewiesen sind. In Erwartung ihrer Opfer sind sie fast unsichtbar, denn nur Nasenlöcher und Augen, die hoch am Kopf aufsitzen, erheben sich über den Wasserspiegel. Es ist leicht möglich, daß Krokodile, nachdem sie erst einmal Menschenfleisch gekostet haben, viel gefährlicher werden. Hunde sind ebenfalls von ihnen getötet und gefressen worden, und Kühe, Ziegen, Antilopen, Affen und Paviane, die am Flußufer trinken, werden oft gepackt und ertränkt. Bekannterweise hat ein sehr großes Krokodil sogar einmal ein Rhinozeros ins Wasser gezogen.

Krokodile benötigen wie viele andere Reptilien keine häufige Nahrung und können eine beträchtliche Zeit existieren, ohne zu fressen. Einige Arten überwintern im Schlamm, andere fallen beim Austrocknen der Gewässer in einen Zustand der Erstarrung. Nichtsdestoweniger greifen sie manchmal ihre eigene Art an, und viele der jungen Krokodile werden von den ausgewachsenen gefressen. Auch ein schwerverletztes Krokodil fällt seinen eigenen Verwandten zum Opfer.

Auf dem Land bewegt sich das Krokodil nur langsam vorwärts, verschwindet aber, wenn es erschreckt wird, erstaunlich schnell im Wasser. Wasser ist sein natürliches Element, und es schwimmt mit pfeilartiger Geschwindigkeit, indem es seinen langen kräftigen Schwanz als Ruder benützt. Die Ohren sind mit klappenartigen Hautfalten bedeckt, und die Nasenlöcher können beim Tauchen geschlossen werden. Das Auge ist mit einer Nickhaut geschützt, einem transparenten Augenlid, das dem gepanzerten Reptil klare Sicht in der Verfolgung seiner Beute verleiht. Da der Nasengang weit rückwärts mündet, verschlingt das Krokodil sein ertränktes Opfer unter der Oberfläche, ohne daß Wasser in die Luftwege eindringen kann, die ihrerseits durch die aus dem Wasser ragenden Nasenlöcher versorgt werden.

Mehr gefürchtet als bewundert, besitzt das Krokodil dennoch einen wertvollen Freund, den kleinen Krokodilwächter, einen Rennvogel, der sich nicht scheut, dem gewaltigen Reptil die am Zahnfleisch angesaugten Schmarotzer abzulesen. Die seltsame Verbindung zwischen dem Nil-Krokodil und dem ägyptischen Regenpfeifer wurde schon vor sehr langer Zeit von Herodot beobachtet. Es muß in der Tat ein erstaunlicher Anblick sein, wenn diese Vögel in die weit aufgesperrten Rachen der auf dem heißen Sand oder Felsen liegenden großen Krokodile hüpfen, um dort zwischen den scharfen und bedrohlichen Zähnen nach Nahrung zu picken.

Alle Wasser- und Landschildkröten, die zu der Ordnung *Chelonia* gehören, legen weiße Eier mit festen Schalen; sie sind bei einigen Arten hart und dick und bei anderen eher lederartig. Die Weibchen graben gewöhnlich an einem günstig gelegenen Platz ein Loch in den Boden, in das sie ihre Eier versenken und

Junge Landschildkröte schlüpft aus

zu dem sie alljährlich wieder zurückkehren. Sie verwenden viel Mühe darauf, die Eier sorgfältig zu bedecken, um jede Spur ihrer Anwesenheit soweit als möglich zu verbergen. Dies ist eine durchaus notwendige Maßnahme, da Schildkröteneier eine Lieblingsspeise der verschiedenartigsten Tiere sind.

Bestimmte Landschildkröten bewohnen die heißen Zonen Afrikas. Die Schilde ihrer Jungen sind, genau wie die aller gerade aus dem Ei geschlüpften Schildkröten, zunächst weich und lederartig und erhärten sich erst mit der Zeit. Schildkröten wachsen sehr langsam, nehmen aber im Laufe ihres Lebens ständig an Umfang zu. Die ausgewachsenen afrikanischen Landschildkröten erreichen oft ein Ausmaß von neunzig Zentimetern, der Länge nach über Schale oder Panzer gemessen, aber die Riesenschildkröten der Galapagos-Inseln sind noch viel größer. Sie wiegen manchmal 230 Kilogramm, und ihre Eier entsprechen etwa der Größe eines Tennisballs.

Einst waren diese Inselbewohner so zahlreich, daß man ohne weiteres über ihre eng aneinandergereihten Panzer hundert Schritte machen konnte, ohne den Fuß auf die Erde zu setzen. Unablässiger menschlicher Verfolgung ist es jedoch zuzuschreiben, daß diese Giganten heute fast gänzlich ausgerottet sind.

Alle Landschildkröten sind Pflanzenfresser, und ihr Panzer ist gewöhnlich geräumig und hoch gewölbt, so daß sich das Tier vollkommen darunter zurückziehen kann. Verglichen mit den fossilen Schildkröten haben sich die lebenden Arten während ihrer langsamen Evolution sehr wenig verändert, abgesehen von dem Verlust ihrer Zähne. Keine heute lebende Land- oder Wasserschildkröte hat Zähne, und die Kiefer sind nur von einem hornigen Schnabel bedeckt, der im allgemeinen scharfe, schneidende Kanten besitzt. Die Weibchen haben keine Stimme und können nur zischen, während die Männchen, besonders in der Paarungszeit, pfeifen oder brüllen. Die Lautstärke entspricht ihrer jeweiligen Größe.

Riesenschildkröten leben wahrscheinlich länger als irgendein anderes Tier. In den Höhlen von Port Louis auf Mauritius existierte ein Exemplar nachweislich 120 Jahre. Der verstorbene Lord Rothschild besaß seinerzeit eine bedeutende Sammlung von Riesenschildkröten, und in seinem Museum in Tring befinden sich einige Exemplare, von denen jedes über 250 Kilo wiegt; man schätzt, daß eine dieser Schildkröten mindestens zweihundert Jahre alt gewesen sein muß. Ein anderes Monstrum, das, wie berichtet, noch auf der Insel St. Helena lebt, soll, seit es ein Zeitgenosse des dort im Exil weilenden Napoleon war, an Umfang nicht wesentlich zugenommen haben.

Wasserschildkröten leben, im Gegensatz zu Landschildkröten, im Wasser. Sie sind Raubtiere und nähren sich hauptsächlich von Fischen. Ihr Leben ist so dem Wasser angepaßt, daß sie das Meer, die Flüsse oder Teiche nur während der Paarungszeit verlassen. Die Weibchen legen dann oft beträchtliche Strecken am Land zurück, um ihre Eier in Gemeinschaftsnester zu legen. Nach Erfüllung dieser Pflicht begeben sie sich wieder in ihr ei-

Baby der Schnappschildkröte

gentliches Element und überlassen das Ausbrüten der Eier der Sonne und das Schicksal der Jungen den Zufällen der Natur.

Das Junge der amerikanischen Schnappschildkröte *Chelydra serpentina*, aus den östlichen Vereinigten Staaten ist, wie die Abbildung zeigt, gerade im Begriff, seinen Kopf aus dem Ei zu stoßen. Nach kurzer Zeit wird es sich von der Schale befreit haben und mit seiner etwa zwanzigköpfigen Geschwisterschar nach dem nächstgelegenen Teich wandern. Sollte es vom Glück begünstigt sein, entgeht es dem feindlichen Reiher und dem Ochsenfrosch, die nur zu begierig sind, das hilflose weichplattige Geschöpf zu verzehren. Die Natur gewährt jedem Mitglied der Ordnung Chelonia eine langsame Reife und die Möglichkeit eines langen Lebens; sie hängt von seiner Fähigkeit ab, die Gefahren während der frühen Jugendzeit zu überwinden.

Die Schnappschildkröte lebt in einer schlammigen, nassen Welt, umgeben von Schlick und Schleim, von Schlingpflanzen und verfaulendem Holz. In diesen trüben, stillen Teichen treibt sie mit Vorliebe nahe der Oberfläche mit der Strömung dahin, wobei die Spitze ihrer Schnauze, wie die eines Alligators, aus dem Wasser ragt. Ihre gelbschwarzen Augen stehen so dicht an der Nase, daß sie sehen und atmen kann, während nur ein sehr kleiner Teil ihres Körpers exponiert ist.

Wie alle Reptilien ist die Schnappschildkröte nicht in der Lage, ihre Körpertemperatur zu regulieren, die im Einklang mit der Umgebung steigt oder sinkt. Im Oktober ist ihr Stoffwechsel schon stark herabgesetzt, und sie vergräbt sich daher unterhalb der Frostzone im Schlammboden des Teiches. Während ihres zwangsweisen Winterschlafes zehrt die Wasserschildkröte von dem im vorhergegangenen Sommer angesammelten Fett und wartet, bis die Frühlingssonne das Wasser genügend erwärmt hat, um ihre normale Tätigkeit wieder aufzunehmen.

Von allen Wasserschildkröten ist die Schnappschildkröte bei weitem die verwegenste. Jeden Frühling beginnt sie mit tödlicher Entschlossenheit und ungeheurer Schnelle ihre Opfer zu verfolgen. Beim Zuschnappen schießt ihr Kopf blitzartig aus dem Wasser hervor, und die scharfen Kiefer schließen sich mit einer solchen Kraft, daß kein Tier, das einmal gefangen ist, noch eine Möglichkeit der Rettung hat. Große Exemplare dieser Schildkröten erfassen junge Enten und Bisamratten und ziehen sie von der Wasseroberfläche in die Tiefe. Lauern die Schnappschildkröten aber auf dem Grund des Teiches auf Beute, so locken sie, mit Hilfe zweier wurmähnlicher weißer Hautanhänge, Fische, Frösche und andere Tiere herbei, die klein genug sind, um auf einmal verschlungen werden zu können.

Mit der Schnappschildkröte verwandt ist die Geierschildkröte, die mitunter ein Gewicht von fünfundvierzig Kilo erreicht. Sie wird auch Alligatorschildkröte genannt, da ihr Schwanz, der länger ist als der irgendeiner anderen Land- oder Wasserschildkröte, längs der Oberseite mit einem Kamm knöcherner und spitzer Zacken versehen ist. Schnapp- und Geierschildkröten sind ausschließlich in der Neuen Welt heimisch, obwohl erwiesenermaßen eine verwandte Art einst Europa in einem früheren Stadium der Erdgeschichte bewohnte.

Brütende Bullenschlange

Reptilieneier werden immer in großer Anzahl gelegt, und ein Gelege enthält zwanzig bis zweihundert Eier. Viele Reptilien brüten nicht, da es unmöglich für sie wäre, ein so umfangreiches Gelege mit ihrem Körper zu bedecken.

Eine Ausnahme von dieser allgemeinen Regel bildet die amerikanische Bullenschlange, *Pituophis sayi*, die eine höhere Form der Brutpflege entwickelt hat. Diese beachtliche Schlange schichtet ihre zwölf oder mehr gelblichweißen Eier zu einem Haufen auf, um den sie sich, bis der kostbare Schatz ausgebrütet ist, etwa drei Monate lang mit mütterlicher Sorgfalt windet. Pythonschlangen brüten ihre Eier auf ähnliche Weise aus.

Die Bullenschlange ist nicht giftig. Sie ist eine kampflustige Riesenschlange, die ihre Opfer fängt, umwindet und zu Tode würgt. Auf diese Weise vernichtet sie eine Unzahl schädlicher Nagetiere, wie Ratten, Mäuse, Ziesel und Kaninchen, und gilt, mit ihrer stattlichen Länge von etwa drei Metern, als die nützlichste Schlange des mittelamerikanischen Weizengürtels. Ihre gelbbraun gefärbte Haut ist auf dem Rücken und an den Seiten mit einer Reihe großer, rechteckiger, rötlichbrauner oder schwarzer Flecke gemustert. Das Zischen dieser beachtlichen Vertreterin der Kriechtiere ist auf eine Entfernung von über fünfzehn Metern vernehmbar.

Die Bullenschlange ist, wie die meisten Schlangen, scharf auf Vogeleier. Die Methode, wie sie die harten Eierschalen bewältigt, ist von Raymond L. Ditmars sehr anschaulich beschrieben worden: »Nachdem das Ei etwa dreißig Zentimeter tief in den Schlund geglitten ist, drückt die Schlange ihren Körper fest gegen den Boden, zieht ihre Muskeln zusammen und zerbricht auf diese Weise das Ei. Die Handlung ist absolut vorbedacht und dauert volle zehn Sekunden. Das Ei zerkracht hörbar, und die zerbrochenen Schalenreste werden mit dem Ei verschlungen.«

Die Riesenlandschnecke, *Borus oblongatus*, eine Bewohnerin Brasiliens, trägt ein Gehäuse, das in der Höhe einige Zentimeter erreicht. Ihr Kopf ist mit zwei Paar Fühlern ausgestattet, von denen sie das kürzere untere Paar zum Tasten und Riechen benützt, während das längere obere Paar auf den Spitzen mit je einem Auge versehen ist. Diese Organe sind deutlich sichtbar, wenn die Schnecke auf der Suche nach Nahrung, die hauptsächlich aus pflanzlichen Stoffen besteht, ihren Körper aus dem Gehäuse streckt. Riesenschnecken legen Eier, die denen der Vögel ähneln. Die Schutzhülle enthält Kalk und kann daher mit Recht als Eischale bezeichnet werden. Die Eier der üblichen Arten sind ebenso lang, wenn auch weniger breit, wie Sperlingseier und haben eine schneeweiße, matte Oberfläche. Die größeren Eier hingegen, die von den größeren Schnecken gelegt werden, sind hochglänzend; die afrikanische Landschnecke, *Achatina achatina*, deren Gehäuse eine Höhe von achtzehn Zentimetern erreicht, legt Eier bis zu neunzehn Millimeter Länge, also etwa in der Größe eines Taubeneies.

Es ist sicherlich angebracht, zum Abschluß auf ein tägliches Wunder zu verweisen, das die meisten von uns als selbstverständlich hinnehmen. Das bescheidene Haushuhn legt nicht nur Eier für unseren Frühstückstisch. Seine befruchteten Eier, von

Riesenlandschnecke mit ihren Eiern

denen jedes nur aus einer einzigen schwer mit Dotter angefüll-
ten Zelle besteht und von einer kalkhaltigen Schale umschlossen ist, werden ausgebrütet, und nach einundzwanzigtägiger
Inkubation bricht das Kücken aus, das vom ersten Augenblick
an in der Lage ist, selbständig zu fressen. Vielleicht ist dieser
Vorgang für manche von uns wichtiger als die ihren Eiern ent-
schlüpfenden, weitaus ungewöhnlicheren Kreaturen, die in diesem Kapitel geschildert wurden.

Kücken, das aus dem Ei des Haushuhns schlüpft

Es gibt schätzungsweise mehr als eine Million verschiedenartiger Tiere, und jedes hat eine eigene Methode, seine Nahrung zu finden, und eine eigene Methode zu vermeiden, von anderen Tieren als Nahrung betrachtet und gefressen zu werden. Durch die Lüfte zu fliegen ist ohne Zweifel ein ausgezeichnetes Mittel, um Verfolgern, die nicht fliegen können, zu entgehen. Es öffnet außerdem neue Jagdgründe, die auf andere Weise nicht erreichbar sind.

Fliegende Tiere können, allgemein gesprochen, in zwei Gruppen eingeteilt werden; die einen fliegen, indem sie mit Hilfe ihrer Muskelkraft ihre Flügel auf- und abwärts schlagen, das sind die Insekten, die Vögel und die Fledermäuse. Der Flug der anderen hingegen ist gewissermaßen nur ein verlängerter Sprung, abhängig vom ersten Antrieb und von der Spannweite der Flughaut. In diese Gruppe gehören die verschiedenen Arten der Fliegenden Fische, der Flugdrachen, der Flugfrösche, der Flughörnchen sowie die der fliegenden Phalanger.

Der kleine Flugdrachen, *Draco volans*, ist ein leuchtend gefärbtes Reptil, das in mehr als zwanzig Arten im tropischen Asien vertreten ist. Auf beiden Seiten des Körpers hängt eine lose Haut, die, ausgespannt und von langen, schlanken Rippen gestützt, ein Flugsegel bildet.

Der Haube der Kobra ähnlich, kann diese Membrane gegen die Seiten des Körpers zurückgefaltet werden. Die Flugdrachen, deren größte Art kaum siebenunddreißig Zentimeter lang ist, leben in Bäumen und laufen auf der Suche nach Insekten mit zusammengelegter Flughaut an den Zweigen entlang. Entdecken sie aber einen Schmetterling, so breiten sie plötzlich ihre »Flügel« wie einen Fallschirm aus und gleiten in schräger Richtung von Zweig zu Zweig oder von Baum zu Baum. Auf Grund dieser besonderen Struktur sind sie die einzigen heute lebenden »fliegenden Reptilien«.

Baumfrösche sind erstaunliche Akrobaten, und ihre Eroberung der Bäume hat sie zweifellos für viele erdgebundene Feinde unerreichbar gemacht. An ihren Finger- und Zehenspitzen haben diese Frösche Saugnäpfe entwickelt, so daß sie mit Leichtigkeit Baumstämme erklimmen können; außerdem müssen sie aber noch andere drastische Vorkehrungen treffen, um

Flugdrachen

ihren zahlreichen Verfolgern zu entfliehen, unter denen die Baumschlange der gefährlichste ist. Diese Schlangen werfen sich in ausgestreckter Haltung aus den Bäumen in die Luft, ziehen die Schilde an ihrer Unterseite ein, damit der Körper konkav ist, und verstärken damit den Widerstand gegen die Luft, durch die sie dann auf ihre Opfer zugleiten. Es kann daher kaum verwundern, daß einige Baumfrösche, um solchen Gefahren zu entrinnen, die Kunst des Fallschirmabspringens gelernt haben.

Der javanische Flugfrosch, *Rhacophorus reinwardti*, hat zu diesem Zweck einige typische Merkmale entwickelt. Sowohl seine langen Vorderfüße als auch die Hinterfüße sind mit sehr breiten Schwimmhäuten versehen. Mit Hilfe dieser ausgespannten Schwimmhäute kann der schöne, mit dunklen Flekken markierte grüne Frosch richtige Gleitflüge unternehmen. M. O. P. Iyengar berichtet, wie ein südindischer Flugfrosch in schräger Richtung von einem hohen Baum heruntersegelte und etwa zwölf Meter weit entfernt von ihm landete. Der Flug war so schnell, daß der Beobachter das Tier für einen Vogel hielt, und erst, nachdem er es gefangen hatte, entdeckte, daß es tatsächlich ein Frosch war.

Javanischer Flugfrosch

Ungezählte Tierarten leben in den riesigen, dichten tropischen Wäldern, und mindestens die Hälfte von ihnen verbringt ihr Leben hoch oben in den Bäumen, kaum je den Boden berührend. Genau wie die endlosen Generationen ihrer Vorfahren werden sie in dieser Welt grüner Blätter geboren und leben und

Kurzkopf-Flugbeutler und Junges

sterben dort. Zu ihnen zählen die in den Bäumen lebenden fliegenden Säugetiere.

All diese Tiere besitzen, ob sie gleiten oder mit den Flügeln schlagen, eine doppelte Hautfalte, die sich an beiden Außenseiten des Körpers nach den Gliedern zu erstreckt und das Patagium oder die Flughaut genannt wird. Diese Flugmembrane hat sich, ganz unabhängig voneinander, wiederholte Male bei verschiedenen Säugetiergruppen entwickelt.

Phalanger sind in den Bäumen lebende kleine Beuteltiere. Ihre Heimat ist Australien und Neuguinea. Sie sind verwandt mit den Känguruhs und tragen wie diese ihre Jungen in einem Beutel. Die Arten werden nach ihren strukturellen Eigenheiten in verschiedene Gruppen eingeteilt, und jede dieser Gruppen umfaßt Phalanger sowohl mit als auch ohne Flughaut. Bei weitem die reizvollsten und anziehendsten dieser mit einem dichten Fell versehenen Geschöpfe sind die Flugbeutler. Der kleinste ist der Kurzkopf-Flugbeutler, *Petaurus breviceps*, mit nur siebenunddreißig Zentimetern Länge, von denen der Schwanz allein zwanzig Zentimeter in Anspruch nimmt. Der Kurzkopf-Flugbeutler ist über ganz Neuguinea verbreitet, und ähnliche Arten befinden sich auch in Australien. Alle sind ausgesprochene Nachttiere, und ihre Nahrung besteht hauptsächlich aus Früchten und Insekten.

Die gut ausgebildete Flughaut des Kurzkopf-Flugbeutlers erstreckt sich von der Fußwurzel bis zur Außenseite des kleinen Fingers, und dank dieser Flughaut und seines flachen, fedrigen Schwanzes segelt das Tier von einem Baum zum anderen; man hat sogar einen »Fallflug« von etwa vierzig Metern Länge über einen Fluß beobachtet, der von zehn Metern Höhe seinen Ausgang nahm. Fliegende Phalanger verlassen selten, wenn überhaupt, die Bäume und verschlafen den Tag entweder im Laub oder, gut versteckt, in der Höhlung eines Stammes. Die dem Beutel entwachsenen Jungen klammern sich an das Fell der Mutter und lernen auf diese Weise schon frühzeitig im Leben, Luftausflüge zu genießen.

Flughörnchen gehören in eine von den Phalangern völlig verschiedene Ordnung, obwohl sie eine ähnlich breite Flughaut besitzen. Sie sind Nagetiere wie die Kaninchen, die Ratten und die im allgemeinen besser bekannten, nicht fliegenden Eichhörnchen. Bei den Flughörnchen von Nordamerika, Osteuropa und Asien ist die Flughaut von einem spornartigen Knochen an der Handwurzel gestützt, während bei dem afrikanischen Flughörnchen die Flughaut von einem spornartigen Knochen am Ellbogen gestützt wird. Die afrikanischen Flughörnchen sind nicht mit den nordamerikanischen und asiatischen verwandt, sondern gehören einer völlig anderen Familie an.

Flughörnchen bewohnen Wälder und schlafen während des Tages entweder hoch oben in einem Baum sitzend oder in einem hohlen Stamm verborgen. Sie sind so ausgesprochene Nachttiere, daß viele Menschen selbst in den Gebieten, in denen sie häufig vertreten sind, von ihrer Existenz nichts wissen. Selten hat sie jemand zu Gesicht bekommen, seltener noch konnte jemand ihr Verhalten in der Freiheit beobachten.

Der Assapan, *Glaucomys volans*, ist das Flughörnchen der östlichen Vereinigten Staaten. Sein Kopf und Körper messen zusammen zwölf Zentimeter, dazu kommt ein ungefähr zehn Zentimeter langer Schwanz; das gesamte Gewicht dieses Tierchens beträgt knapp hundert Gramm. Der graue Pelz ist überaus weich und seidig, die Augen sind groß, und der Schwanz ist flach. Die Unterseite des Kopfes, des Körpers und der Fallschirmhaut leuchtet silbrigweiß.

Aufschlußreiche Beobachtungen über in Gefangenschaft gehaltene Assapans sind von Ernest P. Walker, einem der Direktoren des National Zoological Park in Washington, veröffentlicht worden. Er berichtet, daß ihre eigenartige Form sie befähigt, große Strecken zu durchgleiten, die nachgewiesenermaßen über fünfundvierzig Meter lang sind. »Zum Abflug«, sagt er, »suchen sie sich einen hochgelegenen Punkt und springen dann in die Luft, wo sie mit ihren ausgebreiteten Armen und Beinen wie Miniatursegelflugzeuge aussehen. Sie lenken sich durch Heben und Senken der Arme, so daß ihr flacher Körper eine leichte Konkavität erhält. Der Schwanz dient zur Stabilisierung und hilft beim Absprung, eine gewisse Höhe zu gewinnen.« Der Autor weist ebenfalls auf die langen Schnurrhaare hin, die, wie er sagt, als ein zweites Augenpaar dienen, da sie in der Dunkelheit bei Berührung unsichtbarer Hindernisse vor drohender Gefahr warnen. Er bemerkt weiterhin, daß Hände

Flughörnchen aus dem Osten der USA

und Füße des Flughörnchens eine derartige Kraft besitzen, daß es sich mitten im Flug mit nur einem Finger oder einer Zehe an einen Zweig hängen kann.

Verlassen wir diese bezaubernden kleinen Geschöpfe und wenden wir uns einem anderen fliegenden Säugetier zu. Der Kaguan, *Galeopithecus*, ist ein Pelzflatterer, dessen zoologische Zugehörigkeit zu einer anderen Tierart unsicher ist. Da er weder bekannte lebende noch bekannte ausgestorbene Verwandte besitzt, reiht man ihn gewöhnlich in eine eigene Ordnung ein. Sein Kopf ist zugespitzt, seine Glieder sind schlank, und sein Schwanz ist lang. Eine breite, mit Fell bedeckte dünne Fallschirmhaut beginnt am Hals und hüllt die fünffingrigen Gliedmaßen bis zu den Krallen sowie den Schwanz ein.

Diese Fallschirmhaut ist viel größer als diejenige der Flughörnchen. Wenn auch der Kaguan keinen eigenen Auftrieb erzeugen kann und nur gleitet, ist er doch in der Lage, die Flugrichtung zu regulieren. Der Kaguan vermag eine Strecke von etwa fünfundsechzig Metern zu durchgleiten, und der Höhenverlust soll, selbst in der stillen Luft der Wälder, sehr gering sein. Wie alle fliegenden Säugetiere ist er ein Nachttier und ruht während des Tages. Er hängt entweder wie das Faultier an den Zweigen oder klammert sich an einen Baumstamm, wobei sein kastanienbraun geflecktes weiches Fell ihn fast unsichtbar macht. In der Nacht ist er sehr lebendig und sucht sich seine hauptsächlich aus Blättern und Früchten bestehende Nahrung. Kaguane, die mitunter auch Flattermakis genannt werden, bewohnen die verschiedensten Gebiete, von der malaiischen Halbinsel und Siam bis zu den Philippinen, Borneo und Java.

Fledermäuse, *Chiroptera*, sind eine alte und ganz eigene Ordnung der Säugetiere. Kein anderes mit Pelz bekleidetes Tier besitzt Flügel oder kann wirklich fliegen wie die Fledermaus. Jene Säugetiere, die gleiten, machen, wie wir gesehen haben, von dem Luftwiderstand Gebrauch und besitzen weit ausgespannte Flughäute, sind aber unfähig, eine eigene Triebkraft zu erzeugen.

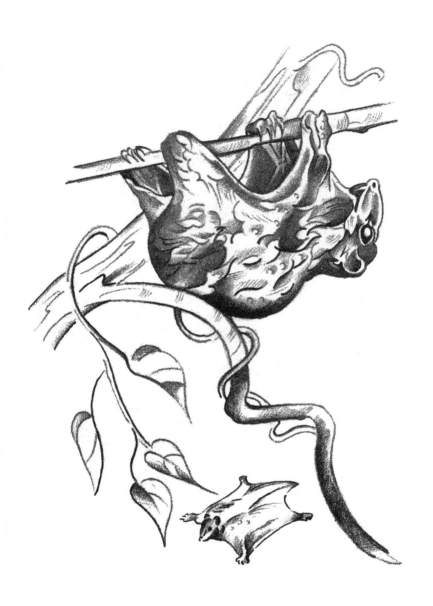

Kaguan

Der Flügel einer Fledermaus besteht aus einem Gerippe, das dem Gestell eines Regenschirms ähnelt. Es wird durch die stark verlängerten Knochen von Hand, Fingern und Arm gebildet und ist mit einer gummiähnlichen dünnen Haut überzogen, die sich zwischen den vorderen und den hinteren Gliedmaßen ausstreckt. Die kräftigen Brustmuskeln bewegen die Vorderarme und damit die Flughaut. Die Daumen sind frei und mit Krallen versehen, und die nicht mit den Flügeln verbundenen Füße besitzen hakenförmige Nägel, mit deren Hilfe die Fledermäuse sich, mit dem Kopf nach unten, an Zweige, Balken oder Höhlen hängen. Dies ist tagsüber ihre natürliche Ruhestellung.

Die größten Fledermäuse gehören zu der Gruppe der Fruchtfresser oder Flughunde, von denen einige eine Flugspanne von 150 Zentimetern haben. Die indischen, malaiischen und australischen Fruchtfresser haben kurze Ohren, fuchsartige Gesichter und werden mitunter auch Flugfüchse genannt.

Die kleineren Fledermäuse nähren sich gewöhnlich von Insekten, die sie im Flug erhaschen, und fliegen daher auf ihrer Beutejagd stets mit geöffnetem Mund. Im allgemeinen fliegen sie rascher als die Fruchtfresser, flattern um Bäume und drehen und wenden sich beim Verfolgen ihrer Opfer. Im schnellen Flug führt eine Fledermaus etwa fünfzehn Flügelschläge in der Sekunde aus. Fast alle Fledermäuse haben große Ohren mit einem inneren Ohrdeckel oder Tragus wie die in der Abbildung dargestellte australische Fledermaus. Die Familie der »Blattnasen« ist außerdem noch mit häutigen, grotesk wirkenden Nasenaufsätzen ausgerüstet. Die Funktion dieser Hautblätter, die bei vielen Arten eine äußerst komplizierte Struktur besitzen, ist noch ziemlich ungeklärt.

Alle insektenfressenden Fledermäuse sind Nachttiere. Im Gegensatz zu der weitverbreiteten Annahme sind Fledermäuse nicht blind, obwohl sie von ihren kleinen Augen wenig Gebrauch machen. Sie haben aber ein sehr scharfes Gehör entwickelt, das sie bei ihrem Flug leitet, und indem sie auf das Echo ihrer in Serien ausgesandten kurzen Rufe lauschen, deren hohe Frequenzen für das menschliche Ohr meistens nicht vernehmbar sind, schwärmen sie durch die völlige Dunkelheit ihrer Höhlen. Diese bemerkenswerte ultrasonore Signalmethode, eine Art Radar, ersetzt die Sehkraft, ein Vorgang, der während des letzten Weltkriegs an der Harvard-Universität bei Versuchen mit der amerikanischen Zwergfledermaus und der Braunen Fleder-

Fliegende Fledermaus

maus festgestellt wurde. Man beobachtete, daß Fledermäuse, deren Augen verbunden waren, unbeirrt fliegen konnten, während sie nicht fähig waren, Hindernisse zu vermeiden, sobald man ihnen die Ohren verstopfte und den Mund zuband.

Alle Fledermäuse, mit Ausnahme der langzüngigen, sich von Pollen und Nektar nährenden Fledermäuse, besitzen gut entwickelte Zähne. Aber nicht alle leben von Früchten, Insekten, Vögeln oder kleinen Säugetieren. Einige nordamerikanische Arten fliegen an der Wasseroberfläche entlang, um mit den scharfen Klauen der Füße Fische und Garnelen zu fangen, während andere tropische Formen, wie die Blutsauger oder echten Vampire, schlafende Menschen oder Tiere beißen und dann das aus den Wunden fließende Blut auflecken. Die Eckzähne sind so messerscharf und die Wunden so winzig, daß der Schlaf der Opfer durch diesen Vorgang selten gestört wird. Während der Blutverlust geringfügig ist, wurde aber festgestellt, daß Vampire, wie kranke Hunde, Tollwut übertragen können und für einen Ausbruch dieser Seuche bei Mensch und Tier in den Westindischen Inseln verantwortlich waren.

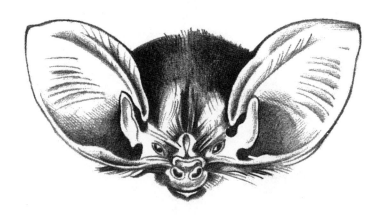

Kopf der *Nyaophilus australis*

Die abgebildete Blattnase, *Vampyrus spectrum*, galt irrtümlicherweise lange Zeit als Blutsauger. Sie ernährt sich aber hauptsächlich von kleinen Säugetieren, Vögeln und Reptilien. Diese furchterweckend aussehende Fledermaus, die eine Länge von mehr als fünfzehn Zentimetern und eine Flügelspanne von fast neunzig Zentimetern erreicht, ist die größte amerikanische Fledermaus des tropischen Amerika und Westindiens.

Alle sich von Insekten nährenden Fledermäuse, die in Ländern leben, in denen sie im Winter keine Nahrung finden, fallen in einen Winterschlaf. Donald A. Griffin, dessen vierzehnjährige Forschungen viele Eigentümlichkeiten der amerikanischen Fledermäuse zur Kenntnis gebracht haben, schreibt, daß er oft Höhlenfledermäuse in dicken Klumpen von einem Felsen hängen sah. Manchmal hingen mehrere Hundert, eng aneinandergedrückt, in einem Raum von nur 900 Quadratzentimetern. Während der fünf oder sechs Monate des kalten, starren Winterschlafes verlieren die Fledermäuse etwa ein Drittel ihres Gewichtes. Stoffwechsel, Herzschlag, Atmung und Körpertempe-

Kopf der *Vampyrus spectrum*

ratur sind derartig herabgesetzt, daß nur der Fachmann eine im Winterschlaf erstarrte Fledermaus von einer toten unterscheiden kann.

Man hat beobachtet, daß Fledermäuse sich im Frühling und im Herbst paaren. Nach der Herbstpaarung werden, einer Theorie zufolge, die Samenfäden den Winter über in der Gebärmutter des Weibchens lebend aufbewahrt und kommen erst im Frühling beim Erwachen zur Befruchtung. Versuche mit weiblichen Fledermäusen in der Gefangenschaft haben diese Theorie bestätigt.

Die meisten Fledermäuse bringen nur ein Junges im Jahr zur Welt, das sich mit voll entwickelten Krallen in dem Brustpelz der Mutter festhakt und manchmal von ihr mit in die Luft genommen wird. Etwa einen Monat nach seiner Geburt hat das Junge beinahe seine volle Größe erreicht und beginnt zu fliegen. Wenige Wochen später flattert es allein mit schnellen und kräftigen Flügelschlägen in die laue Sommernacht hinaus, und sein zuckender, flüchtiger Schatten erinnert an William Blakes geheimnisvolle Worte:

The Bat that flits at close of eve
Has left the Brain that won't believe.

Fledermaus huschend, wenn Nacht sich senkt,
verläßt den Geist, der zweifelnd bedenkt.

Giganten existieren im Wasser, an Land und in der Luft. Tiere, die sich durch ungeheure Größe auszeichnen, verfügen im allgemeinen über Kräfte, die diesen Ausmaßen entsprechen. Das alte Sprichwort, daß der Schwache vor die Hunde geht, trifft besonders auf die Mitglieder des Tierreiches zu, und Gigantentum als Lebensform gereicht verschiedenen Gruppen der Fauna zu großem Vorteil.

Die Tatsache, daß manche Geschöpfe viel größer und stärker sind als andere, unterliegt keinem Zweifel. Ein solcher Unterschied ist aber relativ, da jedes Tier in seiner eigenen Sphäre seine besondere Machtstellung einnimmt. Einige Tiere bilden sogar, wie wir sehen werden, Ausnahmen, indem sie, ungeachtet ihrer riesenhaften Dimensionen, keinen direkten Nutzen aus ihrer physischen Überlegenheit ziehen.

Im Laufe der langen Erdgeschichte waren die größten Riesen stets Bewohner des Wassers und sind es auch heute noch. Getragen von dem Element, in dem sie leben, werden sie von ihrem eigenen Gewicht kaum behindert und sind wenig in der Entwicklung ihrer Größe gehemmt. Dies trifft besonders auf die Wale zu, die sich aus den auf dem Lande wandelnden Vorfahren zu Luft atmenden, im Wasser schwimmenden Säugern entwickelt haben. Wie alle Säugetiere sind sie Warmblüter, doch schützt sie eine dicke Speckschicht unter der Haut vor Kälte. Obwohl die Entwicklungsgeschichte der Wale lückenhaft ist, erscheint es fraglich, ob sie in früheren Zeiten jemals die Größe erreichten, durch die einige ihrer Vertreter sich heute auszeichnen.

Weitaus der markanteste Repräsentant wirklichen Gigantentums ist der Große Blauwal, der in den Gewässern des südlichen Eismeers manchmal eine Länge von mehr als dreißig Metern erreicht. Der Franzose Georges Blond vergleicht sogar die Länge eines Blauwals mit der von sechsunddreißig »Schlange stehenden« Elefanten. Einzelne dieser Wale haben nachweislich ein Gewicht von etwa hundertfünfzig Tonnen. Der Blauwal ist nicht nur das größte lebende Säugetier, sondern ist, soviel man weiß, das größte Lebewesen, das je auf diesem Planeten existierte.

Trotz seiner erstaunlichen Größe kann dieser Koloß jedoch nur kleine Plankton-Krebse verschlingen. Der Unterordnung der Bartenwale angehörend, besitzt er keine Zähne, und sein Schlund hat einen Durchmesser von nur wenigen Zentimetern. An Stelle der Zähne hängen von dem oberen Gaumen mehrere Hundert hornige Fischbeinplatten oder Barten herab, die an der Innenseite ausgefranst sind, so daß sie wie ein Sieb wirken. Der Wal schwimmt mit offenem Maul durch die an der Wasseroberfläche treibenden dichten Krebsschwärme, und wenn er gelegentlich sein Maul schließt, preßt die Zunge, die etwa der Größe eines Ochsen entspricht, den Fang in den Schlund, und das Wasser fließt an den Seiten ab. Ein großer Bartenwal nimmt täglich einige Fässer voll dieser Nahrung zu sich.

Von allen lebenden Zahnwalen ist der Pottwal, *Physeter catodon*, der größte und wahrscheinlich der am weitesten verbreitete. Einstmals ein häufiger Bewohner des Atlantischen und Stillen Ozeans, ist er jetzt nur noch in der Nähe der Küsten von Japan, Chile und Natal anzutreffen. Dieser abenteuerlichste und kämpferischste unter den Walen, der Moby Dick aus Melvilles berühmtem Buch, erlangt ein imposantes Ausmaß; die Männchen, die die Weibchen an Größe bei weitem übertreffen, erreichen mitunter eine Länge von achtzehn Metern. Ihr Kopf, der am Schnauzenende hoch aufgetrieben ist, nimmt allein fast ein Drittel der gesamten Länge ein. Er enthält bis zu zehn Tonnen des als Walrat bekannten Öls. Der auffallend schmale Unterkiefer ist mit zwanzig bis dreißig starken Zähnen besetzt.

Der Pottwal wurde wegen der Hochwertigkeit seines Öls viel verfolgt, das zur Herstellung besonders hell brennender Kerzen diente. Obgleich Kerzen heute nicht mehr so gefragt sind, wird der Wal weiter getötet. Abgesehen von dem Öl, liefert er nämlich den auf dem Weltmarkt hoch im Kurs stehenden Amber,

Pottwal

eine Substanz, die als Basis für kostbare Parfums dient. Amber ist ein ausschließliches Erzeugnis des Pottwals, und diese graue Absonderung, die das wertvollste aller Walprodukte darstellt, wird nur in den Gedärmen kranker Wale gefunden.

Pottwale leben acht oder neun Jahre und benötigen ungefähr eine Tonne Nahrung am Tag. Sie jagen große Kraken und Polypen, die offenbar in riesigen Mengen die tiefen Zonen des Meeres bevölkern. Beim Tauchen hebt der Pottwal seinen Schwanz mit den horizontal ansitzenden Flossen hoch in die Luft und stürzt sich fast senkrecht in die Tiefe. Nach zwanzig bis dreißig Minuten kommt er wieder an die Oberfläche, um zu atmen. Einige Wale können sogar bis zu einer Stunde unter Wasser bleiben. Zahnwale besitzen nur ein Atem- oder Blasloch, während die Bartenwale zwei besitzen. Die volkstümliche Vorstellung, daß Wasser in den Rachen der Wale eindringt und später durch die hoch am Kopf sitzenden Blaslöcher wieder ausgespritzt wird, beruht auf einem Irrtum. Der Strahl entsteht durch die mit Gewalt aus den Lungen ausgestoßene Luft, die, wenn die Atmosphäre kalt genug ist, sich verdichtet und wie eine Fontäne in die Höhe steigt. Das Weibchen des Wals ist eine ergebene Mutter. Beim Säugen ihres Jungen neigt sie sich zur Seite, damit das größte Baby der Tierwelt, während es an der Zitze saugt, an der Wasseroberfläche atmen kann.

Wale tummelten sich einst zu Millionen in den Ozeanen der Erde. Seit über tausend Jahren werden sie jedoch so hartnäckig gejagt, daß ihre Zahl stark vermindert ist. Früher wurden sie in kleinen Schiffen verfolgt und mit Handharpunen getötet. Nicht allein um den stets wachsenden Bedarf an Fischbein zu decken – ein für die weibliche Mode damals unerläßlicher Artikel –, als auch wegen des Öls, das vielen Zwecken diente, setzten sich viele Männer dauernden Gefahren und Entbehrungen aus. Noch im Jahre 1819 wurden die Straßen verschiedener englischer Städte mit einem aus Walöl hergestellten Gas beleuchtet.

Heutzutage ist die Waljagd viel mechanisierter. Nach Abschuß von explodierenden Harpunen werden die toten Wale auf

Flachland-Gorilla

hoher See sofort in Riesenfabrikschiffen verarbeitet und das Öl und andere nützliche Erzeugnisse gewonnen. Ich selbst war allerdings Zeuge eines wesentlich primitiveren Walfangs, der sich bei Walvis Bay an der Südwestküste von Afrika abspielte. Ein großer Wal wurde von einem Schlepper eingebracht und in der Nähe der dortigen Walfabrik gelandet. Mit ungeheurer Anstrengung zog man das tote Tier an die Küste und legte den mächtigen Kadaver auf den blendend weißen Sand dieser hoffnungslos trockenen Wüstengegend. Der tote Riese bot einen traurigen Anblick, und nur ein paar aufgeregt über seinen Rücken tanzende Wasserläufer schienen Freude an diesem unwürdigen Ende zu finden.

Die in den Bäumen lebenden großen Menschenaffen sind, schon durch ihre Lebensform bedingt, an Größe nicht mit den Walen vergleichbar. Nichtsdestoweniger zeichnen sich einige von ihnen durch ungewöhnliche Kräfte aus. Dies betrifft vor allem den Gorilla, den größten, stärksten und furchteinflößendsten der Menschenaffen. Die Männchen wiegen über 135 Kilo, aber einzelne, in Gefangenschaft gehaltene Tiere werden beinahe doppelt so schwer. Dieser fast zwei Meter hohe Affe hat sich zu einem absoluten Herkules an Muskelkraft entwickelt. Er hält sich meistens am Boden auf, bewegt sich jedoch selten in aufrechter Haltung, obwohl er dazu besser imstande ist als die anderen Affen. Sobald der Gorilla aber in Zorn gerät oder einen Feind herausfordert, richtet er sich steil auf, fletscht die Zähne und schlägt seine Hände mit großer Heftigkeit gegen die Brust – in der Tat ein Schrecken einjagender Riese in seinem Bereich.

Ungeachtet seiner Stärke ist der Gorilla aber kein Raubtier und bevorzugt, trotz seiner starken Kiefer und beachtlichen Zähne, eine Nahrung aus Pflanzen und Früchten und verspeist nur gelegentlich einen Vogel oder ein Vogelei.

Die großen Affen teilen mit den Menschen die Gewohnheit, in liegender Haltung zu schlafen. Jede Nacht müssen diese dauernd umherziehenden Nomaden sich ein neues Lager am Boden oder ein Bett in den Bäumen bauen. Der alte Gorilla-Mann, der eine Horde leitet, bereitet sich aus Zweigen und Gras eine Ruhestätte unter einem Baum, während die weiblichen Affen und die Jungen die Nächte in den benachbarten Bäumen verbringen. Auf diese Weise verhindert der alte Gorilla, selbst zu mächtig, um angegriffen zu werden, einen Angriff der auf die Jungen lauernden Leoparden.

Im Laufe der letzten Jahre wurden viele Forschungen über das Leben der Gorillas in ihrer eigentlichen Umgebung unternommen, vor allem in dem Naturschutzgebiet der Kivu-Wälder von Belgisch-Kongo. R. L. Garner, ein Experte der Affensprache, hauste zum Beispiel 112 Tage in einem von ihm im afrikanischen Dschungel errichteten Käfig, von dem aus er nicht nur viele Beobachtungen machte, sondern auch lernte, die verschiedenartigen Lautgebungen der Affen nachzuahmen. Der Gorilla gibt normalerweise ein Grunzen von sich, das zu einem furchtbaren Brüllen anschwillt, wenn er erregt ist.

Ein anderer Naturforscher, Carl Akeley, studierte viele Jahre hindurch den wildlebenden Gorilla auf das eingehendste. Dank seiner enthusiastischen Bemühungen wurde der Albert-National-Park in Belgisch-Kongo gegründet, und die riesenhaften Gorillas besitzen in dieser tropischen Zone eine Freistätte, in der sie den unaufhörlichen Vorstoß des zivilisierten Menschen und seiner Maschinen nicht zu fürchten brauchen.

Auf den Galapagos-Inseln, wo die Jugendzeit der Erde offenbar zu einem Stillstand kam, sind die Reptilien noch immer die Herrscher der Tierwelt. Zu ihnen zählt die Meerechse, *Amblyrhyncus christatus*. Sie ist, soweit man weiß, die einzige im Meer lebende Eidechse der heutigen Welt. Im Meer verbringt sie den wesentlichsten Teil ihres Lebens und findet den Seetang, von dem sie wohl ausschließlich lebt.

Diese ungewöhnliche Pflanzenfresserin erreicht eine Länge von fast eineinhalb Metern. Sie wurde zum erstenmal von Darwin in seinem Buch *A Naturalist's Voyage Round the World* beschrieben und vor kürzerer Zeit von William Beebe in *Galapagos: World's End* eingehend geschildert.

Obwohl die Meerechsen ihre Nahrung in der See finden, suchen sie am Land Schutz, wo sie auch ihre Eier legen. Sind sie erst einmal auf dem Trockenen, können sie nicht dazu gebracht werden, wieder ins Wasser zurückzukehren, es sei denn auf ihren eigenen Entschluß hin. Selbst nachdem man eine Meerechse ins Wasser warf, schwamm sie sofort wieder an den Felsen zurück, von dem sie in so unfreundlicher Weise in das nasse Element befördert wurde. Der Vorgang wiederholte sich mehrere Male. Zur Erklärung dieses seltsamen Verhaltens stellte Darwin die Hypothese auf, daß die Meerechse an der Küste keine Feinde besäße und das Erscheinen des Menschen noch nicht lange genug kenne, als daß ein Einfluß auf ihr artgemäßes Gebaren ausgeübt würde, das durch die Gefahr, den zahlreichen Haien des Meeres zum Opfer zu fallen, bedingt sei.

Die großen Echsen treten immer in Gruppen von einigen Hundert auf und bedecken die heißen Lavafelsen mit ihren braunen oder schwärzlichen Körpern. Ein stachliger Kamm erstreckt sich über die ganze Länge des Rückens vom Nacken bis zum Schwanz, und dieser, verbunden mit der höckerigen Haut und der Gewohnheit, einen Sprühregen aus den Nasenlöchern zu blasen, verleiht dem Reptil ein gefährliches Aussehen. Dr. Beebe versichert uns jedoch, daß, »obgleich diese großartigen Saurier wie vorgeschichtliche Ungeheuer umherkriechen«, sie dennoch freundliche und gefügige Drachen seien, die man weder durch plötzliches Erschrecken noch durch andauerndes Necken zum Beißen bewegen könne.

Meerechsen gibt es noch immer in zahlreichen Mengen, wenn auch die riesigen Horden, die noch vor etwa fünfundzwanzig Jahren zu sehen waren, nicht mehr existieren. Langsam, aber sicher verringert sich ihre Zahl, und auf drei der Inseln sind sie bereits ausgestorben. Nachdem sie von den Eingeborenen, die sie als Nahrung verwendeten, rücksichtslos gejagt wurden, stehen sie jetzt glücklicherweise unter Schutz. Als Darwin im Alter von sechsundzwanzig Jahren zum erstenmal die Galapagos-Inseln betrat, waren die Meerechsen so zahlreich, daß er über sie stolperte, wo immer er auch ging.

Ein riesiges Reptil mit einem weniger freundlichen und gefügigen Verhalten ist die Pythonschlange, eine der größten Schlangen der Welt. Die Tigerschlange von Celebes und Java mißt über sechs Meter Länge, die Gitter- oder Netzschlangen von Burma und Malaya erreichen aber manchmal eine Länge

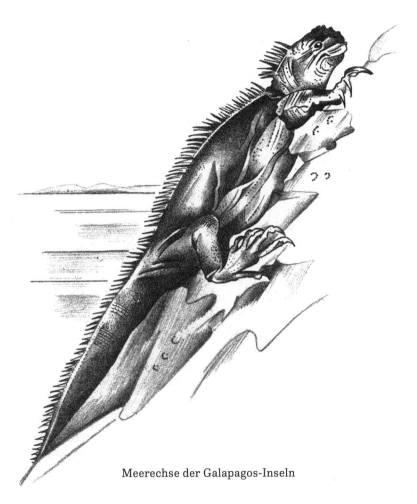

Meerechse der Galapagos-Inseln

von über neun Metern. Die Wirbelsäule einer dieser größeren Arten dürfte aus mehr als vierhundert Wirbeln bestehen, eine Zahl, über die kein anderes Tier verfügt. Pythonschlangen sind keine Giftschlangen. Diese gewaltigen Tiere töten ihre Beute durch Umstrickung; indem sie ihren Körper mehrfach um ihr Opfer schlingen, drücken sie es durch die ungeheure Anspannung der Muskeln zu Tode. Das erwürgte Tier wird dann, Kopf voran, verschlungen.

Die Dehnbarkeit ihrer Kinnladen und des Körpers ist beim Durchgang der Nahrung erstaunlich, zumal die größeren Pythonschlangen sich keineswegs mit so kleiner Beute wie Vögeln, Hasen und Kaninchen zufrieden geben. Ihr gewöhnliches Menü umfaßt Ziegen, Schafe, Schweine und einige kleinere Wildarten. Nach einer ausgiebigen Mahlzeit fällt die Pythonschlange tagelang in einen Zustand der Trägheit und halber Erstarrung und betätigt sich erst wieder, nachdem die Verdauung der eingenommenen Nahrung stattgefunden hat, was unter diesen Umständen verständlich ist. Wie wohl bekannt ist, können Pythonschlangen und auch andere Schlangen mehrere Monate lang ohne Nahrung existieren.

Kleine, in der Nähe der Nasenlöcher befindliche Vertiefungen helfen den Pythonschlangen bei der Nahrungssuche. Sie wirken als Wärmeempfänger, und die Schlangen benutzen sie zum Aufspüren warmblütiger Beute, die sie dann, selbst in der Dunkelheit, mit absoluter Zielsicherheit ergreifen. Die Pythonschlangen können ausgezeichnet schwimmen und auf Bäume kriechen, beides Fähigkeiten, die bei der Jagd auf Opfer nützlich sind.

Die Gitterschlangen legen manchmal bis zu hundert Eier in ein Gelege, und von diesen Eiern kriechen zur gleichen Zeit etwa achtzig neue Riesenschlangen aus. Die Eier sind oval und haben eine weiche Schale. Die weibliche Schlange schichtet sie zu einem Hügel auf und umwindet sie mit ihrem Körper, und da ihre Länge und ihr Umfang so erstaunliche Dimensionen erreichen, ist sie in der Lage, ihre gesamte Nachkommenschaft

Tigerschlange von Celebes und Java

auf einmal zu umschlingen. Die jungen Schlangen brechen nach fünfundfünfzig bis sechzig Tagen aus ihrer Schale. Die Behauptung, daß durch die Muskelanspannung während der Brutzeit die Körpertemperatur der Mutter um mehrere Grade steigt, ist letzthin bestätigt worden.

Schätzungsweise sind ungefähr neun Zehntel aller Geschöpfe, die auf dieser Erde leben, Insekten. Man kennt allein nicht weniger als eine Viertelmillion verschiedener Arten von Käfern.

Einer der Riesen des Käfergeschlechts ist der westafrikanische Goliathkäfer, *Goliathus regius*. Er ist ein imposantes, lustig gefärbtes Geschöpf, etwa zehn bis zwölf Zentimeter lang und breit und schwerfällig gebaut. Der leicht konvexe, flache grauweiße Kopf ist bei den Männchen durch einen schwarz-weißen, merkwürdig geformten gabelartigen Fortsatz verschönt. Die Beine sind rötlich gefärbt, und das hintere Paar ist mit seidigen goldenen Haaren besetzt.

Ungeachtet ihrer gigantischen Größe und der mit mächtigen Klauen bewaffneten Füße, sind diese schwerfälligen Käfer aber harmlos und ungefährlich. Sie schwirren um die hohen Baumkronen dichter Wälder mit einem summenden Geräusch, das dem eines kleinen Flugzeuges nicht unähnlich ist. Der Saft verschiedener tropischer Pflanzen ist ihre bevorzugte Nahrung.

Das erste Stadium ihres Lebens verbringen die Goliathkäfer als fleischige Larven unter der Erde. Nachdem die Larven endgültig vollgefressen sind, konstruieren sie erdige Kokons, in denen die Verwandlung vor sich geht. Die Kokons sind oval geformt, und ihre beachtliche Größe entspricht der eines Schwaneneies.

Die Existenz der Goliathkäfer war unbekannt, bis ein Naturforscher am Ende des achtzehnten Jahrhunderts ein schönes totes Exemplar fand, das auf dem Gabunfluß schwamm.

Die Größe des Goliathkäfers wird auch von verschiedenen anderen Mitgliedern des Riesenkäfergeschlechtes erreicht. Diese besitzen außer ihrem klobigen Format noch merkwürdige hornartige Auswüchse, deren Zweck Anlaß zu den verschiedensten Vermutungen gibt, um so mehr, als die meisten dieser Mammut-käfer keineswegs kämpferisch sind.

Afrikanischer Goliathkäfer

Einer der mächtigsten Riesenkäfer ist der Herkuleskäfer, *Dynastes Hercules*, der im tropischen Südamerika heimisch ist. Die Vermutung, daß die männlichen Käfer ihre Weibchen manchmal zwischen ihren Hörnern tragen, wurde von dem Amerikaner William Beebe bestätigt.

Der männliche Herkuleskäfer wird, einschließlich des nach vorn gewendeten großen Horns, über fünfzehn Zentimeter lang. Dieses obere, vom Halsschild vorstoßende Horn ist leicht nach unten gebogen, während ein zweites kürzeres Horn, das unten am Kopf entspringt, sich nach oben biegt. Auf diese

Herkuleskäfer

Weise entsteht der irrtümliche Eindruck eines Ober- und Unterkiefers.

Das Weibchen sieht keineswegs anziehend aus. Der männliche Käfer hingegen ist ohne Frage ein prächtiges Tier. Seine Flügeldecken sind tief olivgrün, Kopf und Thorax glänzend schwarz, und das lange, obere Horn ist mit einer goldgelben Haarbürste ausgestattet. Der Herkuleskäfer verbirgt sich am Tage, kommt aber nachts hervor, um zu fressen und sich auf seinem Flug ein Weibchen zu suchen.

Titanen existieren nicht nur unter den Käfern, sondern auch unter den Nachtfaltern. Im allgemeinen sind diese in den wärmeren Gegenden der Erde heimisch, wo Sonnenhitze und ausgiebiger Regenfall reichliche Nahrung sichern. Die Riesenraupe des amerikanischen Nachtfalters *Cytheronia regalis* erreicht eine Länge von etwa fünfzehn Zentimetern. Auf der Abbildung ist sie mit dem Kopf nach unten hängend dargestellt, eine Pose, die sie kurz vor ihrer Verpuppung einnimmt. Aus der Nähe betrachtet, sieht sie wie ein kleines Ungeheuer aus, und die merkwürdigen federähnlichen Auswüchse am Kopf dienen anscheinend dazu, selbst den hungrigsten aller Verfolger zu erschrecken und abzustoßen.

Die erste Mahlzeit vieler Raupen besteht aus den Resten des Eies, dem sie gerade entschlüpft sind. Sehr oft befinden sie sich bereits auf der Pflanze oder dem Baum, der ihrer Ernährungsweise entspricht, und können sofort an Ort und Stelle zu fressen anfangen. Ihr rasches Wachstum bedingt eine Reihe von Häutungen; jedesmal wenn die alte Haut birst, erscheint die Raupe mit einer vollkommen neuen Haut. Zum Schluß sondert sie ein Sekret aus, das sich erhärtet und die äußere Schutzhülle der Puppe bildet. Am Ende der Verpuppung bricht die Hülle und der fertige Falter *Cytheronia regalis* schlüpft aus, mit einer Flügelspanne von über achtzehn Zentimetern.

Es gibt verschiedene Arten solcher Riesennachtfalter. Die brasilianische Eule und der Atlas von Neuguinea haben manchmal eine Flügelspanne von über dreißig Zentimetern. Die Natur hat ihnen diese größtmögliche Flügelspanne verliehen, damit sie die schwere Last ihrer zweihundert oder mehr Eier hoch über den Dschungel tragen können, auf der Suche nach Bäumen, deren Laub später die kunstvoll gefärbten Raupen nähren und erhalten kann, bis diese einen Umfang von fünfundzwanzig Millimetern und eine Länge von nicht weniger als achtzehn Zentimetern erreicht haben.

Riesenraupe des Nachtfalters *Cytheronia regalis*

Ein anderer Gigant der Tierwelt ist die Vogelspinne, *Psalmopaeus cambridgeii*, die in den tropischen Gegenden Südamerikas lebt. Diese haarige dunkelbraune Spinne, eine Meisterin des Fastens und der Einsamkeit, kommt oft als blinder Passagier in Bananenbüscheln versteckt nach Europa, und eine solche Spinne lebte über fünf Jahre in dem Insektenhaus des Londoner Zoos. Dort vollzog sie mehrere Häutungen, mitunter zwei oder drei in einem Jahr.

Vogelspinnen entsprechen der Größe einer Männerhand, und die einzelnen Abschnitte ihres Körpers sind so groß wie Wal-

Vogelspinne

nüsse. Sie sind kühne Springer und stürzen sich entweder auf der Erde oder in den Bäumen auf ihre Opfer. Der giftige Biß einer Vogelspinne tötet einen kleinen Vogel in ein oder zwei Minuten. Die Haare, die den Körper dieser Riesin bedecken, können, wenn sie die menschliche Haut durchdringen, sehr schmerzhafte Entzündungen und Schwellungen hervorrufen. Der Kurator eines Museums rieb versehentlich beim Montieren eines toten Exemplars mit seinem Finger gegen den Körper der Spinne und verletzte sich so ernstlich an den Haaren, daß es über ein Jahr dauerte, bis er seine Hand wieder richtig gebrauchen konnte.

Die größte Korallenformation der Welt, das der australischen Küste vorgelagerte Great Barrier Reef, wurde erst 1770 von James Cook entdeckt, der beinahe dort Schiffbruch erlitt. Dieses Riff erstreckt sich fast zweitausend Kilometer längs der nordöstlichen Küste dieses Erdteils und beherbergt infolge seiner vorzüglichen vielseitigen klimatischen Bedingungen eine zahllose Ansammlung verschiedener Lebensformen des Tierreiches.

Eine der erstaunlichsten Bewohnerinnen dieses Korallenlabyrinths ist die Riesenmuschel, *Tridacna gigas*, die mitunter eine Länge von 135 Zentimetern und ein Gewicht von 225 Kilo erreicht. Infolge ihres Gewichts ist sie dauernd an einer Stelle fest verankert und verwendet ihre ganze Energie auf den Bau ihrer ungeheuren Schalen. Sie ernährt sich, indem sie das eingesaugte Seewasser filtriert. Zusätzliche Nahrungsstoffe bilden die mikroskopisch kleinen Pflanzen, die auf ihrem Gewebe wachsen und gewöhnlich aus den Schalen hervorragen, so daß sie der vollen Kraft der tropischen Sonne ausgesetzt sind. Mit Hilfe des Sonnenlichtes bauen sie, wie alle Pflanzen, Stärke und Zucker auf.

Eine Muschel dieses verblüffenden Umfangs hat verständlicherweise seit jeher großes Interesse erweckt, und die Seefahrer der Renaissance, die schon damals diese Riesin entdeckten, brachten sie nach Europa. Ein besonders mächtiges Paar dieser Schalen wurde Franz I. von Frankreich geschenkt und fand später einen Platz in der Kirche von St. Sulpice in Paris, wo sie noch immer als Weihwasserbecken benutzt werden.

Die Gewalt der Schließmuskeln dieser Muschel ist ungeheuer; bei der leisesten Berührung schließen sich die beiden ausgezackten, schweren Schalen und werden mit phantastischer Kraft zusammengehalten. Perlenfischer, die beim Tauchen oder Umherwaten versehentlich ihren Fuß zwischen die geöffneten Schalen setzten, haben ihr Leben eingebüßt, denn wenn die klaffenden Schalen erst einmal geschlossen sind, gibt es kein Entrinnen mehr, es sei denn, daß ein zufällig in der Nähe weilender Gefährte des unseligen Fischers mit einem Brecheisen oder einem ähnlichen Instrument die Muschelschalen auseinanderzwingt.

Unter Korallen verborgen und vom Meer geschützt, leben beträchtliche Mengen der Riesenmuscheln in der nördlichen Hälfte des Great Barrier Reef. Diese größten und stärksten aller Muscheln bleiben vor feindlichen Angriffen verschont und verkörpern daher auf besonders eindrucksvolle Weise die Bedeutung des wahren Gigantentums in der Tierwelt.

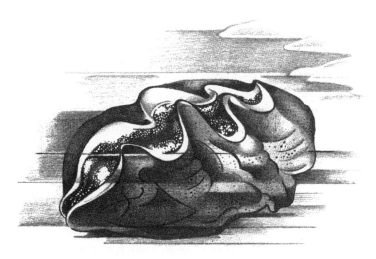

Riesenmuschel des Great Barrier Reef

Die Lebensbedingungen, denen die Kreatur sich anzupassen hat, sind ungeheuer verschiedenartig, und ebenso verschiedenartig ist die Reaktion auf diese Bedingungen, eine Reaktion, die uns oft nur zu wunderlich und befremdend erscheint. So verbringen zum Beispiel alle möglichen Tiere ihr ganzes Leben mit dem Kopf nach unten hängend, und einige dieser Sonderlinge haben sich zu richtigen Experten der »umgekehrten« Lebensweise ausgebildet.

Die größten aus der beträchtlichen Anzahl der in einem umgekehrten Zustand lebenden Geschöpfe sind die Faultiere, von denen das Ai oder Dreizehenfaultier, *Bradypus tridactylus*, in der Abbildung dargestellt ist.

Faultiere sind die einzigen Überlebenden eines einst mächtigen Stammes von Vierfüßlern. Vor noch verhältnismäßig kurzer Zeit, im Tertiär, zogen viele Arten von Faultieren über die Ebene Südamerikas, einige einem Elefanten an Größe nicht nachstehend. Fossile Knochen dieser Kolosse wurden in den Höhlen von Patagonien zusammen mit menschlichen Überresten desselben Zeitalters gefunden, und man hat sogar Beweise, daß die mächtigen behaarten und muskulösen Tiere von unseren in Höhlen lebenden Vorfahren in Gefangenschaft gehalten wurden. Von den Faultieren existieren heute nur noch zwei kleine, auf Bäumen lebende Formen. Die Erhaltung ihrer Art verdanken sie der Verbergungsmöglichkeit in dem dichten und fiebrigen Dschungel der am Amazonasstrom gelegenen Urwälder.

Anatomisch gesehen, ist das Faultier für ein Leben in den Bäumen hervorragend geeignet. Seine langen Gliedmaßen, die je nach der Art in zwei oder drei zu Klammerhaken gewordenen Krallen enden, sind unfähig, den schweren Körper des Tieres auf ebener Erde zu tragen. Ein Faultier, das gezwungen ist, sich auf den Boden zu begeben, bewegt sich nur mühsam und wie schwimmend vorwärts. In den Baumkronen aber ist es in seinem Element, und indem es sich von einer Stelle zur anderen hangelt, lebt es, in des Wortes wahrster Bedeutung, in einer verkehrten Welt. Mit seinen langen Krallen hängt sich das Faultier ohne Schwierigkeit an die Zweige und nährt sich ausschließlich von den in seiner Reichweite befindlichen Blättern.

Das dichte, heuartige Haarkleid ist nicht vom Rücken nach dem Bauch, sondern, der hängenden Körperhaltung entsprechend, umgekehrt gescheitelt und gerichtet. Auf diese Weise tropft der Regen ab, und das Tier bleibt trocken. Die Haare sind

Ai oder Dreizehenfaultier

in ihrem zelligen Aufbau so locker gefügt, daß sich in den Lük-ken grüne Algen ansiedeln und das Faultier in ein grünes, sich der Umgebung vollkommen anpassendes Geschöpf verwandeln. Die Algen verlieren sich in der Gefangenschaft.

Oft hängen in den Urwäldern die Zweige der Bäume über die Flüsse, und dieser Umstand ermutigt das Faultier, sich ins Wasser zu begeben, wo es schwimmend eineinhalb Kilometer in etwas über einer halben Stunde zurücklegen kann.

In den Baumkronen ist seine Durchschnittsgeschwindigkeit jedoch nur viereinhalb Meter in der Minute. Faultiere haben viele Feinde, und abgesehen von ihrer Fähigkeit, sich zu verbergen, besitzen sie keine Möglichkeit der Verteidigung. Die Eingeborenen schießen sie vom Boden aus, Jaguare und Schlangen verfolgen sie in den Bäumen, die Payaras fressen sie bei lebendigem Leibe, wenn sie ihrer in der Stromesmitte habhaft werden können, und die großen Raubvögel wachen aufmerksam aus den Lüften über jede ihrer Bewegungen.

Die Faultiermutter bringt in längeren Abständen nur ein einziges Junges zur Welt. Sie säugt es und schleppt es umher. Bei diesen Ausflügen klammert es sich mit seinen starken Krallen an das Fell der Mutter, und seine langen Arme schlingen sich fest um ihren Hals. Lautlos wie seine Eltern, soll das junge Faultier nur bei seltenen Gelegenheiten ein schwaches und klagendes »Muh« ausstoßen.

Von der Geburt bis zum Tode macht das Faultier niemals eine plötzliche oder ruckartige Bewegung, und obwohl jedes einzelne Tier seine eigenen Faulenzereigentümlichkeiten besitzt, bleibt der ursprüngliche Rhythmus stets der gleiche. Alles bei diesem Tier scheint aufs äußerste herabgesetzt zu sein: Puls, Muskelreaktionen und geistige Vorgänge zeigen alle dieselbe Apathie. Selbst die Verdauungstätigkeit ist so langsam, daß nach den Beobachtungen des verstorbenen Dr. Honigmann im Zoo von London eine Mahlzeit oft sechs Wochen benötigt, um assimiliert zu werden, ein Vorgang, der sich bei den meisten Säugetieren in derselben Stundenzahl abspielt.

Im Gegensatz zu dem Faultier ist das in den Bäumen lebende amerikanische Opossum sowohl auf der Erde wie auch hoch oben in den Bäumen zu Hause. Zum Leben in den Bäumen macht

Nordamerikanisches Opossum

es von seinem Greifschwanz als einer fünften Hand Gebrauch, und mit Hilfe dieses Organs hängt, wie die Abbildung zeigt, die ganze Familie, mit dem Kopf nach unten, am Baum. Scharfe Krallen sichern den Jungen einen Halt im Pelz der Mutter.

Opossums sind die einzigen Beuteltiere der westlichen Hemisphäre; ihre Größe wechselt, je nach ihrer Art, von der einer Maus bis zu der einer Katze. Der Beutel ist weniger entwickelt als bei den australischen Beuteltieren, und die Jungen verlassen ihn in einem früheren Stadium. Der Wurf des Nordamerikanischen Opossums besteht aus über einem Dutzend Nachkömmlingen; jeder einzelne, kaum größer als eine Biene, versucht sich sofort nach der Geburt an einer Zitze im Beutel der Mutter anzusaugen. Da die Mutter nur dreizehn Zitzen besitzt, können von einem Wurf nur dreizehn der Jungen am Leben bleiben.

Opossums haben die Gewohnheit, sich bei plötzlicher Gefahr totzustellen, eine Gewohnheit, die den Ausdruck »Opossum spielen« für sich verstellen in den Vereinigten Staaten sprichwörtlich gemacht hat. Gefangene oder erschreckte Opossums geben sofort vor, tot zu sein, und liegen bewegungslos, mit heraushängender Zunge und geschlossenen Augen, am Boden. Dies ist ein sehr ingeniöses Abwehrmanöver gegen Feinde, die sich nur von lebenden Tieren nähren und kein Aas anrühren.

Opossums sind Nachttiere und schlafen während des Tages in der Höhle eines Baumstammes. Sie sind Allesfresser und verzehren praktisch jede Nahrung von Vögeln bis zu Früchten und von Fröschen bis zu Insekten; häufig töten sie sogar giftige Mocassinschlangen.

Im Gegensatz zu den amerikanischen Opossums leben die Ohrenmakis oder Galagos, die in ihrer afrikanischen Heimat »Buschbabys« genannt werden, ausschließlich in den Bäumen. Ohrenmakis sind Halbaffen und gehören zu der gleichen Ordnung wie die Menschenaffen und die übrigen Affen. Diese bezaubernden Geschöpfe wechseln in der Größe von einem kleinen Eichhörnchen bis zu der einer Katze.

Galagos besitzen große nackte, sensitive Ohrmuscheln, die nach Belieben zusammengefaltet werden können. Die Finger und Zehenspitzen verbreitern sich zu flachen Polstern und ermöglichen nach einem langen Sprung eine lautlose und sichere Landung.

Hoch oben in einem Baum schläft das »Buschbaby«, zu einer Kugel zusammengerollt, fast den ganzen Tag. Nachts jedoch ist es sehr lebendig und hüpft von Ast zu Ast auf der Suche nach Früchten, Insekten und Vogeleiern.

Bei weitem das faszinierendste Merkmal der Galagos sind ihre im Verhältnis zum Kopf ungeheuer großen Nachtaugen, und nicht weniger faszinierend ist die Fähigkeit dieser Tiere, ihren Kopf um 180 Grad nach beiden Richtungen zu drehen, während sie in verkehrter Stellung mit allen vieren an einem Ast hängen.

Die westafrikanischen Baum-Pangoline oder Schuppentiere sind die einzigen afrikanischen Säugetiere, die einen Greifschwanz besitzen. Diese seltsamen Ameisenfresser sehen mit den ihren Körper bedeckenden, steifen, übereinander geschichteten Schuppen wie vorzeitliche Reptilien aus. Mit Ausnahme des Bauches, der Innenseite der Glieder und der Backen ist das ganze Tier mit diesem hornigen Panzer geschützt.

Buschbaby

Bei Gefahr rollt der Baum-Pangolin sich zu einer festen Kugel zusammen und schiebt seine Schnauze zwischen die Vorderbeine. Durch das Krümmen des Körpers stellen sich die Schup-

Westafrikanischer Baum-Pangolin

pen auf, und die scharfschneidigen Kanten richten sich gegen den Feind. In dieser Lage kann das Tier nicht nur fast jeglichem Feind Widerstand leisten, sondern es kann sogar von beträchtlicher Höhe auf den Boden fallen, ohne irgendeinen Schaden zu nehmen. G. S. Cansdale, der diese ungewöhnlichen Schuppentiere in Westafrika beobachtete, veröffentlichte interessante Einzelheiten: »Sie sind schwer in Gefangenschaft zu halten, da besonders die alten Tiere hartnäckig jede Nahrung, selbst die aus ihrer eigenen Heimat, verweigern.« Nichtsdestoweniger wurde vor nicht allzulanger Zeit im Londoner Zoo ein Exemplar mit einer synthetischen, die natürliche Kost des Pangolin nachahmenden Diät ein ganzes Jahr völlig gesund am Leben erhalten.

Baum-Pangoline fressen und trinken mit Hilfe ihrer langen, klebrigen Zunge. Nachdem die starken, gebogenen Klauen der Vorderfüße ein Ameisen- oder Termitennest geöffnet haben, erforscht diese Zunge alle Winkel nach Ameiseneiern und -larven.

Der westafrikanische Baum-Pangolin, *Phataginus tricuspis*, hängt meistens, Kopf nach unten, mit seinem Schwanz an einem Ast. Die Schwanzmuskeln sind so stark, daß das Tier sich mit Leichtigkeit von dieser hängenden Stellung wieder auf den Ast hinaufschwingen kann.

Vögel neigen im allgemeinen nicht zu einer auf den Kopf gestellten Lebensweise, wenn auch einige Arten während des Kampfes oder der Liebesspiele Volten schlagen und viele Vögel in umgekehrter Haltung aus den Blumen Nektar saugen. Der Kleiber unterscheidet sich jedoch von anderen fliegenden Kletterern durch seine Gewohnheit, köpflings auf den Baumborken zu laufen. Diese Gepflogenheit ist teilweise dem Umstand zuzuschreiben, daß die Federn des kurzen Schwanzes nicht steif genug sind, den Vogel beim Klettern zu stützen. Der Kleiber ist daher zum Anklammern an einem Baumstamm völlig auf seine starken Füße mit den langen Zehen angewiesen.

Auf der Nahrungssuche stochert der Kleiber mit seinem spitzen dünnen Schnabel nach Käfern, Spinnen und Insekteneiern, doch frißt er ebensogern Nüsse und Eicheln, die er in eine passende Ritze eines Zweiges klemmt und mit seinem Schnabel aufhackt.

Der Kleiber ist in etwa sechzig Arten über Europa, Asien und Nordamerika verbreitet. Die meisten Arten nisten in Höhlen der Baumstämme und »verkleiben« bis auf ein kleines Loch die Öffnung mit Lehm. Der Rotbrüstige Kleiber, *Sitta canadensis*, stößt einen Ruf aus, der dem Ton einer Spielzeugtrompete ähnelt; er erreicht auf seinem Wanderflug die mexikanische Golfküste und Nord-Florida.

Rotbrüstiger Kleiber

Die Klasse der Reptilien zeigt eine noch stärkere Abneigung gegen eine umgekehrte Lebensweise als die Vögel. Geckonen jedoch bewegen sich und ruhen sogar des öfteren mit dem Kopf nach unten. Diese flachkörperigen Eidechsen besitzen an den Ballen ihrer Zehen Saugnäpfe, mit deren Hilfe sie, ohne herunterzufallen, entweder an Mauern mit dem Kopf nach unten oder an der Decke mit dem Bauch nach oben herumlaufen können.

Die Familie der Geckonen zählt etwa dreihundert Arten, von denen die Mehrzahl in tropischen Ländern heimisch ist. Wie bei den anderen Eidechsenarten stößt sich auch bei ihnen der Schwanz leicht ab und bleibt in der Hand eines erfolglosen Jägers zurück. Im Laufe der Zeit wächst der Stummel sich allerdings zu einem neuen Schwanz aus und erreicht innerhalb einiger Monate die gleiche Größe wie der alte, obgleich er gewöhnlich etwas mißgestaltet ist.

Geckonen sind hauptsächlich Nachttiere und jagen in der Dunkelheit auf die verschiedensten Insektenarten. Für diesen Zweck sind ihre Augen ganz besonders ausgestattet; sie besitzen keine Augenlider, und bei Tageslicht sind die Pupillen elliptisch wie die der Katzen. Bei Anbruch der Nacht zieht sich aber eine durchsichtige, das Auge bedeckende Membrane zurück und enthüllt eine Pupille von ungewöhnlicher Größe und auffälligem Glanz.

Nicht weniger interessant ist die Tatsache, daß die Geckonen zu den wenigen Mitgliedern der Eidechsenfamilie gehören, die deutlich vernehmbare Laute von sich geben. Der Name Gecko selbst ist von dem kurzen, schrillen Liebesruf abgeleitet, den viele Arten während der Paarungszeit ausstoßen. Obgleich die Stimme eines einzelnen Geckos nicht sehr laut ist, vermögen eine Anzahl dieser Geschöpfe zusammen ein ganz munteres nächtliches Konzert aufzuführen, das in vielen Ländern des Mittelmeers zu hören ist.

Es ist allgemein bekannt, daß ein auf dem Rücken treibender Fisch entweder krank oder tot ist. Dennoch gibt es ein paar Fische, die, wie der afrikanische *Synodontis batensoda*, die ex-

Gecko

zentrische Gewohnheit besitzen, mit dem Bauch nach oben zu schwimmen. Dieser Bewohner des Nils wurde häufig von den alten Ägyptern, denen wenige Naturphänomene entgingen, auf Reliefs und Wandmalereien in der Ausübung seiner ungewöhnlichen Schwimmtechnik abgebildet.

Selbst die sonst übliche Fischpigmentierung ist bei dem mit nach »oben« gerichteten Bartfäden versehenen Synodont verkehrt: Während die Unterseite eine dunkle Färbung zeigt, schimmert der Rücken in einem silbrigen Weiß. Dies ist zweifellos eine Anpassung an die absonderlichen Schwimmkünste des Synodont, da eine silbrige, dem Licht ausgesetzte Bauchhaut ihren Eigentümer leicht als auffällige Beute seinen geflügelten Feinden preisgeben würde.

Der Igelfisch, *Diodon maculatus*, scheint von allen Fischen die beste Methode der Selbstverteidigung zu besitzen. Als Bewohner tropischer Meere lebt er in den gleichen Gewässern wie Haie und andere Raubfische und mußte daher mit seiner Länge von höchstens sechzig Zentimetern und als langsamer Schwimmer notgedrungen eine wirksame Schutzvorrichtung entwickkeln.

Dieser Fisch vermag in der Tat seinen von spitzen harten Stacheln bedeckten Körper mit Luft oder Wasser aufzublasen, bis er einem fast runden Ballon gleicht. Dann kippt der bedrohli-

Afrikanischer Fliederbartwels (*Synodontis Batensoda*)

che, mit hochstehenden, scharfen Stacheln gespickte »Ballon« im Wasser um, und der Igelfisch treibt auf seinem Rücken liegend weiter. In dieser Lage ist es fast unmöglich, den Fisch zu ergreifen, der selbst für einen Hai eine höchst unsympathische und schmerzhafte Mahlzeit darstellt. Sobald der Igelfisch aber wieder in seine normale Lage zurückkehren will, stößt er mit einem pfeifenden Geräusch die Luft durch das Maul und die Kiemen aus und schwimmt, wie die übrigen Fische, mit dem Bauch nach unten.

Im Gegensatz zu der Welt der Fische haben wir bei den Insekten keine Schwierigkeiten, viele Akrobaten zu finden, die mit dem Rücken oder dem Kopf nach unten leben.

Zahlreiche Arten hängen, gut geschützt, in verkehrter Haltung an den Blättern. Andere wiederum, wie die Fliegen, laufen mit größter Mühelosigkeit über glatte Zimmerdecken, und selbst Schmetterlinge, die den größten Teil ihres Lebens in einer normalen Position verbringen, beginnen ihr Leben als mit dem Rücken nach unten herumkriechende Raupen.

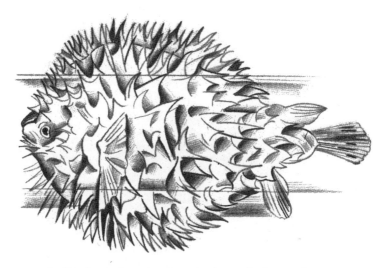

Igelfisch mit dem Bauch nach oben schwimmend

Die Glänzendschwarze Holzameise marschiert ebenfalls mit größter Sicherheit mit den Füßen nach oben am Holz entlang. Diese Ameisen hausen in gesundem Holz, in das sie lange Gänge nagen, doch um ihr Nest gut verborgen zu halten, beseitigen sie jede Spur von Sägemehl oder kleinen Holzstückchen vom Eingang ihrer Kolonie.

Alle sechstausend über die verschiedenen Erdgebiete verbreiteten Ameisenarten besitzen einen ausgesprochenen Ge-

Glänzendschwarze Holzameise

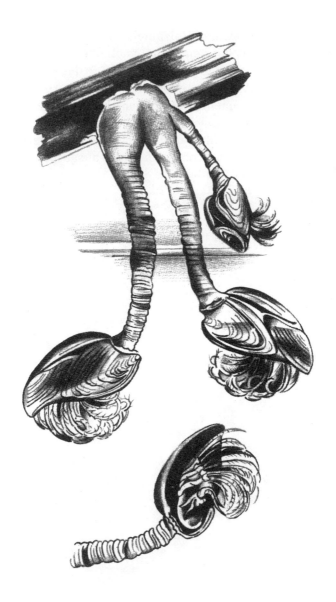

Entenmuschel
Unten: Sektion einer Muschel

meinsinn, und ihre Kolonien dauern von Jahr zu Jahr fort. Die Ameisen stehen an erster Stelle unter den Staaten bildenden Insekten, und sie sind in der Tat die höchstentwickelten und erfolgreichsten Repräsentanten dieser Lebensform.

Einige erstaunliche Beispiele umgekehrter Lebensweise finden wir auch bei den wirbellosen Krustentieren. Sie sind Gliederfüßler, und der Körper besteht aus einzelnen Ringen, die mit einer harten, als Chitin bekannten Substanz bedeckt sind. Dieser Panzer ist ebenfalls gegliedert, so daß die Tiere sich mühelos bewegen können. Ungeachtet dieser Vorteile haben verschiedene Krustentiere jedoch, zum mindesten im ausgewachsenen Stadium ihrer Existenz, den normalen Gebrauch ihrer Gliedmaßen aufgegeben.

Ein typischer Vertreter einer derartigen Lebensweise ist die zu der Ordnung der Rankenfüßler gehörende Entenmuschel, *Lepas antifera*, die nicht nur auf dem Kopf steht, sondern sich mehr oder minder in eine solche Stellung einzementiert. Noch im siebzehnten Jahrhundert herrschte der Glaube, daß diese Tiere die Eier der Bernickel- oder Ringelgänse seien. Im Jahre 1579 veröffentlichte der Botaniker und Schriftsteller John Gerard sein berühmtes Buch *The Herball or Generall Historie of Plantes*, das einen langen Abschnitt über Bernickelgänse enthält, die man, wie er behauptet, auf Pile of Foulders, einer kleinen Insel in Lancashire, findet. Sie werden von der einheimischen Bevölkerung dort als Baumgänse bezeichnet und sind so zahlreich, daß eine der besten Bernickelgänse nur drei Pence kostet. Gerard veranschaulicht seine Behauptungen noch mit einer Zeichnung von Gänsen, die aus einem mit Entenmuscheln behängten Baum auskriechen und direkt zum Meer hinunter fliegen.

Nachdem die phantastische Verbindung der Entenmuscheln mit Gänsen sich als fälschlich erwiesen hatte, wurde später angenommen, daß es Weichtiere seien, bis man entdeckte, daß die Entenmuscheln im Entwicklungsstadium frei schwimmende Larven sind, von ähnlichem Aussehen wie die Jungen der anderen Krustentiere.

Diese Larven werden erst nach einer Folge von verschiedenen Wandlungen seßhaft und kitten sich dann, mit Hilfe einer Absonderung, in umgekehrter Haltung an Felsen und Schiffen fest.

In dieser Weise auf den Kopf gestellt, nehmen die Entenmuscheln allmählich ihre endgültige Form an. Der Kopf verlängert sich zu einem biegsamen, manchmal über dreißig Zentimeter langen Stiel, und der Körper wird von fünf Kalkplatten geschützt, aus deren Spalten die Beine mit den vielgliedrigen Endranken nach Belieben hervortreten können. Diese gefiederten Beine und Füße, die von dem Tier nicht zur Fortbewegung benutzt werden, bleiben dennoch tätig, indem sie unentwegt Nahrung in Form winzigster Organismen herbeistrudeln.

Die Teichmuschel ist ein weiteres wirbelloses Tier, das sich einem Leben in umgekehrter Stellung angepaßt hat. Teichmuscheln sind in fast allen Süßwassern der Welt zu finden. Sie sind Gastropoden – aus dem Griechischen, gaster = Bauch und pous = Fuß –, ein Name, der sich auf ihre Art der Fortbewegung bezieht. Diese geschieht mit Hilfe einer flachen muskulösen Kriechsohle an der Unterseite des Körpers, wodurch der Eindruck erweckt wird, daß die Schnecken auf ihren Bäuchen dahingleiten.

Bauchfüßler besitzen lange, bandartige, mit winzigen Zähnen besetzte »Zungen«, mit denen sie ihre Nahrung zerreißen und in ihren Mund führen. Die Große Schlammschnecke, *Limnaea stagnalis*, die Riesin der Familie, besitzt über zwölftausend solcher Zähne. Sie lebt in stehenden Gewässern und nährt sich von den verschiedensten Wasserpflanzen, ist aber einem gelegentlichen Mahl, das aus einem kleinen Fisch besteht, nicht abgeneigt. Das Gehäuse ist dünn, hornig und scharf zugespitzt; der Kopf besitzt zwei Fühler, an deren Ansatz sich die Augen befinden.

Wie alle Lungenschnecken atmen die Großen Schlammschnecken durch eine von der Mantelhöhle ausgebildete Lunge und müssen von Zeit zu Zeit, um Luft zu atmen, an die Wasseroberfläche steigen. Dort kann man sie oft, »das Oberste zuunterst«, dahinkriechen sehen, als ein weiteres Beispiel der mannigfaltigen und bizarren Launen der Natur.

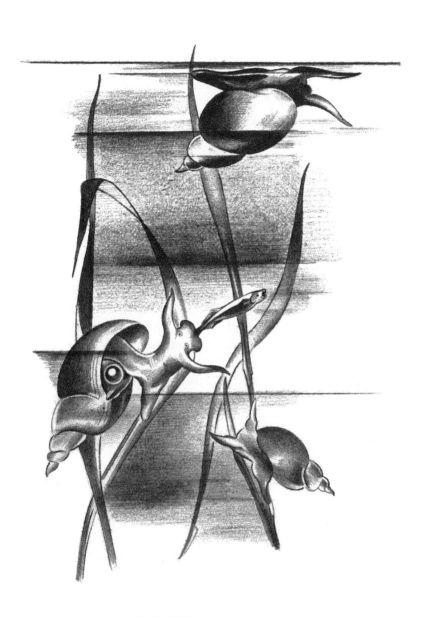

Große Schlammschnecke

# X CAMOUFLAGE

Der Begriff Camouflage hat viele Bedeutungen. Er schließt Maskierung, Nachahmung, Mimikry und Anpassung ein. Camouflage wird von den verschiedenartigsten Tieren entweder zum Angriff oder zur Verteidigung angewendet, und die in Erscheinung tretenden Formen sind sehr unterschiedlich. Was immer aber auch die Art der Camouflage oder Tarnung sein mag, Farbe und Form helfen den meisten Tieren, diese Aufgabe zu erfüllen. Soweit uns bekannt ist, besitzen die Tiere einen sehr unterschiedlichen Farbensinn, was in diesem Kampf auf Leben und Tod ebenfalls von Bedeutung ist.

Eine wichtige Rolle bei der tierischen Farbkleidung spielt die Schutzfärbung. Geschöpfe, die schutzgebend gefärbt oder gezeichnet sind, harmonieren mit ihrer Umgebung und sind unsichtbar, vorausgesetzt, daß sie sich entweder reglos verhalten oder sich auf irgendeine andere Art der Umgebung anpassen.

Der Große Kudubock, *Strepsiceros strepsiceros*, zum Beispiel bemüht sich, die Aufmerksamkeit von sich abzulenken, indem er zur Angleichung an seine Umgebung seinen Kopf zurückbiegt, damit die auffälligen großen Hörner flach auf seinem Rücken liegen. Unter allen afrikanischen Antilopenarten gibt es keine, die dem Großen Kudubock in der freien Bahn an Großartigkeit gleichkommt. Er erreicht, vom Boden bis zu den Schultern gemessen, eine Höhe von fast eineinhalb Metern. Zu beiden Seiten seines lichtbraunen Körpers laufen fünf oder sechs weiße Querstreifen herab. Die stattlichen, in einer Korkzieher-Spirale gewundenen Hörner zählen zu den markantesten des Tierreiches und erreichen mitunter eine Länge von fast eineinhalb Metern.

Dieses schöne Tier ist trotz seiner imposanten Erscheinung ein zahmes Geschöpf, das selten Anstalten macht, sich gegen die Angriffe der Löwen, Leoparden oder Hyänen-Hunde zu verteidigen. Zu seinem Schutz verläßt es sich ausschließlich auf seine Sehstärke, seine Schnelligkeit und seine Verbergungskünste.

Kudus verstecken sich sehr geschickt zwischen Gebüsch, hohem Gras und Bäumen. Die Schatten der Zweige, Dornen und Blätter vermengen sich so vollkommen mit dem gestreiften braunen Körper, daß es kaum möglich ist, das Tier zu entdekken. Sogar eine ganze Kuduherde kann auf diese Weise, selbst in den spärlich bewaldeten Steppen Afrikas, überraschend gut Deckung nehmen. Die Tiere stehen völlig still, solange sie nicht erschreckt werden. Dann aber fliehen sie alle mit langen leichtfüßigen Sätzen – die kleineren hörnerlosen Kühe und der Bock

Großer Kudubock,
der zur Angleichung an seine Umgebung den Kopf zurückbiegt

mit seinem gewaltigen Gehörn, das er dicht über den leichten Höcker des Rückens zurücklegt.

Der Wettkampf des Lebens ist bei den Tieren mitunter ein sehr ernsthaftes Versteckspiel, und es gibt daher für sie im allgemeinen kein nützlicheres Verhalten als das, sich unauffällig machen zu können.

Bei manchen Vogelarten ist, wenn Furcht sie veranlaßt, unbemerkt zu bleiben, die Schutzfärbung mit einer bestimmten Körperstellung verbunden. Die Rohrdommel, *Botaurus stellaris*,

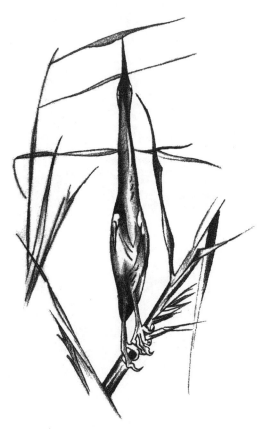

Rohrdommel in Schutzstellung im Schilf

nimmt in diesem Fall eine hochgestreckte, starre Haltung ein. Mit dem Schnabel gegen den Himmel weisend, kehrt sie dem Feind die Bauchseite zu und präsentiert ihm eine Reihe dunkler senkrechter Streifen auf hellerem, gelblichem Grund, die vollkommen mit der Licht- und Schattenwirkung des langen Schilfrohrs im Einklang stehen. Die Federn auf Nacken und Körper sind fest angepreßt, und der Vogel verharrt bewegungslos.

Bei stürmischem Wetter jedoch wechselt die Rohrdommel ihr Verhalten, und indem sie ihren Körper im Rhythmus mit dem schwankenden Rohr bewegt, vermeidet sie, sich als vereinzelte Zielscheibe bloßzustellen. Dieses Verhalten der Rohrdommel veranschaulicht, daß die volle Wirkung des Schutzkleides erst durch angemessenes Verhalten erlangt wird.

»Die Natur«, schreibt ein australischer Naturforscher, »hat den Podargus mit einem Gefieder ausgestattet, das dem seltsamen Vogel die Möglichkeit gibt, sich so täuschend in seine Umgebung einzufügen, daß nur das geübteste Auge ihn zu erkennen vermag.« Der Podargus, auf deutsch der Riesenschwalm, gehört zu den wunderlichsten Erscheinungen der australischen Fauna. Er ist in seinem Heimatland am besten unter dem Namen »Morepork« bekannt, eine Bezeichnung, die sich auf seine wiederholten Rufe nach »more pork« bezieht.

Der Morepork ist ein wahres Vorbild eines Nachtvogels. Dieser Vertreter der Nachtschwalbenfamilie benötigt, wenn er im Dunkeln jagt, keine Tarnung. Er segelt mit einem riesigen aufgesperrten Schnabel, dessen gelbes Inneres hell leuchtet, und mit glänzenden, weit aufgerissenen Augen durch die von Insekten durchschwärmte Luft. Am Tage aber hockt er aufrecht und bewegungslos in einem Baum, wo seine gefleckte, borkenartig gefiederte Gestalt oft mit einem abgebrochenen Zweig verwechselt wird. So schläft er, gut gesichert, mit geschlossenen Augen und verstärkt die Wirkung der Farbenharmonie durch vollkommene Lautlosigkeit.

Schutz- oder Anpassungsvorrichtungen sind überall im Tierreich zu finden. Selbst in Teichen, in Seen und im Meer haben

Eulen- oder Riesenschwalm

viele Fische sonderbare Hautanhänge, die den Pflanzen, unter denen sie leben, in Farbe und Form gänzlich angeglichen sind.

In der riesig ausgedehnten Unterwasserwelt des Großen Australischen Great Barrier Reef lebt ein tropisches Seepferd, das unter dem Namen Fetzenfisch, *Phyllopteryx eques*, bekannt ist. Von diesen kleinen Fischen sagt William Beebe, daß sie »im gleichen Verhältnis zu gewöhnlichen Seepferden stehen wie Orchideen zu Veilchen oder Paradiesvögel zu Dachspatzen«.

Leuchtend orange, lavendelblau und karminrot gefärbt, sind sie in der Tat die bemerkenswertesten aller Seepferde. Der kantige, vielstachlige Panzer ist mit zahlreichen wehenden Fetzen und bizarren fedrigen Anhängen geschmückt. Diese ähneln, wenn sie im Wasser treiben, in so vollendeter Weise dem Seetang, zwischen dem die Fetzenfische sich versteckt halten, daß es fast unmöglich ist, sie ausfindig zu machen.

Ein anderer Fisch, völlig einem harmlosen Leben unter Seealgen angepaßt, ist der Segelflosser, *Pterophyllum eimekei*, aus dem Amazonasstrom und seinen Nebenflüssen. Mit einem erlesenen Silberkleid, über das dunkle Pinselstriche gezogen sind, und mit leuchtenden Rubinaugen ziehen diese schönen Fische gemessen durch die stillen Uferbuchten. Der bis zu einem äußersten Grad der Flachheit zusammengepreßte Körper ist quer gestreift, und die zerbrechlichen, segelähnlichen Flossen reflektieren oft einen violetten Schimmer. Lange, dünne und sensitive Bauchflossen dienen anscheinend dem Zweck, den Fisch zu warnen, wenn die zarte hintere Flosse in Gefahr ist, einen harten Gegenstand zu berühren. Von der Seite gesehen, erwecken die Streifen den Eindruck schwankender Seegräser. Der Fisch vermag aber sehr schnell, seine Farbe wechselnd, sich der Umgebung anzugleichen, und die Streifen können völlig verschwinden. Dieser schnelle Farbwechsel entsteht durch eine Ausdehnung und Zusammenziehung des Pigments in den verschiedenen Farbzellen der Haut, die man Chromatophoren nennt. Sobald das Pigment in den Zellen einer Farbe, sagen wir der roten, sich ausbreitet, zieht sich das Pigment in den Zellen

Fetzenfisch

einer anderen Farbe, wie zum Beispiel der schwarzen, zusammen, und das Tier, das vor einem Augenblick noch schwarz war, ist plötzlich rot.

Der Farbwechsel steht unter dem Einfluß nervöser Erregung, und der Reiz wird gewöhnlich durch die Augen empfangen. Farbwechsel ist jedoch nicht nur eine schutzmaßnehmende Reaktion; sondern Temperatur, Dunkelheit, Hunger, Ärger oder Furcht beeinflussen, ebenso wie das Licht, die Farbzellen. Was immer jedoch der Reiz sein mag, die Wirkung ist stets die gleiche und bietet ein Schauspiel von verblüffender Vielfältigkeit. So vermögen viele tropische Fische nicht nur von einer Farbe zu einer anderen überzuwechseln, sondern ebenfalls von einer einheitlichen Farbe zu Mustern mit Flecken und Punkten. Ein besonders erstaunlicher Verwandlungskünstler ist ein Fisch der Bermuda-Inseln, der Nassau Grouper. Dieser tropische Seebarsch stellt bald eine tote Bleifarbe zur Schau und bald dunkle

Nassau Grouper (Zackenbarsch)

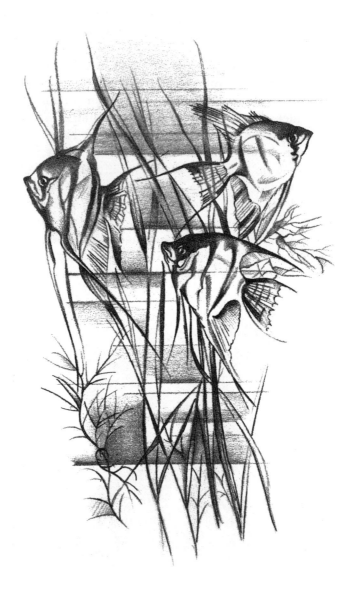

Segelflosser

Streifen auf weiß und grau marmoriertem Grund; ein Wechsel, der sich innerhalb nur weniger Sekunden vollzieht.

Das großartigste Farbenspiel zum Zweck einer schützenden Anpassung führt aber wahrscheinlich ein anderer Meeresbewohner vor. Es ist der Gemeine Krake oder Pulp. Die Fähigkeit dieses Tintenfisches, seine Farbe zu wechseln, ist ungeheuer, und die Farbenskala erstreckt sich von einem zart karminroten Hauch über ein kunstvolles Zebramuster bis zu einem toten Grau. Unzählige Pigmentzellen in der Haut des Kraken erzeugen eine Folge von Farbenwechseln, die ein wichtiger Bestandteil seines »Make-up« sind. Der mit auffallend großen Augen versehene Krake kann sich in der Tat mit einer Geschwindigkeit seiner Umgebung anpassen, die das notorische Chamäleon weit in den Schatten stellt, denn das Chamäleon benötigt unter leuchtend grünen Blättern fast fünfzehn Minuten, um sich von einem dunkelgrünen in ein lichtgrünes Chamäleon zu verwandeln.

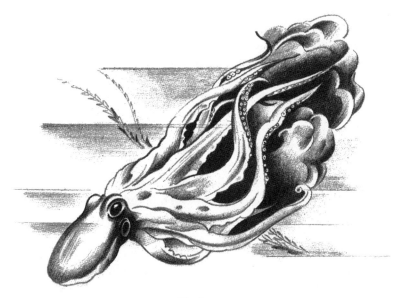

Krake

Der erstaunliche Krake aber, mit seinen acht Armen, die mit etwa dreihundert Saugnäpfen versehen sind, ist in der Lage, sich noch mittels einer zusätzlichen Form von Camouflage zu schützen. Als letztes Verteidigungsmittel stößt er nämlich durch eine Öffnung, die als Trichter bezeichnet wird, eine Tintenwolke aus. Diese Tinte wird in einer besonderen Drüse erzeugt und in einem Beutel aufbewahrt. Sie verfärbt das Wasser auf eine große Entfernung im Umkreis, und der Vorgang ähnelt dem des Vernebelungsmanövers in der modernen Kriegsführung.

Der Krake nährt sich ausschließlich von Krustentieren. Sobald eine Krabbe in Sicht kommt, stößt er einen Arm in ihrer Richtung aus, saugt sich an dem Panzer fest und ergreift dann das widerstandslose Opfer, dessen Fleisch er, nach Entfernen der Schale, seinem hornigen, in der Mitte der acht Arme liegenden, papageienartigen Schnabel zuführt.

Tintenfische sind dank ihrer ausgezeichneten Sehkraft nachts am unternehmendsten. Ich hatte oft Gelegenheit, sie an der dalmatinischen Küste zu beobachten, als ich in stillen, windlosen Nächten mit den Fischern ausfuhr und der Schein der Bootslampe in dem transparenten Wasser ein magisches Aquarium von mehr als zwanzig Metern Tiefe enthüllte. Die über Nacht ausgelegten Netze wurden gewöhnlich nach Sonnenaufgang eingezogen, und bei dem Sortieren des Fangs warf man die Tintenfische auf eine Seite. Während sie hilflos dort am Strand lagen, jagten zarte Regenbogenfarben in rhythmischen Wellen über ihre feine Haut. In einem letzten verzweifelten Abwehrversuch stießen sie schließlich ihre Tintenwolken über die trockenen heißen Steine aus. Dann verblichen sie, und alles, was von dem faszinierenden Schauspiel übrigblieb, war eine tote graue und formlose Masse.

Der wesentliche Sinn der Camouflage ist zweifellos der Versuch, sich unsichtbar zu machen, um am Leben zu bleiben. Die Tarnung dient jedoch sehr oft einem doppelten Zweck und wird von vielen hungrigen Tieren auch zum Angriff angewandt.

Verschiedenartige Raubfische nähern sich ihren Opfern in listiger Weise. Der südamerikanische dunkelbraune Blattfisch, *Monocirrhus polyacanthus*, ähnelt sowohl in Farbe wie in Form einem toten Blatt. Diese Illusion wird durch einen kurzen Bartfaden am Unterkiefer verstärkt, der den Blattstengel vortäuscht, sowie durch die Gewohnheit des Fisches, sich nahe der Oberfläche treiben zu lassen, entweder flach auf der Seite liegend oder in schräger Haltung, mit dem Kopf nach unten. Die letzterwähnte Stellung ist in der Illustration dargestellt.

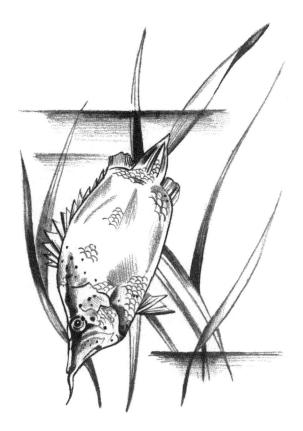

Südamerikanischer Blattfisch

Der Blattfisch gehört zu den *Nandidae*, einer Familie, deren Mitglieder sich durch durchsichtige Rücken- und Afterflossen auszeichnen, so daß keine Muskelbewegung zu sehen ist. Dies trägt zweifellos zur Wirkung der »Verkleidung« bei, denn ein totes Blatt besitzt nur eine geringe Anziehungskraft für einen Raubfisch auf der Suche nach Nahrung. Die Tarnung kommt aber auch dem Blattfisch selbst bei der Jagd auf seine Nahrung sehr zustatten.

Beobachtungen, die vor nicht langer Zeit von dem G. Shedd Aquarium in Chicago veröffentlicht wurden, lauten: »Wenn ein kleiner Fisch in den Blattfischtank gesetzt wird, beginnt das scheinbar von irgendeiner Strömung getriebene tote Blatt mit einer unmerkbaren Bewegung auf das Opfer zuzuschwimmen. Flieht der kleine Fisch, aus Furcht, in entgegengesetzter Richtung, so treibt der Blattfisch langsam umher und naht sich erst allmählich wieder seinem Opfer. Sobald er aber nahe genug ist, erwacht das tote Blatt plötzlich zum Leben, schnellt auf den kleinen Fisch zu und öffnet gleichzeitig ein überraschend großes Maul, in das die Beute blitzschnell verschwindet.«

Dieser Fisch, ein sich gut verbergendes schwimmendes »Blatt«, nimmt nur lebende Nahrung zu sich und bleibt selbst in Gefangenschaft stets ein getarnter Angreifer.

Auf der ganzen Welt findet man verschiedene Insekten, die toten Blättern ähneln. Im Falle des zu den Gespensterschrecken gehörenden Wandelnden Blattes von Ceylon besteht sogar eine völlige Schutzanpassung in allen Stadien der Existenz. Diese Camouflage gehört zu den außerordentlichsten in der Insektenwelt. Im Gegensatz zu seiner raublustigen Artverwandten, der Gottesanbeterin, ist das Wandelnde Blatt ein sanfter Blätterfresser. Seine Eier sehen genau wie eingeschrumpfte, spitze Samenkörner aus. Nach dem Ausschlüpfen sind die jungen Insekten zunächst flügellos und rötlich gefärbt und gleichen vollkommen den Knospen der Zweige, von denen sie sich gewöhnlich nähren.

Der grüne Körper eines voll ausgewachsenen Wandelnden Blattes ist in gleicher Weise geformt und geädert wie ein echtes Laubblatt und weist selbst Unvollkommenheiten wie Löcher und Flecke auf. Die Beine sind blattartig verbreitert, und die vorgetäuschten rostbraun oder gelb gefärbten kleinen Blätter wirken durch ihre gezackten Ränder wie von Insekten angenagt.

Wandelndes Blatt

Wandelnde Blätter sind wehrlose Geschöpfe mit trägen Lebensgewohnheiten, die den größeren Teil der Tagesstunden bewegungslos verharren. In nichts von dem Blatt zu unterscheiden, dessen vollkommene Nachbildung sie sind, besteht ihre einzige Bewegung in einem gelegentlichen Zittern, das dem vom Wind angehauchten Laub ähnelt.

Eine besondere und unter den Insekten weitverbreitete Form der Camouflage ist Mimikry, das die Nachahmung einer Tierart durch eine zweite bedeutet. Die Funktionen des Mimikry sind verschiedenartig. In den meisten Fällen ahmt der Mimiker aber ein Tier nach, das, im Gegensatz zu ihm selbst, von anderen wegen seiner unangenehmen oder kämpferischen Eigenschaften gefürchtet wird. Um jedoch wirklich aus der Nachbildung Nutzen zu ziehen, müssen der Mimiker sowohl wie sein Vorbild die gleiche Örtlichkeit bewohnen und eine Ähnlichkeit in ihren Lebensgewohnheiten besitzen.

Nehmen wir zum Beispiel den Fall zweier völlig verschiedener Insekten. Eine noch nicht voll ausgewachsene, zu den Membraciden gehörende Zirpe, *Rhynchota homoptera*, hat eine grüne Haube entwickelt und gleicht damit in Farbe und Form genau einer ihr erobertes Blatt auf dem Rücken tragenden Blattschneider-Ameise.

Sowohl Zirpe wie Ameise sind in Britisch-Guayana heimisch. Die Ameise gehört zu den Sauba-Ameisen, die bekannterweise Pilze in ihrem Nest züchten. Sie schneiden aus den Pflanzen ih-

Blatttragende Zirpe imitiert eine Sauba-Ameise

rer Umgebung Blattstücke aus und schleppen sie in ihre Kolonie. Dort werden sie von den Ameisen-Arbeitern zerkaut und zu einem Gemisch verarbeitet, das zur Herstellung unterirdischer Pilzgärten dient, deren Ernte die ausschließliche Nahrung der Ameisen bildet.

Beim Blättersammeln marschieren die Sauba-Ameisen manchmal in einem langen Zug, wobei jede ihr Blattstück auf dem Rücken trägt. Gut verborgen unter ihrem unechten Blatt, marschiert die Zirpe in ihrer Mitte, und indem sie vortäuscht, etwas zu sein, was sie nicht ist, gibt sie eine ebenso überzeugende wie blendende Vorführung von Mimikry.

Nyctemera-Raupe und ihr Kokon

Unter den Maßnahmen der Insekten, sich gegen Angriffe zu sichern, zählt eine schützende Hülle zu den wichtigsten. Raupen und Larven konstruieren zu diesem Zweck alle Arten von Gehäusen, Kokons und Blätterrollen, ebenso wie Schaum und Schaumblasen. Eine Virtuosin in dieser Kunst des Verbergens ist die Raupe eines westafrikanischen Falters, *Nyctemera apicalis*.

Wie viele Raupen, hat sie gefährliche, schmarotzerische Feinde, die die Seite des Kokons durchbohren, um ihre Eier in den Körper der eingeschlossenen Raupe zu legen. Die voll ausgewachsene Raupe wird dann von den parasitischen Larven verzehrt, die schließlich aus dem Kokon kriechen und zu ihrem eigenen Schutz an der Außenseite eine Traube von winzigen Schaumkokons spinnen.

Um diese Feinde zu hindern, in ihren Kokon einzubrechen, erfand die Nyctemera-Raupe eine ingeniöse Verteidigung. Beim Spinnen ihres Kokons sondert ihr Körper eine Anzahl schaumiger gelblicher Blasen aus. Um jede einzelne windet sie ein paar Strähnen Seide, sondert sie ab und haftet sie an die Außenseite des Kokons. Nachdem die Arbeit vollendet ist, stellen diese kleinen Blasen an der Außenseite des Kokons eine genaue Imitation der von den Parasiten hergestellten Kokontraube dar und erwecken den Eindruck eines bereits stattgefundenen Einbruchs. Dies ist, ohne Frage, eine musterhafte Leistung selbst konstruierter Camouflage.

Der Fall der Zirpe zeigt, daß einige Mimiker bereits für ihre Rolle ausgestattet auf die Welt kommen. Andere Geschöpfe statten sich selbst aus, indem sie eine Tarnung wählen, die ihren individuellen Bedürfnissen angepaßt ist.

Ein solcher Verkleidungskünstler ist die Krabbe *Dromidia antillensis*, die das Problem, den Gefahren des tropischen Ozeans zu begegnen, in drastischer Weise gelöst hat. Um sich dem Meeresboden aufs engste anzugleichen, bedeckt sie nämlich den Rücken ihrer Schale mit einem Schwamm. Diese Schutzhülle schneidet sie genau in den Maßen ihres ovalen Panzers zurecht und hält sie mit dem letzten Paar ihrer Gliedmaßen fest.

In dieser Weise mit einem Teil eines anderen Tieres bekleidet, zieht sie, wenn Gefahr von oben droht, nur ihre Glieder ein und bietet dem Feind als Angriffsfläche lediglich einen zähen, mit Kieselnadeln gespickten, wenig appetitanregenden Schwamm.

Dieses »Make-up« der Krabbe setzt eine gewisse Anstrengung voraus, da sie sich bei jedem Schalenwechsel mit einer neuen und größeren Bedeckung versehen muß. Aber die Welt der Tiere ist eine hungrige Welt, und jede Anstrengung ist durch Notwendigkeit bedingt. Es ist daher im allgemeinen für jedes Mitglied, sei es im Interesse seiner eigenen Verteidigung oder im Kampf um die Nahrung, ungemein wichtig, möglichst unauffällig zu sein. Die verschiedenen Formen der Camouflage sind vom Selbsterhaltungstrieb bestimmt, und jede Handlung untersteht – mehr oder weniger – diesem Zwang.

*Dromidia antillensis* (Haarige Wollkrabbe)

Tiere leben selten in Einsamkeit. In ihrem Existenzkampf hängen sie, im Guten wie im Bösen, mehr oder weniger voneinander ab, und einige Tiere gehen sogar vorübergehende oder lebenslängliche Partnerschaften mit Tieren einer völlig verschiedenen Art ein. Symbiose, ein griechisches Wort (sym = zusammen, und bios = Leben), ist das intime Zusammenleben zweier Organismen irgendwelcher Art, aus dem sie beide einen gewissen Nutzen ziehen. Beim Parasiten- oder Schmarotzertum hingegen gibt es verschiedene Grade des Zusammenlebens; einige mögen von Vorteil, andere von Nachteil sein. Im reinen Schma-

Kudu-Kuh und Madenhacker

rotzertum jedoch ist der Nutzen ausschließlich einseitig, und der Gast lebt als »Ausnützer« völlig auf Kosten des Wirtes.

Vögel verbinden sich nicht allzu selten mit großen Säugetieren, und im Falle des Madenhackers, *Buphagus*, gereicht seine Beziehung zu vielen wild lebenden und gezüchteten Tieren zweifellos beiden Teilen zu großem Vorteil. Eine Kudu-Kuh läßt sich, bekannterweise, ohne weiteres von einer ganzen Schar dieser Vögel überfallen, um von den Parasiten, die sich in ihre Haut einbohrten, befreit zu werden. Das Wirtstier ist keineswegs erregt und macht durchaus keine Anstalten, die Vögel zu verscheuchen. Die Vögel klettern und hüpfen in der lebhaftesten Weise auf der Antilope umher, jeden Teil ihres Körpers

Wasserbüffel und Kuhreiher

nach Nahrung absuchend. Durch diese Tätigkeit stillen sie nicht nur ihren eigenen Hunger, sondern zerstören ebenfalls die das Tier quälenden parasitischen Insekten. Abgesehen von dieser nützlichen Betätigung warnen die Madenhacker, die überaus scharfsichtig sind, ihre vierfüßigen Freunde vor nahenden Gefahren. Beunruhigt fliegen sie dann hoch und umkreisen ihr Wirtstier mit lauten und wilden Rufen. Dies ist fraglos eine ausgezeichnete Partnerschaft, die allen zusagt – die Parasiten allerdings höchstwahrscheinlich ausgenommen.

Eine ähnliche Beziehung wie die eben geschilderte besteht zwischen dem Kuhreiher, *Bubulcus lucidus*, und dem Wasserbüffel. Auf dem Rücken ihrer Wirtstiere reitend, entfernen die eleganten Reiher eifrig die lästigen Parasiten, und die Büffel sollen, den Berichten der Einwohner von Celebes zufolge, diese schneeweißen Vögel mit ihren gelben Schnäbeln und olivgrünen, geschuppten Beinen aufs höchste willkommen heißen. Obwohl sie auch Grashüpfer nicht verachten, folgen die hungrigen Kuhreiher doch oft mit schrillen, durchdringenden Schreien den weidenden Herden. In Afrika zögern die kleinen Silberreiher nicht einmal, auf Tieren wie dem Rhinozeros und dem Nilpferd zu reiten und die dicke Haut ihrer gigantischen Gefährten nach Schmarotzern, wie Zecken und Lausfliegen, abzusuchen.

Mitunter beschützen selbst kleine Tiere größere Tiere vor starken und mächtigen Feinden. Eine solche merkwürdige und erfolgreiche Verbindung besteht zwischen den zu den Icteriden gehörenden mexikanischen Stirnvögeln und einigen tropischen Wespen. Diese Vögel, in Mexiko Oropendolas genannt, bauen zahlreiche beutelartige Nester, die von den Zweigen tropischer Bäume hängen und mitunter eine Länge von fast zwei Metern erreichen. Viele Feinde der Vögel, wie zum Beispiel die Ozelots, die Affen, die Eidechsen, die Waschbären und die Opossums, betrachten die tief in den kunstvollen Nestern liegenden Eier als eine Lieblingsspeise. Sie alle sind erfahrene Nesträuber und geübte Baumkletterer und können ohne Mühe die Eier oder die noch nicht flüggen Jungen selbst in großer Höhe erreichen.

Mexikanische Oropendolas und tropische Wespen

Um diese ernsthafte Gefahr abzuwenden, bauen die Oropendolas ihre Nester stets in einem Baum, der bereits von einer großen Kolonie tropischer Wespen bewohnt ist. Die Wespen lassen sich aber keineswegs durch die Tätigkeit der Vögel stören und werden nur sehr grimmig, wenn ein Dieb versucht, in den Baum einzudringen. Dann allerdings flieht jedes Tier, wie furchtlos oder hungrig es auch sein mag, und vermeidet, sich den giftigen Stichen der angreifenden Wespen auszusetzen. Die Oropendolas sind daher immer darauf bedacht, daß sich das Wespennest zwischen ihrem eigenen Nest und dem Baumstamm befindet. Auf diese Weise genießen sie durch ihre Mitbewohner Schutz und Sicherheit für ihr Heim und die Jungen.

Beziehungen zwischen ungleichen Tieren gibt es nicht nur auf der Erde oder in den Bäumen. Im Meer scheuen viele hilf-

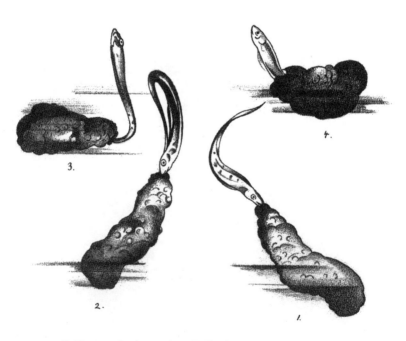

Schlangenfische suchen Zuflucht in einer Seegurke

lose Geschöpfe selbst nicht davor zurück, sich in dem Körper größerer Tiere einen Schutz zu suchen. Ein kleiner schmaler Fisch, den man als Schlangenfisch bezeichnet, hat zum Beispiel die Gewohnheit, sich in den Leib der im Meer lebenden Seegurken oder Holothurien einzuquartieren. Der Schlangenfisch, *Fierasfer*, dessen wissenschaftlicher Name von einem griechischen Wort abgeleitet ist, das »geschmeidig« und »glänzend« bedeutet, besitzt einen transparenten glasartigen Körper, der mit ein paar verstreuten Punkten markiert ist. Die Methode des Schlangenfisches, seinen Wohnsitz in einer Seegurke des Mittelmeers zu beziehen, besteht darin, daß er zunächst die Kloakenöffnung des Tieres sucht, an die er sich mit seinem Kopf anhaftet. Dann biegt er den Körper, bis seine Schwanzflosse neben seinem Kopf in der Kloake liegt, wonach der Kopf zurückschnellt und der Fisch sich in gestreckter Haltung solange rückwärts schraubt, bis er schließlich völlig von seinem Wirtstier umschlossen ist. Man nimmt an, daß der Fisch bei diesem Vorgang durch das eingesaugte Atemwasser der Wasserlungen unterstützt wird, die bei der Seegurke mit dem Darm zugleich in die Kloake münden. Diese lebende Unterkunft kann von mehreren Fischen gleichzeitig bewohnt werden, und es wurden nicht weniger als sieben geschmeidige Schlangenfische beobachtet, die einer nach dem anderen in eine Seegurke eindrangen.

Während des Tages bleiben die Schlangenfische in der lederhäutigen Seegurke und verlassen nur nachts ihr Versteck, um kleine Krustentiere zu jagen, von denen sie sich nähren. Der bemitleidenswerte wurstförmige Stachelhäuter zieht keinerlei Nutzen aus seinen Untermietern und erhält keine Belohnung für die ihnen erwiesenen Dienste. Beobachtungen in Aquarien haben jedoch ergeben, daß die Holothurien nicht weiter unter den Eindringlingen leiden und ihre inneren Organe nicht durch den After ausstoßen, was sie gewöhnlich tun, wenn sie gereizt oder erschreckt werden. Diese Selbstverstümmelung ist ein Ablenkungsmanöver, das dem Feind die ausgestoßene klebrige Masse als Beute überläßt, während die Seegurke, eine im Tierreich unübertroffene Meisterin der Regeneration, die geopferten Körperteile mit erstaunlicher Schnelligkeit wieder ersetzt.

Eine völlig andere Art Domizil suchen sich die Einsiedlerkrebse. Ihre Größe wechselt von winzigen Individuen, die sich in Schneckenhäuser, kaum größer als ein Stecknadelkopf, einmieten, bis zu Riesen, die ein Haus in der Größe einer Grapefruit tragen. Das Hauptmerkmal eines Einsiedlerkrebses ist sein unvollständiger Panzer. Während die starken Scheren, die Klauen, die Beine und das Kopfbruststück mit einer hornigen Substanz bedeckt sind, ist der restliche Körper weichhäutig und wehrlos. Um nun diesen gefährdeten »Schwanz« zu schützen, benutzt der Einsiedlerkrebs die leeren Häuser anderer Seetiere. Er verankert seinen Hinterleib so fest in dem Inneren eines Schneckenhauses, daß es fast nie gelingt, das Tier unverletzt herauszuziehen; nur der Krebs selbst kann ohne Mühe sein Heim verlassen.

Das Schneckenhaus wird durch ein anderes, etwas größeres ersetzt, sobald der unrechtmäßige Bewohner sein Futteral als zu eng empfindet, und dieser Wohnungswechsel wird so lange vorgenommen, bis das Tier seine endgültige Größe erreicht hat. Es ist höchst unterhaltsam, einen Einsiedlerkrebs auf seiner Wohnungssuche zu beobachten, da er zunächst eine Anzahl leerer Schneckenhäuser mit seinen Klauenfüßen untersucht, ehe er sich zu einem Wechsel entscheidet. Dieser Umzug, bei dem der Krebs blitzschnell seinen Hinterleib aus dem alten Schneckenhaus herauszieht und in das neue einführt, ist stets ein gefährliches Unternehmen, und die Angst, von hinten angefallen zu werden, berechtigt die Hast des Vorgangs.

Ungeachtet des Schutzes, mit dem der Einsiedlerkrebs den fleischigen Teil seines Körpers versieht, ist er weiterhin im Meer den Angriffen verzweifelter Räuber ausgesetzt, die bereit sind, ihn mitsamt seinem geborgten Schneckenhaus zu ergreifen. Er findet es daher von Vorteil, sein Haus mit einer Seerose zu schmücken, da diese mit Nesselkapseln gespickten Geschöpfe die meisten Feinde verjagen. Die Seerose wiederum,

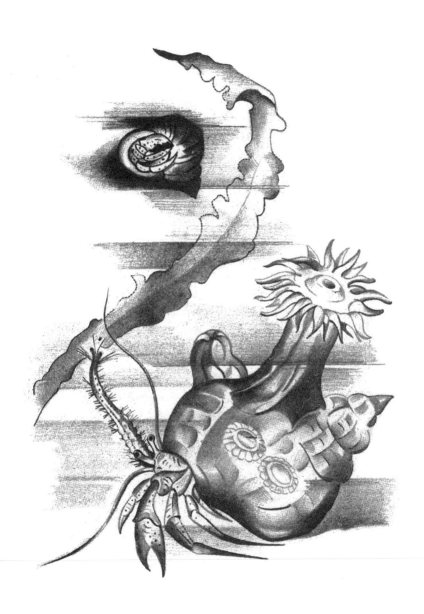

Einsiedlerkrebs und Seerose

die nur imstande ist, sich sehr langsam kriechend fortzubewegen, gewinnt trotz ihrer Seßhaftigkeit auf dem Schneckenhaus den Vorteil, mühelos und schnell zu frischen Jagdgründen
transportiert zu werden. Dies ist eine Form äußerer Vergesell-
schaftung, bei der ein Tier dem anderen hilft.

Einsiedlerkrebse tragen die verschiedensten Arten von Seerosen und überpflanzen bei einem Hauswechsel ihre Partner
auf das neue Heim. Im Falle von Prideauxs Einsiedlerkrebs und
der Mantelseerose wird die Schale des Schneckenhauses aber
langsam von der Seerose absorbiert, und der erhärtete, abge-
sonderte Schleim ihrer Fußscheibe bildet eine Schutzhülle von
so unbegrenzter elastischer Kapazität, daß für den heranwach-
senden Krebs sich ein Wohnungswechsel erübrigt.

Der Einsiedlerkrebs in der Abbildung bewohnt das Haus eines Weichtieres, das mit verschiedenen Seerosen und einigen kleinen Seepocken geschmückt ist. Ein Borstenwurm, der
manchmal als Untermieter ebenfalls dort haust, nährt sich ausschließlich von den schwimmenden Futterresten des Einsiedlerkrebses, ohne irgendeinen Beitrag als Entgelt für seine Ver-
pflegung zu leisten.

Im Gegensatz zu dem für beide Teile so erfolgreichen Zusammenleben von Einsiedlerkrebs und Seerose ist der Vorteil in der
Verbindung von zwei anderen Seetieren absolut einseitig. Ein
Fisch, der in mehr als einer Weise mit dem Hai in Beziehung
steht, ist der Schiffshalter, *Remora remora*, der sich mit seiner
seltsamen ovalen Saugscheibe an Kopf und Hals an jeden Gegenstand fest anklammern kann.

Auf der Suche nach einem Gratis-Transport saugen die Schiffshalter sich oft an einen Hai an und werden auf diese Weise nicht
nur vor ihren Feinden geschützt, sondern auch, ohne Anstrengung, zu neuen Jagdgründen befördert. Sobald sie dann in einem Schwarm junger Fischbrut angelangt sind, lösen sie sich
vom Hai und halten, nachdem der Hunger gestillt ist, nach einem neuen Ankerplatz Ausschau. Die Haie ziehen keinen Nutzen aus dieser Verbindung, obwohl sie die Schiffshalter über

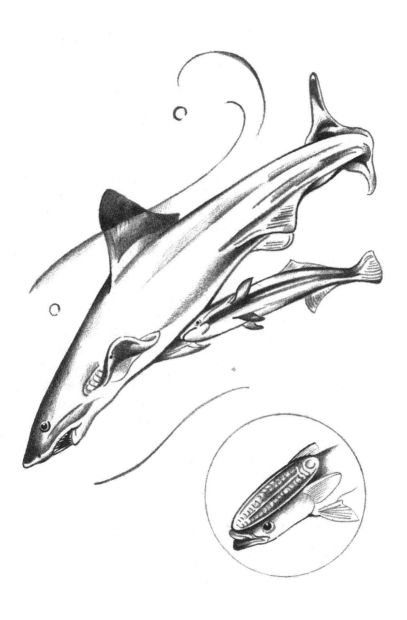

Schiffshalter saugt sich an einen Hai an

weite Strecken tropischer Meere schleppen. Ja, sie können nicht einmal ihre Passagiere verschlingen, da sich diese außerhalb der Reichweite ihrer fürchterlichen Zähne befinden.

Die Kraft, mit der ein Schiffshalter sich an jeden Gegenstand ansaugt, ist erstaunlich, und das auf diese Weise erzielte Vakuum besitzt eine solche Stärke, daß ein »verankerter« Fisch, der nur 675 Gramm wog, benutzt wurde, um eine Wasserschildkröte von einem Gewicht von achtundzwanzig Kilo hochzuziehen. Die Methode, Wasserschildkröten oder andere Seetiere mit Hilfe des Schiffshalters zu fangen, wurde schon von Christoph Kolumbus in Westindien beobachtet, und sie wird noch heute von Eingeborenen verschiedener Länder angewendet. Das Verfahren der Eingeborenen des Great Barrier Reef wurde von N. J. Berrill von der McGill Universität folgendermaßen beschrieben: »Der gefangene Fisch wird am Schwanz verankert und in seichtem Wasser gehalten, bis die Zeit zur Jagd auf Wasserschildkröten gekommen ist. Um den Fisch zu befestigen, bohrt man mittels eines Schildkrötenknochens ein Loch an der Wurzel der Schwanzflosse, und durch dieses Loch zieht man das Ende einer langen Schnur, die am Schwanz verknotet wird. Eine kurze Schnur wird auch durch den Mund gezogen und durch die Kiemen ausgeführt, um den Kopf des Fisches ebenfalls zu sichern. Dann bindet man den Fisch an der Seite des Kanus an. Sobald nun eine Wasserschildkröte in Sicht kommt, entfernt man die kurze Schnur aus dem Mund des Fisches, und er schwimmt eiligst davon. Der Schiffshalter kann, solange die Leine straff gespannt ist, seinen Fang nicht loslassen, und die Größe der Schildkröte oder des von ihm gefangenen Fisches hängt nur von der Stärke der Schnur und von der Widerstandskraft des Schiffshalters selbst ab, dessen Körper bis zum Bersten angespannt ist.« In dieser Weise würdigt N. J. Berrill die kunstfertige Ausnützung des Schiffshalters und verschweigt dann keineswegs, daß die unfreundlichen australischen Eingeborenen am Ende eines beutereichen Tages den Schiffshalter höchst feierlich verzehren.

Bei den meisten Fischen sind Männchen und Weibchen sich sehr ähnlich, aber bei gewissen Tiefseeanglern erreicht das Männchen nur ein Zehntel der Größe des weiblichen Fisches. Diese Fische, Angehörige der Gattung Ceratias, sind außerordentlich bemerkenswert durch die Tatsache, daß alle frei schwimmenden Fische aus Weibchen bestehen, die ihre zwergenhaften Männchen an den Körper gehaftet mit sich schleppen. Die Gewohnheiten und Lebensbedingungen dieser trägen, in der ewigen Finsternis des Ozeans umhertreibenden kleinen Raubfische mache es wahrscheinlich, daß der ausgewach-

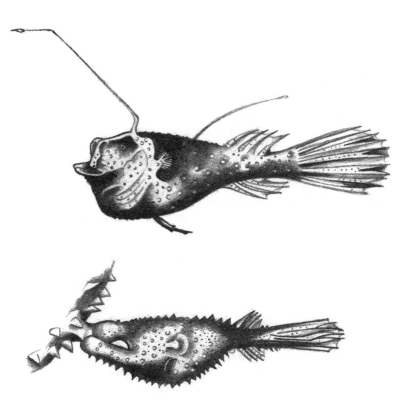

*Ceratias holboelli.* Unten: das Männchen als Schmarotzer

sene Fisch große Schwierigkeiten haben würde, ein Weibchen zu finden. Infolgedessen beginnen die Männchen sofort nach dem Ausschlüpfen, und noch ehe ihre stattliche Zahl durch räuberische Angriffe vermindert ist, die Suche nach einem Weibchen. In diesem frühen Larvenstadium scheinen sie eine größere Chance zu besitzen, eines solchen habhaft zu werden, und falls ihre Suche erfolgreich ist, haften sie sich an und werden zu Schmarotzern. Zunächst saugen sie sich mit dem Mund fest, dann vereinigen sich Lippen und Zunge des Männchens mit der Haut des Weibchens, und schließlich bilden beide Fische ein vollständiges Ganzes, in dem das Männchen, dessen Leibeshöhle größtenteils von den Hoden angefüllt ist, nichts als einen Anhänger des Weibchens darstellt und sich von dessen Blutstrom nährt, Diese seltsame Vereinigung ist eine dauernde, und wenn das Weibchen stirbt, stirbt das Männchen mit ihr. Die Stelle des Körpers, an der sich das Männchen anhängt, ist eine rein zufällige, und gelegentlich verbinden sich mehrere Männchen mit einem einzigen Weibchen.

Der in der Abbildung gezeigte weibliche Tiefseeangler, *Ceratias holboelli*, zeichnet sich besonders durch seine stachelige Haut und eine lange biegsame Rute aus, die in eine kurze Leine mündet. Das Weibchen erreicht eine Länge von etwa einem Meter, während das Zwergmännchen es höchstens auf zehn Zentimeter bringt. Die untere Zeichnung stellt das zahnlose Männchen dar, in völliger Vereinigung mit dem Körper des Weibchens.

Zu den beiden letzten Beispielen ist zu bemerken, daß sie nur Fische zeigen, die sich mit anderen Fischen assoziieren. Es gibt aber auch Fische, die mit Tieren niederer Ordnung eine Verbindung eingehen. Dies ist beim Bitterling, *Rhodeus amarus*, und der Teichmuschel, *Anodonta*, der Fall. Der Bitterling, ein kleiner Fisch, der mit dem Karpfen und der Plötze verwandt ist, trifft die ungewöhnlichsten Vorkehrungen, um seine Brut zu sichern. Während der Laichzeit entwickelt das Weibchen eine lange rötliche Legeröhre, mit deren Hilfe es seine Eier, um sie vor Feinden zu schützen, zwischen die Schalen der Teichmuschel versenkt. Dann spritzt das Männchen seinen Samen über den Atemschlitz der Muschel, und die befruchteten Eier machen in den atmenden Kiemen ihres Wirtes ihre weitere Entwicklung durch, bis nach etwa einem Monat die junge Brut die Muschel verläßt. Dieses Ereignis scheint der Teichmuschel keinen Vorteil zu bieten. Aber auch eine Muschel laicht, und nun ergibt sich die Gelegenheit eines Austausches für sie. Die winzigen Muschelkinder, die in das Wasser ausgestoßen werden, hängen sich mit langen, klebrigen Tastfäden an vorbeischwimmende Fische und verankern sich dann mit ihren scharf ge-

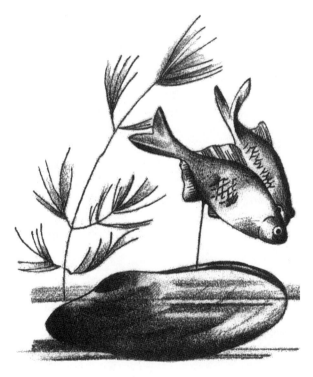

Männlicher Bitterling drängt das Weibchen,
Eier in die Schale der Teichmuschel zu legen

zahnten Schalen an die Kiemen der unwilligen Wirte. Dort verbleiben sie in einer entstandenen Zyste, die sie, das Gewebe zerreißend, erst in einem fortgeschritteneren Stadium verlassen. Sie sinken auf den Grund, um das ihrer Art entsprechende, ziemlich seßhafte Leben zu führen. In der Mehrzahl der Fälle haften sich die Muschellarven an Bitterlinge an, so daß durch diesen eigenartigen Kinderaustausch schließlich doch eine Form gegenseitiger Abhängigkeit entsteht.

Unter den vielen Wechselbeziehungen des Tierreiches ist die zwischen einem Schmetterling und einer Ameise sicherlich eine der außergewöhnlichsten. Der Große Bläuling, *Maculinea arion*, beginnt sein Leben als eine kleine rosa Raupe, die sich von den Blüten des wilden Thymians nährt. Nach der dritten Häutung jedoch lockt der von einer an ihrem Hinterleib sitzenden Drüse ausgeschiedene Sirup eine Ameise an. Diese streichelt und melkt die Raupe, und die Raupe, der dieser Vorgang zuzusagen scheint, bläht als ein Zeichen, daß sie einen Transport wünscht, ihren Vorderkörper auf. Daraufhin ergreift die Ameise, *Myrmica laevimodis*, die Raupe mit ihren Kiefern und trägt sie in das Ameisennest, eine Reise, die keineswegs immer kurz ist. Im Ameisennest scheint die Raupe keinerlei Aufruhr hervorzurufen und frißt, als Entschädigung für das ihrem Körper entzogene süße Sekret, von der Ameisenbrut. Sie überwintert, gut geschützt, im Ameisennest und verwandelt sich im Frühling in eine Puppe und schließlich in einen mär-

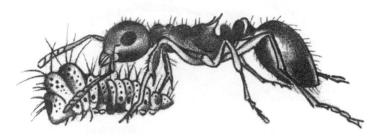

Ameise melkt die Larve eines Großen Bläulings

chenhaft schönen blauen Schmetterling, der seinen Weg durch die langen, unterirdischen Gänge macht, um die Sonne und die Außenwelt zu erreichen. Im Jahre 1905, nach zwanzigjähriger Forschung, gelang es F. W. Frohawk, dem Verfasser eines ausgezeichneten Buches über britische Schmetterlinge, das Geheimnis dieser erstaunlichen Partnerschaft zu enthüllen, die sowohl der Ameise wie auch der Larve gleich gut zustatten kommt.

Zahlreiche Larven und Puppen der Schmetterlinge und Nachtfalter leiden unter Angriffen parasitischer Insekten. In Großbritannien allein gibt es mehrere tausend Arten dieser Schmarotzer, deren Beziehung zu ihren Wirten eines der faszinierendsten Kapitel in der Biologie der Insekten darstellt. Sie sind alle Mitglieder von nur zwei Ordnungen, den Hautflüglern, *Hymenoptera*, zu denen Bienen, Wespen und Ameisen gehören, und den Zweiflüglern, *Diptera*, zu denen die echten zweiflügligen Fliegen gehören. Die Wirtstiere all dieser Insekten sind immer andere Insekten, die in jedem Wachstumsstadium, vom Ei bis zum voll ausgewachsenen Insekt, von Parasiten angegriffen werden können. Die charakteristischsten Parasiten der Hymenopteren sind die Ichneumonfliegen und ihre Verwandten. Diese hochentwickelten solitären Insekten besitzen einen außergewöhnlichen Instinkt beim Aufspüren ihrer Beute, und auf Grund ihrer zerstörerischen Tätigkeit sind sie sehr wertvolle natürliche Verbündete des Menschen. Sie halten in der Tat die Schwärme pflanzenfressender Insekten in erträglichen Grenzen. So durchbohrt, unter anderem, eine Schlupfwespe die Haut der Raupe des Großen Gabelschwanzes. Vergeblich richtet die an und für sich schon nicht vertrauenerweckend aussehende Raupe ihre Schwanzspitze hoch und spritzt einen übelriechenden Saft aus.

Die Schlupfwespe läßt sich durch diese Abwehrmanöver in keiner Weise stören und legt, mit Hilfe ihres spitzen Legebohrers, ihre Eier unter die Haut der unglückseligen Raupe. Die sich mit der Zeit entwickelnden Larven der Schlupfwespe verspeisen dann allmählich ihr Wirtstier bei lebendigem Leibe. Einen weiteren Beweis für die tödliche Tätigkeit dieser schlanktailligen Schmarotzerwespen stellt die in der Abbildung gezeigte Ichneumonfliege dar, die gerade im Begriff ist, der Puppe eines Schwalbenschwanzes zu entschlüpfen. Die grüne Larve des Schwalbenschwanzes wurde in ähnlicher Weise angestochen wie die des Großen Gabelschwanzes, und die Larve der Angreiferin entwickelte sich, gut versorgt, im Leibe des Opfers. Die

Ichneumonfliege deponiert Eier unter der Haut einer Raupe
des Großen Gabelschwanzes

Zerstörungen sind jedoch so gehalten, daß die Larve die Raupe erst zur Verpuppung gelangen läßt, ehe sie deren lebenswichtige Organe angreift und verspeist. Im Schutz der Hülle ihres vollkommen vernichteten Wirtes macht dann die parasitische Larve ihr eigenes Puppenstadium durch.

Diese drastische Form der Selbsterhaltung beweist erneut, daß das Leben des einen nur allzuoft den Tod für den anderen bedeutet.

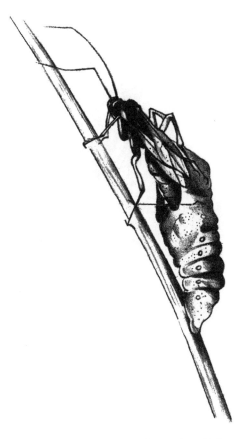

Ichneumonfliege schlüpft aus dem Kokon
eines Schwalbenschwanzes

Gottesanbeterin fängt Schwarze Witwe, eine der giftigsten Spinnen

# XII INSEKTEN MIT SONDERBAREN KÖRPERFORMEN UND LEBENSGEWOHNHEITEN

Die Welt der Insekten, in so unerbittlicher Weise mit unserer eigenen Welt verbunden, ist in ihren Lebensäußerungen voll Überraschungen und fremdartiger Schönheit. Mit Recht können diese Geschöpfe, die eine so unendliche Vielfalt an bizarren Formen und überaus sonderbaren Verhaltensweisen zeigen, den Anspruch auf eine viel längere Anwesenheit auf der Erde erheben als der Mensch. Während der Mensch nach den neuesten Berechnungen nicht eine Vergangenheit von einer Million Jahren, sondern angeblich nur von fünfzig- bis hunderttausend Jahren besitzt, erschienen die ersten Insekten bereits vor 290 Millionen Jahren, in der warmen Karbonzeit. Die damals vorherrschenden fliegenden Formen waren Libellen, von denen die gewaltige Meganeura eine Flügelspanne von über sechzig Zentimetern besaß.

Das Geschlecht der Insekten bildet heute den größten Bestand des Tierreiches. Unter den vielen »Persönlichkeiten« dieser langen Reihe haben die *Mantidae*, die betenden Insekten oder »Verkünder«, schon immer eine außergewöhnliche Aufmerksamkeit erweckt, sowohl durch ihre seltsame Erscheinung wie durch ihren in der ganzen Welt verbreiteten Ruf der Frömmigkeit und Weisheit, einen Ruf, den sie unverdientermaßen seit langen Zeiten genießen.

Fraglos hat die typische Ruhestellung dieser »Fangschrecken« den Anlaß zu dem Aberglauben gegeben. Die Mantis oder Gottesanbeterin stellt sich auf vier ihrer sechs Beine, hebt den langen, halsartigen Brustteil ihres Körpers, richtet ihre dunklen Augen gegen den Himmel und hält ihre zwei vorderen Gliedmaßen in einer bittenden Gebärde hoch. In dieser Position verharrt sie viele Stunden lang regungslos, und diese fromme Gebärde ist so eindrucksvoll, daß der Mantis die verschiedensten Gaben und Tugenden angedichtet wurden. Die Griechen der Antike glaubten, sie sei in Meditation über die Zukunft versunken, und legten ihr den Namen Mantis – Weissager – bei. Die Frommen des Mittelalters nahmen an, sie sei in Gebete vertieft, und bis auf den heutigen Tag ist die Mantis in vielen Teilen Südeuropas als »prie-dieu« und »prega diou« bekannt, eine Sinngebung, die auch ihr deutscher Name »Gottesanbeterin« zum Ausdruck bringt. Im Orient versichern Türken und Araber sogar, die Mantis wende beim »Beten« ihr Gesicht stets nach Mekka. Die modernen Naturforscher ließen sich jedoch von der andächtigen Gebärde der insektenfressenden Gottesanbeterin nicht beeindrucken und enthüllten den wahren Charakter der Mantis als eines der blutdürstigsten Insekten der Welt. Wegen ihrer vorgeschichtlich wirkenden Gestalt bezeichnet man sie jetzt mitunter als »Dinosaurier des Gartens«.

Die Mantis, die den Anschein erweckt, in tiefe Betrachtung versunken zu sein, ist in Wirklichkeit eifrig damit beschäftigt, Umschau nach verzehrbaren Opfern zu halten. Sobald ein ahnungsloses Insekt sich in ihrer Nähe niederläßt, schleicht sie sich heran, setzt die großen mit Stachelzähnen bewehrten Fangarme in Bewegung und schließt sie blitzartig, wie eine Stahlfalle, über ihr Opfer. Ein Entrinnen ist nicht mehr möglich, und die Beute wird gemächlich zum Mund geführt und verspeist. Nach kurzer Zeit aber nimmt die Mantis mit geöffneter Falle wieder ihre frühere Stellung ein und wartet gierig, doch geduldig, auf das nächste Opfer. Nachdem sie schließlich ihren enormen Appetit befriedigt hat, wäscht sie ihr Gesicht wie ein Kätzchen; empfindet sie Durst, so beugt sie sich nieder und trinkt Wasser in gleicher Haltung wie ein Pferd. Die Mantis ist sogar fähig, ihren Kopf beliebig nach allen Richtungen zu drehen und wie ein Mensch über die Schulter zu blicken.

Während eine Mantis niemals Menschen oder Vieh angreift und sich ausschließlich von Insekten nährt, besitzt sie nichtsdestoweniger ungeheuren Mut, und einige tropische Arten sollen nicht davor zurückschrecken, kleine Vögel und Frösche anzugreifen. Das ungewöhnlichste Ereignis in dem Leben dieser Insekten ist jedoch ohne Zweifel das kannibalische Fest am

Ende der Paarung, die nicht öfter als ein einziges Mal stattfindet, da die Mantis nur einen Sommer lang lebt. Das größere und schwerere Weibchen packt ihr schlankes Männchen und frißt es nach und nach, mit Ausnahme der harten Beine und unverdaulichen Flügel, vollständig auf. Dieser »crime passionel« ist des öfteren beobachtet worden, und der berühmte französische Biologe J. Henri Fabre berichtet von einer weiblichen Mantis, die ihren Liebhaber bereits zu verzehren begann, während beide noch im Akt der Paarung begriffen waren. Zwei Entomologen, Aoki und Tateishi, die mit einer großen, in Japan verbrei-

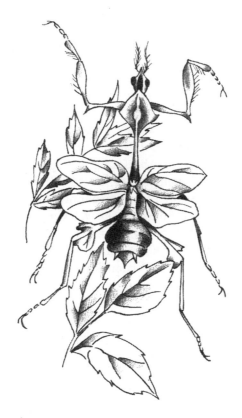

Teufelsblume in Pose

teten Mantisart experimentierten, führten diese Beobachtung noch einen Schritt weiter. Sie entdeckten, daß die »Enthauptung« die sexuelle Reaktion des Männchens steigert, und daß dieses großzügige Opfer in keiner Weise die Ausübung seiner Funktion unterbricht. Andere Versuche ergaben, daß dieser so ungewöhnliche Liebhaber, zehn Stunden nachdem er seinen »Kopf« verlor, bei Berührung noch immer seine Beine bewegte und seine Flügel hob.

Man schätzt, daß vielleicht einige sechshundert verschiedene Arten von Mantiden über die wärmeren Teile der Erde verbreitet sind; ihre Größe schwankt zwischen zweieinhalb und fünfzehn Zentimetern. Im allgemeinen ist ihre Farbe zartgrün, um sich dem Laub anzupassen, doch besitzen viele Arten buntgefärbte Unterflügel, die aber von den blattähnlichen Vorderflügeln überdeckt werden, sobald diese Insekten eine Ruhestellung einnehmen. Andere Arten weisen außer den blattähnlichen Vorderflügeln noch blätterähnliche Erweiterungen an ihren Beinen auf, und wieder andere gleichen in Farbe und Form so sehr den Blumen, daß selbst Schmetterlinge sich täuschen lassen. Die in der Abbildung gezeigte Mantis, die Teufelsblume, *Gongylus gongyloides*, aus Südindien, stimmt zum Beispiel vollkommen in ihrer Farbenpracht mit der von ihr nachgeahmten Blume überein. Die Wirkung wird noch durch die Größe und den allgemeinen Umriß dieses Insekts verstärkt, sowie durch seine Gewohnheit, sich nur auf Pflanzen niederzulassen, die seiner eigenen Farbenskala entsprechen. Nachdem ein passender Ruheplatz gefunden ist, erwartet es, völlig unsichtbar, sein ahnungsloses Opfer.

Die Stabschrecken, *Phasmidae*, besitzen einen von den fleischfressenden Fangschrecken völlig verschiedenen Charakter, obwohl sie, was die Abenteuerlichkeit der Erscheinung betrifft, die letzteren noch übertreffen. Diese harmlosen und schwachen Geschöpfe haben, um die Aufmerksamkeit von sich abzulenken, absonderliche Formen entwickelt. Während einige von ihnen wie kahle Äste oder grobe braune Stäbe aussehen, ähneln andere wiederum zarten grünen Pflanzenstielen. Wie seltsam ihre Gestalt sich aber auch ausnehmen mag, sie ist stets in Farbe und Form der Umgebung angepaßt, in der diese Insekten leben, und ihre langsame Art der Fortbewegung sorgt dafür, daß diese Illusion sehr selten zerstört wird. Ausschließlich zwischen den Zweigen lebend, kommen die meisten Stab-

Die Form der Stabschrecke ist vollkommen ihrer Umgebung angepaßt

schrecken niemals zur Erde und lassen selbst ihre Eier, die wie Pflanzensamen aussehen, herunterfallen; diese springen dann von Blatt zu Blatt, bis sie schließlich auf dem Boden landen. Aus jedem der mit einem eigenen Deckel versehenen zahlreichen Eier schlüpft eine neue Stabschrecke aus.

Stabschrecken sind pflanzenfressende Insekten von unterschiedlicher Größe. Ihre Länge schwankt zwischen fünf und fünfundzwanzig Zentimetern, einige tropische Arten werden sogar noch länger. Viele Arten sind flügellos, andere hingegen besitzen zarte, schön gefärbte Flügel, die aber, wenn die Insekten ruhen, unsichtbar sind. Die vollkommenste Deckung wird von einer bestimmten Art erzielt, deren Auswüchse an den Beinen und dem Körper den von Raupen angefressenen Blättern gleichen.

Eine weitere Eigentümlichkeit der Phasmiden ist die Fähigkeit, abgebrochene oder beschädigte Gliedmaßen zu ersetzen, wenn auch merkwürdigerweise der Verlust eines Beines manchmal durch einen neuen Fühler ausgeglichen wird und umgekehrt. Eine Beschreibung dieser sonderbaren Insekten wäre unvollständig, ohne die Tatsache zu erwähnen, daß manche Arten nur ganz selten ein männliches Insekt aufweisen, und viele Generationen daher nur aus Weibchen bestehen. Bei zwei Arten der südeuropäischen Stabschrecken sind männliche Insekten fast unbekannt, und eine indische Art wurde seit fünfundzwanzig Jahren gezüchtet, ohne bisher ein einziges Männchen zu erzeugen.

Im Gegensatz zu den scheuen Phasmiden versuchen viele andere wehrlose Insekten, ihre Feinde durch einen »Bluff« abzuschrecken. Die grotesk aussehenden Laternenträger des tropischen Südamerika sind mit einer vorstehenden aufgeblasenen Schnauze versehen. Unter der Lupe sieht man, daß dieser unproportionierte große, hohle und maskenartige Auswuchs kunstvoll gemustert ist und beinahe wie der furchterweckende Kopf eines Alligators wirkt. Trotzdem ist es wohl ziemlich zweifelhaft, ob irgendwelche Feinde des Insekts sich durch diese Ähnlichkeit abschrecken lassen, da selbst ein achtzehn Zentimeter langes Exemplar, das für seine Art groß ist, wohl kaum mit einem Alligator verwechselt werden kann. Man glaubte eine Zeitlang, daß der riesige mißgestaltete Kopf in der Dunkelheit wie eine Laterne leuchte, doch wurde diese von Maria Sibylla Merian im Jahre 1705 in Surinam gemachte Beobachtung nie bestätigt.

Insekten zeichnen sich nicht nur mehr als andere Tiere durch ein merkwürdiges »Make-up« aus, sondern ihr Verhalten weist ebenfalls höchst ungewöhnliche Formen auf. In den östlichen Regionen der Vereinigten Staaten lebt eine Zikade, die siebzehn Jahre als Larve unter der Erde zubringt, ehe sie als voll entwickelte Zikade zum Vorschein kommt. Kein anderes Insekt hat einen Lebenszyklus dieser Länge, und an dem Tage, an dem die Zikade als fertiges Insekt auf der Erde erscheint, ist sie bereits eine Art Methusalem. Trotz dieser langen Wartezeit ist ihr »erwachsenes« Dasein kurz, und sie stirbt nach wenigen Wochen.

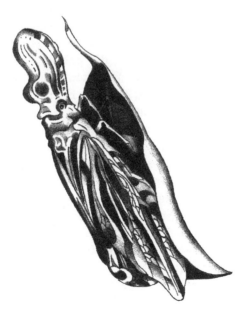

Laternaria Phosphora

Unter den fünfzehnhundert wissenschaftlich registrierten Zikadenarten ist *Tibicina septendecim* fraglos die wunderlichste. Sie ist allgemein unter dem Namen »Siebzehnjährige Zikade« bekannt. Die Weibchen schlitzen mit ihren starken Legebohrern einen Spalt in dünne Zweige, in den sie dann ihre Eier legen. Bald darauf kommen winzige blasse Larven hervor, die zu Boden fallen und sich sofort in die Erde einbohren. Während das Leben auf der Erde großen und raschen Wechseln unterliegt, hausen die langsam wachsenden Zikaden über zweihundert Monate metertief im Erdreich, bis sie an einem warmen, strahlenden Sommertag plötzlich ihre dunklen Gänge verlassen und zu den Bäumen emporklettern. Hier häuten sie sich, trocknen ihre Flügel und steigen als ausgewachsene Insekten mit roten Flügeladern und orangefarbenen Augen in die blauen Lüfte.

Gleichzeitig mit diesem verblüffenden Ereignis beginnen die mit Trommelhäuten an den Flügelansätzen versehenen Männchen ihre schrillen, klagenden Töne anzustimmen, und bald darauf findet die Paarung statt. Nachdem jedes Weibchen etwa fünfhundert bis sechshundert Eier gelegt hat, ist das eigentliche Ziel der langen Entwicklung erreicht, die heitere Zeit der Sonne, Liebe und Musik findet ihr Ende und damit auch das Leben der erwachsenen Siebzehnjährigen Zikaden. Erschöpft fallen sie zur Erde, die sie erst vor kurzer Zeit verließen, und sterben.

Die südamerikanische Zirpe Diactor hat fraglos einen weniger interessanten Lebenszyklus als die Siebzehnjährige Zikade. Sie ist aber nichtsdestoweniger durch die auffallenden blattartigen Erweiterungen an ihren langen Beinen höchst bemerkenswert. Diese Verzierungen sind rötlichbraun mit gelben Punkten und ähneln in ihrer Buntheit den Pflanzen, auf denen diese Zirpen leben. Weiterhin ist der Körper dieses dekorativen Insekts grün, und die Beine leuchten in einem Orangerot.

Der Einfluß der Insektentätigkeit auf das menschliche Schicksal ist ungeheuer groß und folgenschwer. Unter den Insekten, die mehr als irgendein anderer Überträger den Tod verursachen, stehen die Fiebermücken an erster Stelle. Sie verbreiten

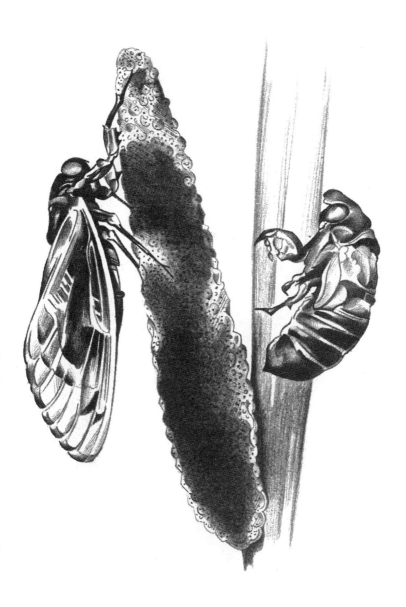

Siebzehnjährige Zikade häutet sich

Malaria, Schwarzwasserfieber, Gelbes Fieber und Elephantiasis. Die Lebensgeschichte dieser Stechmücken besteht wie die vieler anderer Insekten aus vier Stadien: dem Ei, der Larve, der Puppe und dem fertigen Insekt. Die Eiablage findet gewöhnlich an der Oberfläche eines stillen Gewässers statt. Das Larvenstadium wird im Wasser verbracht, und die Larve verwandelt sich nach dreimaliger Häutung in eine Puppe. Zwei bis drei Tage später liegt die Puppe auf dem Wasser, die Haut bricht längs des Rückens auf, und die heimtückische Stechmücke schlüpft aus.

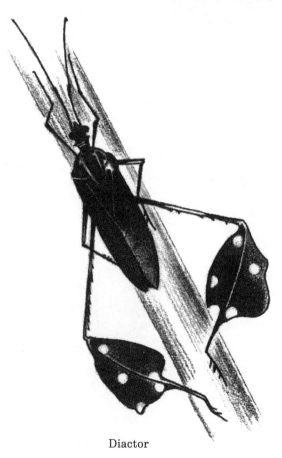

Diactor

Unter den Stechmücken, die Malaria übertragen, befinden sich die Arten der Gattung *Anopheles*, von denen nicht weniger als hundertundfünfzig bekannt sind. Sie beschränken sich keineswegs nur auf die tropischen Gebiete, sondern die Krankheit tritt in klimatisch gemäßigten sowohl wie in tropischen und subtropischen Zonen auf. Kiplings Ausspruch: »Das Weibchen dieser Gattung ist tödlicher als das Männchen« trifft bestimmt auf die Anopheles-Mücken zu. Bei einbrechender Dunkelheit und bei Nacht üben diese gefährlichen Insekten-Damen ihr tödliches Gewerbe aus, menschliche Wesen zu stechen, und nähern sich dabei ihren Opfern mit aggressivem Surren. Sollte eines dieser Opfer mit Malaria infiziert sein, so dringen die Krankheitserreger mit dem aufgesaugten Blut in das Insekt ein und enden schließlich in den Speicheldrüsen. Sticht nun nach dieser Entwicklung die gleiche Anopheles-Mücke einen gesunden Menschen, so kann die Krankheit auf ihn übertragen werden und wird es in den meisten Fällen auch mit ziemlicher Sicherheit. Erst im Jahre 1897 machte Sir Donald Ross die wichtige Entdeckung, daß die Anopheles-Mücken für die Übertragung der Malaria-Erreger von Mensch zu Mensch verantwortlich sind. Von diesem Augenblick an erklärte man den Insekten den Krieg. Zu den vielen Methoden, die gefürchteten Malaria-Mücken in ihren Brutplätzen zu zerstören, zählt die Vergiftung des Wassers mit Öl und die Einführung von natürlichen Feinden der Insekten, wie bestimmten Fischen oder insektenfressenden Pflanzen. Eines der neuesten Mittel im Abwehrkampf gegen die Malaria ist D.D.T., das von Flugzeugen aus zerstäubt wird und ganze Landstriche sowohl von den voll entwickelten Insekten wie von ihren Larven befreit.

Die durch Stechmücken verbreitete Malaria spielte eine große Rolle in der Geschichte der Menschheit. Die Krankheit zerstörte die antiken griechischen und römischen Zivilisationen und war vor nicht so weit zurückliegender Zeit der Grund tragischer Verluste an Menschenleben während des französischen Versuches, den Panamakanal zu bauen. Malaria ist noch immer die schlimmste aller menschlichen Plagen; sie tötet nicht nur jährlich etwa drei Millionen Menschen, sondern darüber hinaus werden jedes Jahr, in einer breiten äquatorialen Zone rund um die Erde, etwa dreihundert Millionen neue Opfer infiziert.

Es ist nicht schwer, eine krankheitübertragende Anopheles von einer gewöhnlichen lästigen Stechmücke zu unterscheiden. Beide setzen sich zum Ausruhen auf die vorderen Beinpaare und halten die langen Hinterbeine frei nach hinten ausgestreckt. Die Anopheles-Mücke senkt aber den Kopf und hält den Körper in einer geraden Linie, während die harmlose Stechmücke ihren Leib krümmt. Selbstverständlich darf man nicht die Folgerung ziehen, jede einzelne Anopheles-Mücke sei gefährlich, da viele gar nicht infiziert sind. Es besteht aber anderseits nicht der geringste Zweifel, daß die Anopheles-Mücke am harmlosesten ist, wenn sie tot ist.

Wie seltsam oder ungewöhnlich Aussehen und Haltung eines Insekts auch sein mögen, man findet gewöhnlich, daß diese Eigenarten in einer direkten Verbindung mit seiner Lebensweise stehen. Manchmal weisen jedoch Geschöpfe der verschiedensten Art ein und dieselbe Struktur auf, die aber vollkommen entgegengesetzten Zwecken dient. Eine solche Ähnlichkeit in Körperform und Haltung besteht zwischen der sechsbeinigen Skorpionfliege, einem Insekt, und dem achtbeinigen Skorpion, einem Verwandten der Spinnen, die beide auf der Abbildung auf Seite 235 dargestellt sind.

Die gewöhnliche Skorpionfliege, *Panorpa communis*, ist ein fleischfressendes Insekt mit vier langen transparenten Flügeln. Der Kopf endet in einem nach unten geneigten starken Schnabel. Das typische Merkmal ist aber die Gepflogenheit des Männchens, sein verdicktes rostbraunes Hinterende drohend aufzurichten, ähnlich der Schwanzhaltung des Skorpions. Während jedoch der Skorpion einen Giftstachel besitzt, endet der emporgehobene Hinterleib der Skorpionfliege in ein stacheloses männliches Geschlechtsorgan. Trotz dieser »Imponier-

Stellung« ist das Männchen der Skorpionfliege keineswegs vor den kannibalischen Gelüsten des Weibchens sicher und trifft daher sehr sorgfältige Vorsichtsmaßnahmen. Zur Besänftigung bietet er ein Hochzeitsgeschenk in Form kleiner Speichelperlen an, die er auf Blätter spuckt. Die Braut nimmt diese Festspeise großmütig entgegen, und während sie mit ihrer Mahlzeit beschäftigt ist, findet die Paarung statt. Einer Hypothese nach

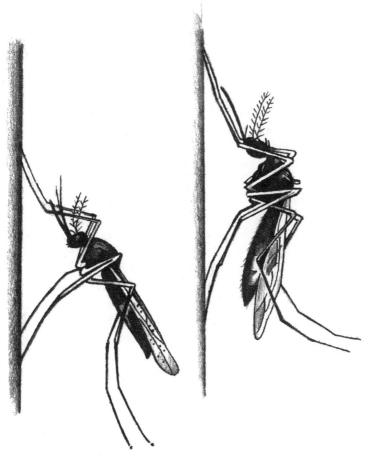

Anopheles-Mücke und Stechmücke

soll die auf diese Weise gefütterte weibliche Skorpionfliege eine wesentlich geringere Neigung zeigen, ihren Partner nach der Paarung zu verzehren.

Skorpione sind alte entfernte Verwandte der Insekten. Im Laufe der langen Erdgeschichte bewahrten sie eine Ähnlichkeit mit den urtümlichen aquatischen Formen ihrer Ahnen, die vor vierhundert Millionen Jahren, als die Lebewesen noch nicht auf das Festland vorgedrungen waren, ihre Herrschaft ausübten. In der heutigen Welt genießen Skorpione seit langem den Ruf, gefährlich und giftig zu sein; sie verdanken ihn dem Umstand, daß sie sich mit großer Geschwindigkeit vorwärts bewegen können, daß sie mächtige armartige, in Scheren endende Kiefertaster besitzen und außerdem noch am Ende des Schwanzes mit einem scharfen Stachel bewaffnet sind, der mit einer Giftdrüse in Verbindung steht. Dieser Stachel, der jedoch nur zur Selbstverteidigung benützt wird oder wenn eine Beute oder ein Feind Widerstand leistet, schnellt mit dem Schwanz über den Kopf hinweg nach vorn und sticht das mit den Kiefertastern festgehaltene Opfer.

Sämtliche dreihundert bekannte Skorpionarten sind in heißen und tropischen Ländern heimisch, und die Tatsache, daß sie lediglich Feuchtigkeit benötigen, aber niemals Wasser trinken, befähigt sie, sich den Lebensbedingungen dieser Länder aufs beste anzupassen. Einige Riesen erreichen eine Länge von zwanzig Zentimetern, dennoch sind nur wenige Skorpione dem Menschen gefährlich, und viele Arten sind völlig harmlos. Sie ernähren sich alle von Insekten, Spinnen und Asseln. Ihr Leben ist ziemlich einfach. In der Erscheinung ist das Männchen schlanker, und sein Schwanz ist länger als der des Weibchens. Das Liebesspiel besteht aus einer Art Tanz mit ineinandergehakten Kiefertastern und erhobenen Schwänzen, und nachdem die Paarung stattgefunden hat, wird das Männchen nicht selten von dem Weibchen verzehrt. Aristoteles entdeckte bereits, daß die jungen Skorpione lebend geboren werden, und sie unterscheiden sich tatsächlich vom ersten Augenblick an von ihren

Eltern nur durch ihre schneeweiße Farbe, ihr Format und einige unbedeutende Einzelheiten. Nach der Geburt klettern die Jungen sofort auf den Rücken der Mutter und werden von ihr umhergetragen, bis die erste Häutung stattgefunden hat.

Obgleich Skorpione furchterweckende Tiere sind und wenig Feinde besitzen, die den Mut haben, sie anzugreifen, ist ihr Verhalten eher schüchtern als kämpferisch. Die Feindschaft, die sie erstaunlicherweise ihrer eigenen Art entgegenbringen, bestätigt den alten Ausspruch, daß zwei Skorpione nur dann beisammen sind, wenn sie sich paaren oder wenn einer den anderen auffrißt. Am Tage unter Steinen versteckt, meiden diese Einsamen das sie preisgebende Sonnenlicht; ihnen gehört die Nacht, die Stille und das gestirnte Firmament.

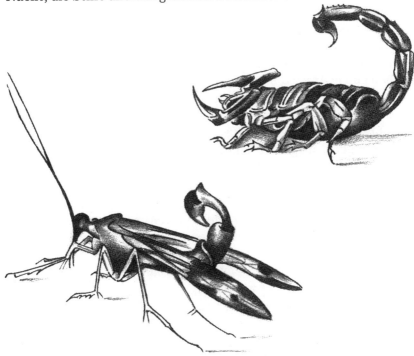

Skorpion und Skorpionfliege. Ähnlichkeit der Form und Haltung

## XIII VÖGEL, DIE NICHT FLIEGEN KÖNNEN

Auf Grund wissenschaftlicher Beweise sind die Vögel aus dem Reptilienstamm hervorgegangen. In ganz frühen Stadien der Entwicklung besaßen sie wahrscheinlich nicht die Fähigkeit zu fliegen, wie sie es heute tun, dennoch waren diese Vorfahren der heutigen Vögel durch die Macht der Umstände und durch erdgebundene Feinde gezwungen, in den Bäumen Zuflucht zu suchen. Auf der Suche nach Nahrung von Zweig zu Zweig hüpfend, erlangten sie dann wohl allmählich eine immer größere Gewandtheit, sich oberhalb der Erde zu bewegen und sich der Aufmerksamkeit feindlicher Tiere zu entziehen.

Eine solche Lebensweise mußte nach Generationen dazu führen, bestimmte Körperteile, die sich dieser neuen Existenz anpaßten, zu entwickeln, bis aus Hüpfen Gleiten und schließlich Fliegen wurde. Es ist wahrscheinlich, daß zu einem gewissen Zeitpunkt alle Vögel fliegen konnten. Nichtsdestoweniger haben einige Arten diese Fähigkeit verloren; der Grund dafür war vielleicht ihre Größe und Stärke oder eine an das Wasser gebundene Lebensform oder aber, daß sie auf einer Insel ohne Feinde lebten. Viele dieser Arten sind hauptsächlich infolge der Flugunfähigkeit ausgestorben, da, vermutlich durch das Auftreten des sie verfolgenden Menschen, ein Entkommen, ohne zu fliegen, nicht mehr möglich war. Das Unvermögen, sich erneut einer veränderten Lebensbedingung anzupassen, verurteilte sie zum Untergang. Die Geschichte der Natur setzt sich aus vielen solchen und ähnlichen Tragödien zusammen.

Zu diesen unglücklichen Geschöpfen zählt der Dodo, *Didus ineptus*, ein Vogel, der im siebzehnten Jahrhundert auf der Insel Mauritius ausgerottet wurde.

Der Dodo fand auf seiner Insel reichliche Nahrung, besaß keine Feinde und hatte somit keinen Grund zu fliegen. Jeder Teil des Körpers, der eine gewisse Zeit außer Funktion gesetzt wird, atrophiert und neigt, im Laufe vieler Generationen, zu einem gänzlichen Verschwinden. Im Falle des Dodo entwickelte

sich der Mangel an Fluglust allmählich zu einer völligen Flugunfähigkeit.

Sehr lange Zeit lebte der Dodo ungestört auf Mauritius; aber
die Lebensbedingungen änderten sich, und ein neuer Feind erschien in der Gestalt des Menschen, ein Feind, dem er nicht
durch Fliegen entgehen konnte. Infolgedessen verfolgte man
ihn, bis er schließlich ausstarb, nur hundert Jahre nachdem ein
paar holländische Seefahrer ihn zuerst entdeckten. Dem tragi-
schen Schicksal dieses originellen Vogels wurde in dem englischen Sprichwort »as dead as a Dodo« und in Hilaire Bellocs
Versen ein kleines Denkmal gesetzt.

Der Dodo mit vergnügtem Sinn
in Luft und Sonne ging umher,
in seiner Heimat brennt die Sonne weiterhin,
doch gibt es keinen Dodo mehr.

Dodo

Der Stimme Quaken, und Gequiek
ist nun auf ewig stumm,
doch kann man sehn, was von ihm übrigblieb:
Schnabel und Knochen – im Mu-se-um.

Ein anderer flugunfähiger, heute gänzlich ausgerotteter Vogel
ist der Riesenalk, *Alca impennis*. Noch im Anfang des neunzehnten Jahrhunderts lebte dieser wunderbare Vogel an den Küsten
von Island und Neufundland und war auch in den britischen und
skandinavischen Gewässern nicht unbekannt. Die Riesenalke
wurden seinerzeit von den Seefahrern um ihres Fleisches und
ihrer kostbaren Federn halber abgeschlachtet und gelegentlich
sogar als Brennmaterial benützt. Heute stehen sowohl die aus-
gestopften Vögel als auch ihre Eier als Raritäten hoch im Kurs
und erzielen phantastische Preise. Ein paar dieser Vögel befinden sich in den Museen, und sechs Eier wurden auf einer Auk-
tion in London zu einem Preis von nicht weniger als 125 bis fast
400 Pfund Sterling pro Stück versteigert. Ein merkantiles Epi-
taph für die Opfer menschlicher Gedankenlosigkeit.

Der Riesenalk ähnelte vermutlich in Aussehen und Gepflo-
genheiten dem Pinguin, wenn es auch zweifelhaft ist, ob er diesem an Geschwindigkeit im Wasser gleichkam. Die verschiedenen Arten der Pinguine bewohnen die südliche Halbkugel,
besonders aber die antarktischen Polargegenden. Im Gegensatz zu der weitverbreiteten allgemeinen Vorstellung lebt kein
Pinguin in den Regionen des Nordpols. Die Pinguine des südlichen Eismeers sind die größten, und seltsamerweise verklei-
nern sich ihre Arten, je weiter nördlich sie leben, bis man die
kleinsten schließlich unter tropischen Verhältnissen auf den
Galapagos-Inseln antrifft.

Der Kaiserpinguin ist unstreitig der schönste und stolzeste
der Pinguine und erreicht mitunter eine Höhe von über einen
Meter und zwanzig Zentimetern. Er lebt auf dem Packeis in der
Nähe des Südpols und beginnt merkwürdigerweise im kälte-
sten Winter sein Ei – er legt nur eins – auszubrüten. Bei einer

Außentemperatur von minus 55 Grad kann dieser Vogel seine Körpertemperatur auf etwa 40 Grad halten. Dr. A. E. Wilson, der Scotts tragisches Schicksal auf der Rückfahrt vom Südpol teilte, berichtete, wie viele der jungen Pinguine aus Zuneigung getötet werden, weil eine große Anzahl steriler Vögel aus Eifer, die Rolle von Pflegeeltern zu übernehmen, herbeieilt und dabei ein Getümmel wie bei einem Fußballspiel entsteht, in dem das unselige Kücken den Ball darstellt.

Nur zwei oder drei Kaiserpinguine gelangten bisher in Gefangenschaft nach Europa, aber im Zoologischen Garten von Washington hielt Dr. Mann einige Exemplare mehrere Monate in einer besonders konstruierten Kühlanlage am Leben.

Anderseits sieht man den sehr ähnlichen Königspinguin, *Aptenodytes patagonica*, ziemlich häufig in zoologischen Gärten, und er ist sogar des öfteren in Gefangenschaft gezüchtet worden.

Fossile Knochen eines offenbar über eineinhalb Meter hohen Pinguins wurden in Neuseeland gefunden. Der Königspinguin,

Riesenalk

der zu der zweitgrößten lebenden Pinguinart gehört, erreicht nur eine Höhe von höchstens einem Meter und wiegt etwa achtzehn Kilo.

Die Pinguine verbringen den größeren Teil ihres Lebens im Meer und kommen nur zum Brüten und Mausern ans Land. Im Wasser schießen sie mit blitzartiger Geschwindigkeit dahin, indem sie ihre flossenähnlichen Flügel als Ruder benützen und ihre Füße eng an den Körper pressen; man kann fast sagen, daß sie unter Wasser fliegen. Beim Schwimmen sind ihre Augen durch ein drittes, transparentes Lid, die Nickhaut, gesichert.

Königspinguine leben auf den Inseln des südlichen Eismeers, wo der Winter fast das ganze Jahr hindurch herrscht. Sie sind aber durch die wie Schuppen eng anliegenden Deckfedern gut geschützt, so daß das Wasser die unteren wärmenden Daunen nicht gefährden kann.

Äußerlich gleichen sich die Geschlechter, und es ist außerordentlich schwer, einen männlichen Königspinguin von einem weiblichen zu unterscheiden. Die Königspinguine bauen keine Nester, und die Weibchen legen nur ein Ei, dessen Inkubation ungefähr fünfzig Tage dauert. Männchen und Weibchen brüten abwechselnd, indem sie aufrecht stehend das Ei auf den gut gepolsterten, mit vollständigen Schwimmhäuten versehenen Füßen tragen und mit einer Falte der Bauchhaut – einer Art Tasche – warm halten. Während des Ausbrütens bewegt sich der Pinguin gewöhnlich nicht. Er kann jedoch eine beträchtliche Entfernung mit vorsichtigen Bewegungen zurücklegen, wobei das Ei auf seinen Füßen, ohne Schaden zu nehmen, in der gleichen Stellung liegenbleibt. Wenn das Ei von einem Vogel auf den anderen übertragen wird, geschieht dies, ohne daß es den Boden berührt.

Das gerade aus dem Ei geschlüpfte Kücken des Königspinguins ist fast nackt, mit Ausnahme eines spärlichen weißen Flaums am Kopf. Innerhalb weniger Tage bedeckt sich der Körper jedoch mit einem bräunlichen Pinseldaunenkleid, das wie ein schlecht sitzender Pelzmantel wirkt. Der junge Vogel wird

Oben: Balzen der Adelie-Pinguine
Mitte: Baby-Königspinguin
Unten: Königspinguine streiten sich um das Ei

durch Hervorwürgen ernährt und zwängt seinen Kopf in den Schnabel seines Vaters oder seiner Mutter, bis er die Kehle erreicht, wo die Nahrung übertragen wird. Diese Form der Fütterung währt etwa sechs Monate, bis das Kücken einen erstaunlichen Umfang erreicht hat und beinahe größer als seine Eltern aussieht. In diesem Stadium macht es seine erste Mauserung durch, nach der es fast nicht mehr von den ausgewachsenen Vögeln zu unterscheiden ist. Jetzt wagt es sich ins Wasser, wo es selbst seine Nahrung fischen muß, und lernt, ein unabhängiges Leben zu führen.

Der Adelie-Pinguin, *Pygoscelis adeliae*, ist ebenfalls im südlichen Eismeer heimisch, erreicht aber nur ungefähr die halbe Größe des Königspinguins. Während der Paarungszeit zeigen diese Pinguine ein sehr auffälliges Verhalten; das Männchen macht dem Weibchen seiner Wahl eine formelle Liebeserklärung, indem es sich vor sie hinstellt und ihr einen Stein anbietet. Nimmt sie diesen an, so bauen beide sofort ihr Nest, das aus einer Anhäufung von Steinen besteht, und beginnen eine Familie zu gründen. Wird das Männchen aber abgewiesen, so kauert es sich bescheiden mit geschlossenen Augen auf den Boden und läßt sich von dem ärgerlichen Weibchen behacken, bis sie Zeichen der Ermüdung zeigt. Dann nähert er sich erneut und stößt, um sie zu beruhigen, sanfte Töne aus, in der Hoffnung, das zweite Mal vielleicht eher vom Glück begünstigt zu sein.

Genug über Pinguine.

Andere flugunfähige Vögel sind die Flachbrustvögel, die im allgemeinen in den Ländern der südlichen Hemisphäre leben, wenn auch echte Strauße gelegentlich nördlich des Äquators vorkommen. Zu den Flachbrustvögeln gehören die afrikanischen Strauße, *Struthioniformes*, die Nandus oder südamerikanischen Strauße, *Rheidae*, sowie die australischen Emus, *Dromeidae*, und die Kasuare, *Casuariidae*. All diese Vögel besitzen außerordentlich kleine Flügel und weiche Federn, die im Gegensatz zu den Federn der Flugvögel keine steifen Kiele haben. Die Beine und Füße, die sowohl zum Laufen wie zur Abwehr dienen, sind ungemein kräftig entwickelt. Sämtliche Arten legen große Eier, die in der Mehrzahl der Fälle von den Männchen ausgebrütet werden. Die Kücken sind gewöhnlich gestreift, und diese die Körperform auflösenden Streifen machen sie in dem hohen Steppengras für ihre Feinde fast unsichtbar.

Afrikanischer Strauß

Der größte dieser flügellosen Laufvögel ist der nordafrikanische Strauß, der überhaupt der größte aller heute lebenden Vögel ist. Ein voll ausgewachsener Hahn erreicht eine Höhe von etwa zweieinhalb Metern und wiegt manchmal über hundertfünfzig Kilo. Sein Gefieder ist kohlschwarz, und die langen Flügel- und Schwanzfedern sind blendend weiß, während die kleinere Henne nur ein mattes Graubraun zeigt. Die sehr großen, mit dicken gelblichen Schalen versehenen Eier gelten als Delikatesse. Ein solches Ei, das fast drei Pfund wiegt, braucht vierzig Minuten, bis es hart gekocht ist. Es genügt, um eine Omelette für zwölf bis vierzehn Personen zu bereiten.

Strauße treten gewöhnlich in kleinen Gruppen auf, die aus einem Hahn und drei oder vier Hennen bestehen; alle Hennen legen ihre Eier in ein gemeinsames Nest. Dieses Nest ist eine einfache Vertiefung im Sand, auf dem die Henne am Tag und der Hahn in der Nacht brütet. Das Gefieder der Tiere stellt ein interessantes Beispiel der Schutzfärbung dar, da das Graubraun der Henne sich bei Tag und das Schwarz des Hahnes sich bei Nacht der Umgebung angleichen. Das sprichwörtliche »den Kopf in den Sand stecken« entstand durch die Gewohnheit des Straußes, seinen Hals flach auf dem Boden auszustrecken, um sich, während er auf den Eiern sitzt, möglichst unauffällig zu machen. Diese Vorsichtsmaßnahme konnte jedoch nicht verhindern, daß der Hahn, seiner dekorativen Schwanzfedern halber, energisch verfolgt wurde. Schon die alten Ägypter pflegten die lang wallenden Straußfedern als ein Zeichen der Gerechtigkeit zu tragen, und sie waren noch bis vor wenigen Jahren ein sehr gesuchter Modeartikel, besonders für Fächer. Straußenfarmen, auf denen man den südafrikanischen Strauß züchtete und ihn alle acht Monate seiner Federn beraubte, florierten, bis der Wechsel in der Mode ihre Zahl verminderte und damit vielen Vögeln die Möglichkeit gab, in ihre Freiheit zurückzukehren.

Der Strauß besitzt außer dem Menschen noch viele andere Feinde wie den Löwen, den Geparden und die Hyäne, von denen die letztere eine ausgesprochene Vorliebe für seine Eier hat. Infolgedessen ist der Vogel ungeheuer wachsam; ein gut ausgeprägtes Gehör und eine erstaunliche Sehkraft helfen ihm, beizeiten nahende Gefahren in der Wüste und in der offenen Steppe zu erkennen, Gelände, die gewöhnlich von Straußen bewohnt werden. Ein Strauß ist fähig, mit einer Geschwindigkeit von vierzig Stundenkilometern zu laufen, und die allmähliche Vervollkommnung seiner Laufkraft hat zu einer Veränderung in der Struktur seiner Füße geführt. Afrikanische Strauße sind in dieser Hinsicht besonders spezialisiert, da sie nur zwei Zehen besitzen, eine große und eine zweite viel kleinere. Die Unterseiten dieser Zehen sind gepolstert und elastisch wie bei den Kamelen. Die Energie, die Flugvögel beim Fliegen verbrauchen, ist im Fall des Straußes auf seinen Lauf konzentriert; seine kräftigen Beine vermögen außerdem einen mächtigen nach vorn ge-

Rhea oder Südamerikanischer Strauß

richteten Tritt zu versetzen, der in seiner Wirkung dem sprich-
wörtlichen Ausschlagen des Maulesels vergleichbar ist.

Der Nandu erreicht nur die halbe Größe des afrikanischen
Straußes. Er trägt drei Zehen an seinen Füßen und benutzt die
an und für sich noch ziemlich entwickelten, wenn auch flug-
unfähigen Flügel als eine Art Segel vor dem Wind, was zur Be-
schleunigung seines Laufes beiträgt. Nandus bewohnen ausschließlich die Steppen Südamerikas und leben von Gras und
anderen Pflanzen. Seltsamerweise genießen sie den Ruf, gute
Schwimmer zu sein.

Emus und Kasuare sind langhalsige Vögel mit drei Zehen,
verkümmerten Flügeln und keinem Schwanz. Sie leben nur in
den Ebenen und offenen, bewaldeten Geländen des australischen Festlands. Ihre Ausdauer im Laufen ist groß, und sie verteidigen sich mit gewaltigen, rückwärts und seitwärts gerichteten Tritten.

Emu mit Jungen

Die Kasuare würden fraglos jede Schönheitskonkurrenz für Laufvögel gewinnen, da das glänzende schwarze Federkleid des Körpers in auffälligem Kontrast zu der nackten blau, rot und grün gefärbten Haut des Gesichts und des Halses steht, eine Farbenskala, die beiden Geschlechtern eigen ist. Der Kopf des Kasuars ist von einem riesenhaften knochigen Helm gekrönt, der zweifellos dem Vogel beim Durchqueren des dichten Busches Schutz gewährt. Der Kasuar ist völlig auf seine kräftigen schnellen Beine angewiesen und springt oft über hohe Hindernisse hinweg. Kampflustig von Natur, besitzt der Hahn noch obendrein einen riesigen Nagel an der Innenzehe, mit dem er beim Austeilen eines seiner bösartigen Tritte beachtliche Verletzungen zufügen kann.

Der kleinste der laufenden Flachbrustvögel ist der Kiwi, *Apteryx australis*, dessen geringe Größe in auffallendem Gegen-

Kasuar

satz zu den bereits erwähnten Vögeln steht. Der Kiwi ist nicht nur flugunfähig, sondern seine Flügel sind so verkümmert, daß sie ausschließlich im Skelett sichtbar sind. Der vollkommen schwanzlose Körper ist mit dichten langen, haarähnlichen Federn bedeckt, was zusammen mit dem langen dünnen Schnabel, dem kleinen Kopf und den kurzen, weit zurückgesetzten, kräftigen Beinen dem Vogel die Bezeichnung Schnepfenstrauß

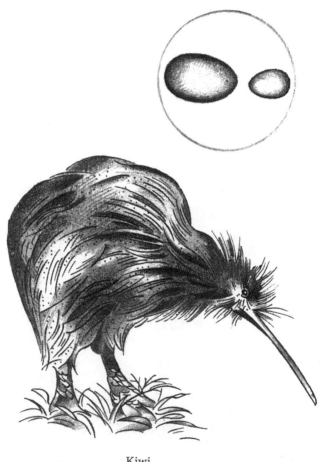

Kiwi

eintrug. Die Henne besitzt etwa die gleiche Größe wie unser Haushuhn, während der Hahn viel kleiner ist. Das riesenhafte Ei steht in keinem Verhältnis zu der Größe des weiblichen Kiwis; mit einer Länge von ungefähr zwölf Zentimetern und einem Durchmesser von etwa drei Zentimetern stellt es etwa ein Viertel der Länge des ganzen Vogels dar. Die Abbildung zeigt ein Kiwi-Ei im Größenverhältnis zu einem gewöhnlichen Hühnerei. Am Ostersonntag im Jahre 1914 legte ein Kiwi im Zoo von London ein Ei, das nicht weniger als 320 Gramm wog. Verglichen mit den üblichen siebzig Gramm, die das Ei unserer Henne wiegt, ein immerhin beachtliches Gewicht.

Auf seiner nächtlichen Suche nach Nahrung, die hauptsächlich aus Würmern und Erdinsekten besteht, bewegt der Kiwi sich langsam und vorsichtig. Die kleinen, schwachen Augen sind praktisch nutzlos, aber im Gegensatz zu anderen Vögeln verfügt er über ein ausgezeichnetes Gehör und einen guten Geruchssinn, beides wichtige Eigenschaften in der Erhaltung seiner Existenz. Der Geruchssinn ist tatsächlich so ausgeprägt, daß der Vogel, noch ehe er seinen Schnabel in den Boden bohrt, bereits die Regenwürmer unter der Erde wahrnimmt. Weiterhin ist zu bemerken, daß die Nasenlöcher des Kiwis sich an der Spitze des Schnabels befinden, während die aller anderen Vögel in der Nähe der Wurzel sitzen. Der Kiwi ist in Neuseeland zu Hause, er wurde aber leider von Mensch und Hunden derart verfolgt, daß dieser unglückliche Vogel, der zu den absonderlichsten und harmlosesten Geschöpfen gehört, seinem Untergang kaum entgehen kann.

Der Mangel an Raubtieren auf den Neuseeländischen Inseln hat auch andere Vögel veranlaßt, faul zu werden und dadurch ihre Flugkraft zu verlieren. Einer dieser Vögel ist der Gemeine Kakapo oder Eulenpapagei, *Stringops habroptilus*, der in Höhlen unter Baumwurzeln lebt. Er ist ein selten sichtbarer Nachtvogel und nährt sich von Gras, Samen, Beeren und Wurzeln. Bekannt wurde der Kakapo zuerst durch seine olivgrünen Federn, die den Maoris als Schmuck dienten. Mit einer Länge von über

sechzig Zentimetern gehört er zu einer der größten Papageien-
arten, die aber durch die Einführung der Hauskatze in Neuseeland derart in ihrer Zahl vermindert wurde, daß auch diese Spezies vom Aussterben bedroht ist.

Glücklicherweise aber feiern manche angeblich Ausgestorbene mitunter eine Auferstehung. 1948 entdeckte die von Dr.
G. B. Orbell geführte Expedition in Neuseeland drei Exemplare
des Takahe, *Notornis hochstetteri*, eines fluglosen Verwandten
der Teich- und Bleßhühner. Von diesem »seltensten Vogel der
Welt« waren in den letzten Jahrhunderten nur vier Exemplare
bekannt, von denen eines vor etwa siebzig Jahren von dem
Dresdener Museum erworben wurde. Erfreulicherweise wan-
derten die jetzt gefundenen Takahes nicht in die Museen, son-

Kakapo oder Eulenpapagei

dern wurden nur gemessen, gewogen und photographiert. Dann ließ man sie zu ihrer weiteren Vermehrung wieder frei. Immerhin ein erfreuliches Zeichen fortgeschrittenen wissenschaftlichen Verantwortungsgefühls gegenüber der Natur.

Es ist nicht unmöglich, daß die Zukunft noch mehr Typen flugunfähiger Vögel hervorbringen wird, und wahrscheinlich wird man einige von ihnen bei den Enten, *Anatidae*, finden. Viele Mitglieder dieser Familie, wie die Schwimmenten, verlieren zu einer gewissen Zeit des Jahres ihre Flugfähigkeit, da sie ihre sämtlichen Flugfedern auf einmal abwerfen. Allerdings verbergen sie sich während dieser Periode verhältnismäßiger Hilflosigkeit ausgezeichnet. Die Dampfschiffente, *Tachyres cinereus*, ist insofern einzig in ihrer Art, als sie nur fliegen

Dampfschiffente mit Jungen

kann, wenn sie jung ist, aber ihre Flugkraft verliert, sobald sie »erwachsen« ist. Diese Bewohnerin der Falklandinseln und der Magellanstraße ist ein unbeholfener schwerer Vogel, etwa von der Größe einer Gans. Das Gefieder ist mattgrau, Schnabel und Füße sind orangerot. Der Name Dampfschiffente bezieht sich auf die vergeblichen Flugversuche der Ente; mit ihren Flügeln, die den schweren Körper nicht mehr tragen können, schraubt sie sich, mühsam das Wasser schlagend, vorwärts.

Nun noch ein letztes Wort über »Vögel, die nicht fliegen können«. Die Legende berichtet, daß der mächtige ausgestorbene *Aepyornis* oder Rock von Madagaskar, ein Vorfahre der Strauße, nicht in den Bäumen nisten konnte, da kein Baum hoch genug für ihn war, und daß dieser Vogel, so wie es in Tausendundeiner Nacht zu lesen ist, seine Jungen mit Elefanten fütterte.

Dem Erfindungsgeist der Natur sind, wenn wir das Phänomen der zahlreichen phantastischen Gestalten des Tierreiches betrachten, keine Grenzen gesetzt. Obgleich gewöhnlich ein sehr berechtigter Grund für die scheinbare Absurdität besteht, mit der diese Geschöpfe ausgestattet sind, so gelingt es uns, begrenzt durch unsere Denkungsweise und unseren Mangel an Verständnis, keineswegs immer, die Zweckmäßigkeit dieser skurrilen Formen zu erkennen. Letzten Endes müssen wir uns damit abfinden, daß es keinen absoluten Maßstab für die Beurteilung des Abstoßenden und Grotesken gibt. Nichtsdestoweniger wirken einige Tiere in ihrer Erscheinung so abenteuerlich, daß es berechtigt sein mag, ein paar Exemplare in einer »Parade« an uns vorbeiziehen zu lassen.

Ohne Frage verdient, beginnt man mit dem Leben in der See, der Hammerhai, *Sphyrna zygaena*, durch die eigentümliche Umformung seiner Fischgestalt, die uns als Mißbildung erscheint, sowie durch seinen unersättlichen Appetit an erster Stelle unter den Seeungeheuern genannt zu werden.

Diese Haie halten sich im allgemeinen in den Tiefen des Indischen Ozeans auf, doch verirrt sich mitunter der eine oder andere an die nördlichen Küsten von Europa. Die annähernd fünf Meter langen Hammerhaie scheuen selbst nicht davor zurück, die gefürchteten Stechrochen anzugreifen, da sie anscheinend immun gegen die Verletzungen ihres Giftstachels sind. Tatsächlich fand man bei einem gefangenen Hammerhai in den Schleimhäuten der Mundhöhle nicht weniger als fünfzig dieser gezahnten Schwanzstacheln: Überbleibsel einer ausgiebigen Rochenmahlzeit.

Das Wort ungeheuerlich kann mit Recht auf den Hammerhai angewendet werden, denn der Vorderteil des Kopfes ist hammerartig nach beiden Seiten ausgebildet, an deren Endflächen je ein glänzendes gelbes Auge sitzt. Unten am Kopf liegt der mit schräg gestellten langen, scharfen Zähnen besetzte Mund, die

Gefährlichkeit dieses Monstrums noch betonend. In welcher Weise der mißgestaltete Kopf mit der Tätigkeit des Fisches in Verbindung steht, ist ein bisher noch ungelöstes Problem.

Größe allein ist keine Voraussetzung für Unförmigkeit und Raubgier. Einige kleinere Fische sind nicht weniger schrecken-erregend als die größeren, und zu diesen Miniaturungeheuern

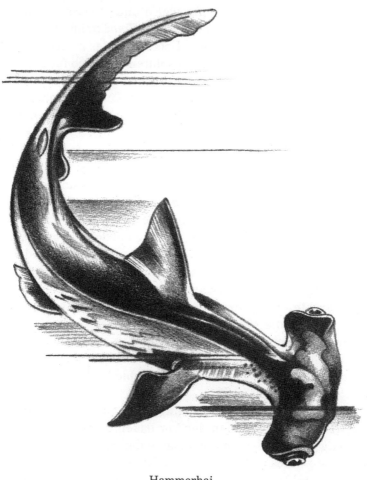

Hammerhai

zählt der nur einige Zentimeter lange *Antenarius* des Indischen Ozeans. Er hat ein fast senkrecht verlaufendes Maul und einen gedrungenen Körper und ist ein schlechter Schwimmer, der wahrscheinlich die armartigen Flossen dazu benützt, um in dem Seetang umherzuklettern. Das auffallendste Merkmal des Antenarius ist jedoch eine dünne elastische Rute, die, an der Spitze mit einem »Köder« versehen, über dem beachtlichen Maul hängt und dem kleinen Angler hilft, seine aus Fischen bestehende Beute anzulocken. Diese Rute ist in Wirklichkeit eine Modifikation der ersten Rückenflosse.

Dr. William Beebe, der das Gebaren des Antenarius in einem Aquarium beobachtete, sah, wie die Fische sich dem wie ein Wurm zappelnden Köder näherten. Auf fünf Zentimeter Entfernung öffnete der Angler sein riesiges Saug-Maul, und noch ehe Beebe mit seinen Augen den Vorgang verfolgen konnte, waren die Opfer verschwunden. »Ich glaubte, ein befriedigtes Aufleuchten in dem Auge des Fisches zu erkennen«, war alles, was er mit Sicherheit sagen konnte. Dieser gefangene Angler fraß täglich soviel, wie er selber wog.

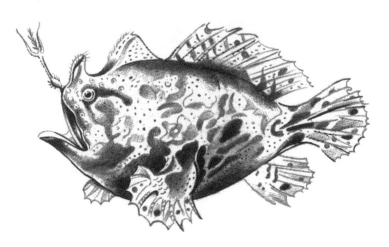

Antenarius aus dem Indischen Ozean

In Farbe und Zeichnung paßt sich der Antenarius vollkommen seiner Umgebung an, und auf diese Weise gut geschützt, kann er seine Beute unbemerkt belauern.

Ein anderer bedrohlich aussehender kleiner Fisch ist das in der Abbildung dargestellte Drachenröschen, *Pegasus chiropterus*. Die *Pegasidae* sind eine Familie eigentümlich geformter Fische, deren Verwandtschaft zu anderen Fischen unbekannt ist. Ihre Größe überschreitet selten zehn Zentimeter, und diese Bewohner der indischen, chinesischen und japanischen Gewässer benützen seltsamerweise ihre vergrößerten flügelähnlichen Brustflossen nicht zum Gleiten, sondern lassen sich damit von

Drachenröschen

der Strömung dahintreiben. Die Brustflossen stehen wie Flügel waagrecht, der obere Teil der Schnauze ist stark verlängert, und der Körper dieser Liliputaner-Drachen ist mit beweglichen Knochenplatten bedeckt.

Gewiß hat jedermann schon bei dem Fischhändler die verdrehte Physiognomie der Plattfische bemerkt; doch kennen wahrscheinlich die wenigsten ihre erstaunliche Geschichte.

Es gibt ungefähr fünfhundert verschiedene Plattfischarten, die in allen Meeren der Welt zu Hause sind. Zu den am besten bekannten Plattfischen zählen der Heilbutt, die Seezunge, der Steinbutt, die Flunder und die Scholle. Ungeachtet ihrer verschiedenen Namen besitzen sie alle eine gewisse Ähnlichkeit des Aussehens, und jeder einzelne kann mit Leichtigkeit als Plattfisch erkannt werden.

Die Eier der Plattfische sind ungeheuer zahlreich. Ein Steinbutt legt bis zu vierzehn Millionen Eier, die auf der Wasserober-

Plattfische
Oben: Steinbutt
Unten links: Sternenflunder
Unten rechts: Scholle

fläche schwimmen und sich etwa innerhalb einer Woche entwikkeln. Alle jungen Plattfische sind zunächst völlig symmetrisch gebaut und besitzen, wie die übrigen Fische, auf jeder Seite ein Auge. In diesem frühen Larvenstadium schwimmen sie an der Wasseroberfläche und nähren sich von winzigen Organismen. Nach ungefähr ein bis zwei Monaten erreichen sie eine Länge von etwa vierzehn Millimetern und sinken auf den Grund, wo sie, mehr und mehr zur Seite neigend, schließlich eine abgeflachte Lage einnehmen. Gleichzeitig mit der Veränderung der normalen Fischgestalt wandert bei den Plattfischen ein Auge von der Unterseite des Körpers über den Kopf hinweg dicht an das zweite obere Auge heran. Während die Oberseite, an der jetzt beide Augen sitzen, sich verfärbt und mit dem sie umgebenden Meeresboden harmoniert, nimmt die blinde untere Seite des Körpers eine silbrigweiße Farbe an. Die den Körper wie einen Saum umgebende Flosse läuft am eigentlichen Rükken und Bauch entlang.

Der hauptsächlich auf dem Meeresboden lebende Plattfisch vergräbt sich vollständig im Sand, und nur die Augen lugen wie Teleskope hervor. So verborgen, ist es selbst schwer, einen ruhenden Plattfisch in einem Aquarium zu entdecken. Darüber hinaus besitzen fast alle Plattfische die Fähigkeit, ihre Farbe zu wechseln und sich täuschend ihrer Umgebung anzugleichen. Eine auffallende Vorführung solcher Farbanpassung wurde beobachtet, als man eine Flunder in ein Aquarium mit einem Schachbrettmuster setzte und die Flunder nach einer Weile eine durchaus erkennbare Nachahmung des schwarz-weißen Musters aufwies. Der Stimulus für diese Veränderung muß ein visueller sein, da, wie die Experimente ergaben, ein blinder Fisch seine Farbe nicht verändert.

Je ausschließlicher sich die Plattfische einem Leben auf dem Meeresboden anpassen, um so stärker wird ihre Symmetrie beeinträchtigt. Gewöhnlich liegt eine bestimmte Plattfischart immer auf der gleichen Seite. Die Augen und Farbe der Scholle zum Beispiel befinden sich normalerweise auf der rechten Seite, gelegentlich erscheinen jedoch Exemplare, bei denen dies umgekehrt ist. Das Maul der Scholle ist, wie ihre Augen, ziemlich verdreht, doch bietet dieser schiefe Mund beträchtlichen Vorteil, da der Fisch in flacher Lage seine Nahrung vom Meeresbett aufschnappen muß. Beim Heilbutt, der im Gegensatz zu der Scholle auf der Beutejagd ein aktiver Schwimmer ist, sind die Kiefer gleichmäßiger entwickelt.

Selbstverständlich gibt es noch viele andere Unterschiede zwischen den einzelnen Arten der Plattfische, und sie tragen alle zur Betonung ihrer »Querköpfigkeit« und zum Verständnis ihrer Lebensgewohnheiten bei.

Der letzte Fisch in dieser Parade gehört zu den Küstenfischen des nördlichen Stillen Ozeans, *Embiotocidae*, die ihre Jungen lebend zur Welt bringen. Die befruchteten Eier dieser Fische machen ihre Entwicklung in dem Körper des weiblichen Fisches durch; je nach der Größe der Art beträgt die Anzahl der Jungen bei der Geburt zwischen drei und vierzig. Das allgemeine Aussehen dieser *Embiotocidae* ist zwar keineswegs auffällig, dennoch verdienen sie auf Grund ihrer Brutpflege unter den Kuriositäten genannt zu werden.

Die Illustration des *Ditrema Temminikii*, aus dem Nordpazifik, zeigt eine aufgeschnittene Seite mit weit fortgeschrittenen Embryos.

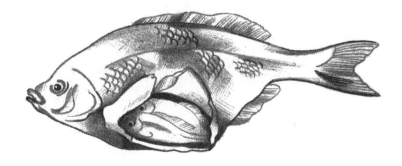

*Ditrema Temminikii*

Wechselt man von den Fischen zu den Reptilien und Amphibien hinüber, so ist zunächst der engmaulige und außerordentlich plumpe ostafrikanische Kurzkopffrosch, *Breviceps mossambicus*, erwähnenswert, der mit zu den originellsten Vertretern des Froschgeschlechts zählt. Dieser etwa sieben bis zwölf Zentimeter lange Frosch, der im tropischen und subtropischen Afrika heimisch ist, ähnelt in der Tat, wenn er seinen Körper bis zum Bersten aufbläht, eher einem Gummiball als einem Frosch. Die glatte Haut ist braun oder schwärzlich gefärbt, mit einem dunklen schrägen Strich unter dem Auge, und das enge zahnlose Maul und die lange Zunge lassen auf eine Kost von Ameisen oder Termiten schließen.

Ich erinnere mich sehr gut an den Anblick vieler dieser Kugelköpfe, die in Mozambique nach einem schweren Regenfall erschienen und mit fast ebenso großer Geschwindigkeit, wie sie aufgetreten waren, wieder verschwanden. Mit einer an der Fußwurzel des Hinterbeins sitzenden scharfen, schaufelartigen Grabschwiele können sich die Kurzköpfe in die Erde ein-

Ostafrikanischer Kurzkopffrosch

graben, und man nimmt an, daß sie dort ein maulwurfähnliches Dasein führen. In ihren Bewegungen auf dem Land sind sie langsam, fast kriechend und springen nicht wie ihre übrigen Verwandten.

Schlangenhalsschildkröte

Ein weiter Weg von einem Kontinent zu einem anderen führt von dem ostafrikanischen Kurzkopffrosch zu der nicht minder ungewöhnlich aussehenden südamerikanischen Schlangenhalsschildkröte, *Hydromedusa tectifera*, die in den Seen und Flüssen von Brasilien und Argentinien lebt und nur selten das Wasser verläßt. Sie erreicht eine Länge von etwa fünfundvierzig Zentimetern und unterscheidet sich von allen anderen Schildkröten durch die Art, mit der sie ihren lang ausgezogenen Hals, den sie nicht wie jene S-förmig einziehen kann, seitlich unter den Rand des Rückenpanzers schlägt. Die Schlangenhalsschildkröte ist eine großartige Schwimmerin und nährt sich fast ausschließlich von Fischen.

Reptilien haben seit jeher Neugier und Furcht erweckt. Ohne besonderen Grund hat man ihnen alle möglichen bösen Eigenschaften nachgesagt, die in Wirklichkeit nur in der menschlichen Phantasie existieren. Reptilien sind meist ganz harmlos, und es ist wahrscheinlich ihr mitunter erschreckendes Aussehen, das den Anlaß zu Mythos und Legende gab und weiterhin dazu führte, diese Tiere mit furchteinflößenden Namen zu versehen.

Als Bewohner des trockenen Landinneren von Australien ist der zwanzig Zentimeter lange Moloch, *Moloch horridus*, trotz seines vielversprechenden Namens und seines Stachelpanzers nicht nur harmlos, sondern dieser »Dornenteufel« ist wegen seines Insekten-Hungers sogar äußerst beliebt. Seine Nahrung besteht ausschließlich aus Ameisen, und zwar nur aus der schwarzen übelriechenden, kleinen Art, die oft durch ihr Eindringen in Häuser eine große Plage darstellt. Moloche fangen diese Ameisen, indem sie ihre klebrigen Zungen mit einer blitzartigen Bewegung hervorschnellen. Interessante Einzelheiten über ihren Appetit gibt H. W. Davey, der zwei Moloche in Gefangenschaft hielt: »Die durchschnittliche Anzahl Ameisen, die ein Moloch in der Minute verzehrt, ist fünfundvierzig, vorausgesetzt, daß der Tag heiß und die Ameisen zahlreich sind, so daß in einer fünfzehn Minuten währenden Mahlzeit (die übliche Zeit, die ein Moloch braucht, um sich satt zu essen) 675 Ameisen verzehrt werden. Bei zwei Mahlzeiten am Tag ergibt das eine Gesamtsumme von 1350 Ameisen pro Moloch.«

Moloche leben gewöhnlich in regenlosen Gegenden, und niemand hat sie jemals Wasser trinken sehen, nicht einmal in der Gefangenschaft. Ihre Haut saugt jede Feuchtigkeit wie Lösch-

Moloch

papier auf, und nachdem leichter Regen oder Tau gefallen ist, kriechen die erstaunlichen Dornenteufel über die feuchten Blätter oder Gräser und stillen auf diese nicht alltägliche Weise ihren Durst. Weiterhin sollen die ocker, gelb und kastanienbraun gefärbten Geschöpfe manchmal in aufrechter Haltung und mit erhobenem Schwanz dahinschreiten.

Der Name Basilisk, mit dem die alten Griechen und Römer einst ein feuerspeiendes, mit übernatürlichen Kräften ausgestattetes Fabeltier bezeichneten, wird heute von einem völlig harmlosen, wenn auch beängstigend aussehenden Mitglied der Gattung *Basilicus* getragen. Die Abbildung stellt den grün gefärbten männlichen Helmbasilisk, *Basilicus americanus*, dar, dessen hautiger helmartiger Aufsatz am Hinterkopf nach Belieben aufgeblasen und eingezogen werden kann. Ein hoher Kamm

Helmbasilisk

am Rücken und am Schwanz kann ebenfalls aufgestellt oder zusammengefaltet werden.

Basilisken sind in Bäumen lebende Leguane, die sich von Insekten nähren. Am Tage ruhen sie wohlversteckt auf den über dem Wasser hängenden Zweigen. Das leiseste Geräusch erregt jedoch ihre Aufmerksamkeit und veranlaßt sie, sich sofort in das Wasser zu stürzen, wo sie, den langen Schwanz als Ruder benützend, mit großer Geschwindigkeit zu schwimmen verstehen. Aber die Basilisken können auch äußerst schnell auf ihren Hinterbeinen laufen. Die Zehen der Hinterfüße sind mit breiten Schuppensäumen ausgestattet, mit deren Hilfe sie sogar über die Wasseroberfläche oder den weichen Sand in aufrechter Haltung dahinjagen.

Das Chamäleon unterscheidet sich von den Eidechsen im wesentlichen durch die den Papageien ähnliche Struktur seiner Füße. Die Zehen des Chamäleons sind in je zwei Greiforgane zusammengefaßt und bilden auf diese Weise starke Fußklammern: Noch auffallender als die Bildung dieser Füße ist die Konstruktion der kugelförmigen Augen, die, von einem dicken hornigen Lid bedeckt, nur eine winzige Öffnung für die Pupille besitzen.

Afrikanisches Bergchamäleon

Infolge der völligen Unabhängigkeit beider Augen voneinander kann das Chamäleon mit dem einen Auge auf ein Opfer geradeaus blicken, während das andere Auge in der entgegengesetzten Richtung nach einem zweiten Umschau hält. Die lange, wurmähnliche Zunge, die für den Fliegenfang ungemein geeignet ist, bildet zweifellos eine weitere wichtige strukturelle Besonderheit. Sie schießt, selten ihr Ziel verfehlend, blitzartig hervor, und zwar auf eine Entfernung, die der gesamten Körperlänge des Chamäleons gleichkommt. Die Spitze ist vertieft und klebrig, und der Zungenstiel zylindrisch und elastisch.

Die Fähigkeit des Chamäleons, seine Farbe zu wechseln, ist sprichwörtlich geworden, doch können, wie wir bereits in diesem Buch gesehen haben, andere Tiere in gleicher Weise ihr Kleid auswechseln. Manche übertreffen darin sogar das Chamäleon an Schnelligkeit des Vorgangs. Nichtsdestoweniger muß man zugeben, daß auch Chamäleons erstaunliche Verwandlungskünstler sind, obwohl sie sich nicht den dekorativen Mustern ihrer Umgebung anzupassen verstehen.

Es gibt etwa fünfzig verschiedene Arten Chamäleons, von denen die größte eine Länge von etwa siebenunddreißig Zentimetern erreicht und die kleinste, »Der Zwerg von Madagaskar«, nicht mehr als höchstens sieben Zentimeter mißt. Wie viele Mitglieder der Reptilienfamilie besitzen auch Chamäleons manchmal eine schwere Rüstung. Aber diese riesenhaften hornähnlichen Auswüchse, wie sie zum Beispiel das afrikanische Bergchamäleon trägt, sind weder für den Angriff noch für die Abwehr von großer Bedeutung und gehören zu den vielen strukturellen Absonderlichkeiten, deren Zweck noch ungeklärt ist.

Dieses Rätsel betrifft auch den mit drei zipfligen Anhängen versehenen Weißköpfigen Glockenvogel, *Procnias tricarunculatus*. Der Sammler und Zoologe Charles Cordier brachte, von Costa Rica kommend, am 31. August 1947 dem Zoo von New York drei Exemplare dieser sonderbaren Vögel mit, die – ein Männchen, ein Weibchen und ein Jungvogel – vermutlich die ersten lebenden Exemplare außerhalb ihrer eigentlichen Heimat waren.

Unglücklicherweise entkam das Männchen kurz nach seiner Ankunft, doch hatte Charles Cordier Gelegenheit, den Vogel in seiner natürlichen Umgebung zu beobachten. Er schreibt: »Es war ein großes Erlebnis, das Männchen des Dreizipfligen Glokkenvogels in der Hand zu halten und genau zu betrachten. Ich zerbrach mir, wie so viele andere, den Kopf über die fleischigen Zipfel, von denen der Vogel einen an jeder Seite des Schnabels und einen dritten an der Stirn besitzt. Während der Paarungszeit erreichen diese Zipfel eine Länge von reichlich fünf Zentimetern und scheinen den Vogel zu behindern, da das Männchen sie öfters mit einer ruckartigen Bewegung des Kopfes zurückwirft, etwa wie ein junges Mädchen ihr langes Haar. Die Zipfel sind niemals aufgebläht, noch stehen sie steif nach außen oder oben ab, wie es auf Abbildungen in alten naturwissenschaftlichen Büchern dargestellt ist.« Cordier berichtet weiterhin, daß im Gegensatz zu den brasilianischen Glockenvögeln, die für ih-

Weißköpfiger Glockenvogel

ren »Glocken-Ruf« berühmt sind, der Dreizipflige Glockenvogel nur einen halb krächzenden, halb bellenden Laut von sich gibt. Kopf und Hals dieses Vogels sind weiß, der übrige Körper ist kastanienbraun.

Eine noch größere Sensation als der Dreizipflige Glockenvogel rief vor nicht allzulanger Zeit der Koboldmaki, *Tarsius spectrum*, hervor, den man noch nie zuvor lebend in Europa gesehen hatte. Das Eintreffen einiger Exemplare dieser Tiere in den zoologischen Gärten von Amerika und England erregte daher ein weltweites Interesse.

Der Koboldmaki, ein kleiner Primat, ist in seiner Lebensweise ausnehmend spezialisiert. Er geht aus dem gleichen Stamm hervor wie die Affen und die höher entwickelten Primaten. Unter Primaten fassen die Zoologen eine Gruppe von Säugetieren zusammen, die den Menschen, die Menschenaffen, die Affen und die Halbaffen einschließt. Der Koboldmaki ist ein sehr früher Typ, ein bemerkenswerter »überlebender«, der mehr oder weniger unverändert unsere Zeit erreicht hat. Fossile Knochen des Koboldmaki, aus dem Eozän, das einige fünfzig Millionen Jahre zurückliegt, wurden in den Felsenschichten von Südkalifornien und Wyoming gefunden.

Heute leben Koboldmakis, die Nachttiere sind, in bestimmten Wäldern von Südostasien und den Philippinen. Einen beachtlichen Teil ihrer bescheidenen Länge bildet der Schwanz; er erreicht bei einem großen Koboldmaki, der von der Schnauzenspitze bis zum Schwanzansatz nur etwa zwölf Zentimeter mißt, allein eine Länge von etwa fünfundzwanzig Zentimetern. Das pelzartige Fell ist rötlichbraun, und die großen lederartigen Ohren können zurückgefaltet werden, um Verletzungen zu vermeiden. Die Spitzen der langen dünnen Finger und Zehen sind mit polsterartigen Ballen versehen, die dem Koboldmaki einen sicheren Halt auf den schlüpfrigen Zweigen ermöglichen. Während die zweiten und dritten Zehen an jedem Fuß lange hochstehende Krallen tragen, sind die übrigen Zehen mit kurzen Nägeln ausgestattet. Das faszinierendste Merkmal bilden aber ohne Frage die riesenhaften, starrenden Augen. Im Verhältnis zu dem zwergenhaften Ausmaß des Koboldmaki stellen sie die größten Augen in der Säugetierwelt dar. Sie sind nur wenig bewegbar, so daß der Koboldmaki wie eine Eule seinen Kopf wenden muß, um nach rechts und links zu blicken.

Nach der Beschreibung der äußeren Gestalt des Koboldmaki muß auf den jungen amerikanischen Zoologen Charles Heizer

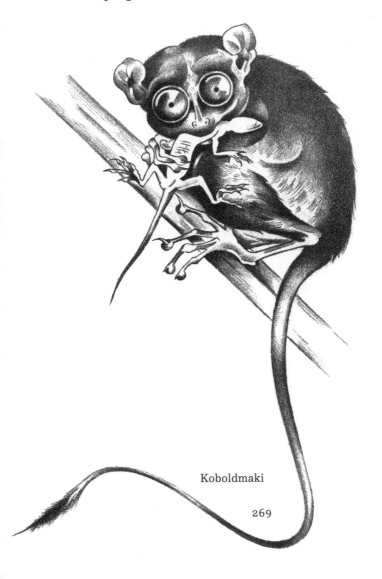

Koboldmaki

Wharton hingewiesen werden, der 1947 einige dieser Tiere unversehrt im Flugzeug in die Vereinigten Staaten brachte. Wharton gelang es, die Koboldmakis mit Hilfe der Eingeborenen zu fangen, die, von dem intensiven Geruch der Tiere geleitet, deren Wohnplätze bei Tage aufspürten und die schlafenden Koboldmakis von den Bäumen auf die Erde schüttelten, wo sie offenbar eine leichte Beute waren. Wharton machte eine Anzahl interessanter Beobachtungen über das Verhalten der Koboldmakis in ihrer natürlichen Umgebung. Er sah, wie sie in der Nacht ihre Verstecke hoch oben in den Baumkronen verließen und, nach einer Reihe langer und schneller Sprünge, mit ihrem nur fünfundachtzig Gramm wiegenden Körper über Abstände von zwei Metern von Baum zu Baum setzten. Mit ausgebreiteten Ohren, angezogenen Händen und Füßen und gerade gerichtetem Schwanz segelten sie durch die Lüfte. Knapp vor der Landung schlugen sie die rattenartigen Schwänze nach oben und schwangen die langen Hinterbeine vorwärts, um so den Aufprall abzuschwächen.

Im Frühling stößt der Koboldmaki ein Zirpen aus, das dem der Heuschrecken ähnelt. Wharton schildert auch den erstaunlichen Appetit dieser winzigen Geschöpfe, die in der Gefangenschaft täglich pro Kopf ungefähr zehn Grashüpfer oder fünf Eidechsen verzehrten. Dem erfolgreichen Naturforscher, der die nicht geringe Aufgabe hatte, hundert Koboldmakis, die ihn mit großen hungrigen Laternen-Augen anstarrten, mit Nahrung zu versorgen, blieb in Ermangelung des notwendigen Vorrats von Grashüpfern nichts anderes übrig, als seine Gefangenen mit rohem Fleisch und Krustentieren zu füttern. Zu seiner ungeheuren Erleichterung wurde diese Diät nicht abgelehnt. In der Freiheit ernähren sich die Koboldmakis von Insekten, Eidechsen und vermutlich auch von Mäusen. Abgesehen von ihrem einzigartigen und sonderbaren Verhalten können die gebrechlichen und zarten Koboldmakis, diese »lebenden Fossilien«, den Anspruch erheben, zu den Primaten zu gehören, die das meiste Fleisch fressen.

Zum Abschluß dieser Parade der Kuriositäten sei es gestattet, einen Blick auf die originelle Assoziation zweier gänzlich verschiedener Kreaturen zu werfen. Die auf der Abbildung dargestellte Fledermaus schreckte nicht davor zurück, sich auf dem gefräßigen amerikanischen Ochsenfrosch niederzulassen, eine fraglos äußerst ungewöhnliche Position, aus der man vielleicht schließen könnte, daß Feindschaft nicht immer ein Naturgesetz ist. Wie es auch sei – das Verhalten der Tiere weist, ebenso wie ihre Struktur, viele unterschiedliche und hypothetische Merkmale auf, die dem verständnislosen menschlichen Beobachter als geheimnisvolle Phänomene der Natur erscheinen, Phänomene, die zwar ungelöste, doch unsere Neugier nicht minder erregende Rätsel darstellen.

Fledermaus hat sich auf einem Ochsenfrosch niedergelassen

Erna Pinner 1934, gezeichnet von Kat Menschik 2022

☎ Maingau 77618 – ☎ MAIda Vale 4361
Erna Pinner in Frankfurt und London

Zwei Bilder: Das eine entstand 1910. Es zeigt Erna Pinner in einem violetten Tageskleid mit enger Taille, die Hände hinter dem Rücken verschränkt. Der Stoff umfließt ihre schlanke Gestalt. Ihr Kopf ist selbstbewußt nach vorn geneigt. Die Haare hochgesteckt, voluminös. Das Salonbild im Stil des deutschen Impressionismus wurde von Jakob Nussbaum, einem Freund der Familie, gemalt.[1] An seine »verständnisvolle Unterstützung« für ihre »nach unabhängiger Selbstständigkeit drängende Aktivität« erinnert sich die Künstlerin viele Jahrzehnte danach noch lebhaft.[2]

Der etwas trotzige Gesichtsausdruck der Porträtierten läßt sich durchaus als künstlerische Entschiedenheit lesen. Damals studiert die 20jährige bereits bei Lovis Corinth in Berlin, auch er ein Freund ihres Vaters, dem sie im Frankfurter Elternhaus begegnet war. Er findet ihre Arbeit interessant und nimmt sie als Schülerin auf. Erna ist aber bereits auf dem Sprung: Paris, dort wollen – nach dem Vorbild von Marie Bashkirtseff – alle jungen Künstlerinnen hin. Gut möglich, daß die Kunststudentin Bashkirtseffs einflußreiche Tagebücher gelesen hat. Paula Modersohn-Becker, deren Traum von einem Künstlerinnenleben in Paris grandios scheiterte, ist 1910 bereits drei Jahre tot. In Paris wird Erna bis kurz vor dem Ausbruch des Ersten Weltkriegs bleiben und bei Maurice Denis an der Académie Ranson studieren. Sie will unbedingt Malerin werden. Das ist zu die-

1   Für Hinweise zu diesem Ölgemälde im Format 150 × 70 cm, das sich in Privatbesitz befindet, danke ich Claudia C. Müller, Frankfurt. Abb. in: Studien zur Frankfurter Geschichte 47. Claudia C. Müller: Jakob Nussbaum (1873–1936). Frankfurt, 2002, S. 175. Eine reproduzierbare Abbildung war nicht zu bekommen.
2   Jacob Nussbaum, Künstler und Freund, Oktober 1972. Brief Erna Pinners an seinen Sohn Bernhard nach Haifa: Institut für Stadtgeschichte Frankfurt a. M.

ser Zeit nicht einfach für eine Frau, auch wenn die Familie das weitgehend akzeptiert. Ihre Eltern führen in der Bockenheimer Landstraße 72 ein großes Haus. Der Geheime Sanitätsrat Oscar Pinner ist Chirurg und sammelt Kunst, gemeinsam mit seiner Frau Anna. Im Dachgeschoß des Elternhauses befindet sich Ernas Atelier.

Das andere Bild zeigt Erna Pinner in einem Gartenstuhl in Italien. An der Lehne ein Gehstock. Das Haar trägt die zierliche 59jährige kinnlang. Über der weißen Sommerbluse lächelt sie in die Kamera, die schlanken Beine übereinandergeschlagen. Erna, Poveromo 1949, steht da in ihrer klaren Handschrift. Es ist die erste Italienreise nach dem Krieg. Vierzehn Jahre sind vergangen, seit sie im Oktober 1935 nach London emigrieren mußte. Als Jüdin hatte sie keine Wahl. Es ist die Zeit, in der sie an *Curious Creatures* arbeitet, dem ersten großen eigenen Buch in England, das 1951 mit ihrem englischen Text und ihren Illustrationen bei Jonathan Cape in London erscheint.  ,

»Wie bist Du jung und lebendig geblieben! Und so ein volles, strahlendes Gesicht«, schreibt ihr Gottfried Benn im Oktober 1949 zu diesem Foto. Die schrecklichen Erlebnisse der NS-Zeit und des Zweiten Weltkriegs sind in ihren Zügen nicht abzulesen. In ihrem Leben haben sie tiefe Spuren hinterlassen.

Da sind noch andere Bilder: Erna im Profil, mit langem Ohrring, das Haar im Nacken geknotet, die schmalen Hände halten eine Stola um das Dekolleté. Das ist 1917. Aufgenommen von den Frankfurter Fotografinnen Nini und Carry Hess. Oder Erna 1927 mit Bubikopf und weißem Hemdkragen, als Titelbild der Beilage der Frankfurter Zeitung »Für die Frau«. Auch dieses Foto stammt von den Schwestern Hess. Dazu private Aufnahmen: Erna mit Monokel, Erna im Badeanzug auf einem Boot, Erna auf einem Dromedar sitzend, Erna mit einem Leoparden hinter sich und einer lebenden Schlange um den Hals in Mozambique 1928. Erna am Lido in Venedig, am Tisch sitzend, vor sich eine Schreibmaschine.

Erna Pinner verkörpert in den 1920er Jahren nahezu perfekt den Typ »Neue Frau«. Elegant, androgyn, klug und tatkräftig. Selbständig berufstätig. Eine junge Frau, die konsequent ihrer Arbeit nachgeht. In sich trägt sie eine Kraft, zu zeichnen und zu malen, die sie nie verlieren wird. So erobert sie künstlerisch die Welt, erforscht die Natur. Die Kunst ist der Grund, auf dem ihr Leben aufgebaut ist, sie ist ihr Halt auch in äußerst schwierigen Zeiten.

Über ihre Ausstellungstätigkeit führt sie von Anfang an genau Buch und sammelt alle Kritiken. In einer Übersicht erwähnt sie die erste Beteiligung an einer Gruppenausstellung im Städelschen Kunstinstitut 1907. Zu dieser Zeit ist sie dort noch Schülerin und erhält für ihre Arbeit eine »lobende Erwähnung«.[3] In ein dickes Album (»Deutsche Briefkasten-Sammel-Bibliothek«) sind Zeitungskritiken bis 1930 eingeklebt. Dieses nimmt

3 General-Anzeiger 1907. Mappe mit Presseausschnitten im Institut für Stadtgeschichte Frankfurt.

sie mit, als sie 1935 nach London emigriert. Eine wichtige Dokumentation ihrer künstlerischen Tätigkeit, denn ihre Gemälde muß sie in Frankfurt zurücklassen. Die kleine Gouache von Paul Klee, *Ziele im Nebel*, kann sie retten.[4] Zeitlebens wird sie in ihrer Wohnung in London hängen. Nach dem Tod Erna Pinners gelangte das Album mit den Zeitungsausschnitten in einem größeren Konvolut von Zeichnungen und Papieren, darunter auch das Manuskript von *Curious Creatures*, in das Institut für Stadtgeschichte Frankfurt a. M., wo ich in den 1990er Jahren Kopien anfertigen konnte. Aus den so sorgfältig gesammelten Kritiken geht hervor, daß Erna Pinner zunächst vor allem als Malerin reüssierte. Landschaften, Porträts, Akte, Stilleben etc. ausstellte.

4   Die Gouache, ein Geschenk Kasimir Edschmids an sie, wurde 2014 von ihren Erben für 87.000 Euro verkauft. https://tinyurl.com/5yd9hfvb – Zugriff: 19. 07. 22.

»Erna Pinner vereinigt in erfreulicher Weise das Streben nach frischer Farbigkeit mit der sicheren körperlichen Gegenwart ihrer Landschaftsausschnitte und ihrer Straßen und weiß dabei etwas von der Stimmung der Dinge selbst, vom Grau der Herbstnebel oder der Verträumtheit der Sommersonne mitzumalen«, schreibt die Frankfurter Zeitung 1912 über die Künstlerin, die an einer Gruppenausstellung im Frankfurter Kunstsalon Schames teilnahm.[5]

Der Studienaufenthalt in Paris endet Mitte 1914 mit Beginn des Ersten Weltkriegs. Seit ihrer Rückkehr geht Erna Pinner regelmäßig in den Frankfurter Zoo, um zu zeichnen. Hier findet sie ihr großes Lebensthema. Die Münchner Neuesten Nachrichten berichten 1916: »Namentlich ihre Tierbilder, sparsam in den Mitteln, vermögen doch auch mit den wenigen fast zeichnerisch gebrauchten Farben überraschend die charakteristischen Eigentümlichkeiten in Bau und Bewegung, aber auch im psychischen Leben der Papageien und Antilopen wiederzugeben.«[6]

Noch versteht Erna Pinner sich als Malerin, doch sie erprobt sich in verschiedenen Bereichen. Mit 55 Holzschnitten zu Klabunds *Das Blumenschiff* (Verlag Erich Reiss), einem Band mit Nachdichtungen chinesischer Lyrik, tritt sie 1919 erstmals als Buch-Illustratorin in Erscheinung.

Doch sie entwirft auch Bühnenbilder und schneidert lebensgroße Grotesk-Puppen, welche die Ausdruckstänzerin Niddy Impekoven zu einem Tanzstück inspirieren.[7]

Die Pinner-Puppen finden, gemeinsam mit denen der bekannten Puppenkünstlerin Lotte Pritzel, die Aufmerksamkeit von

5   Frankfurter Zeitung 1912. Mappe mit Presseausschnitten im Institut für Stadtgeschichte Frankfurt.
6   Münchner Neueste Nachrichten, 1916.
7   Vgl. dazu: Barbara Weidle: Unser eigenes Gespenst neben uns: Die Pinner-Puppen. In: Ich reise durch die Welt. Die Zeichnerin und Publizistin Erna Pinner. Nr. 23 Schriftenreihe Verein August Macke Haus Bonn, 1997, S. 61–71.

Autoren wie René Schickele, Kasimir Edschmid und Theodor Däubler. Der Verleger Erich Reiss publiziert 1921 *Das Puppenbuch*, heute der einzige Beleg für die Existenz dieser Phase im Werk Erna Pinners, mit den Texten dieser Autoren und zahlreichen Abbildungen. Ein Erfolg in der »merkwürdigen Extravaganz der Berliner Nachkriegsjahre«, wie sich Erna Pinner in den 1970er Jahren erinnert.[8]

Für Extravaganz ist Erna Pinner in jeder Hinsicht zu haben. Bei Erich Reiss erscheint ein Jahr nach dem Puppenbuch *Das Schweinebuch. Ein Schweinemärchen von der Geburt bis zur Wurst. Ein Bilderbuch für Erwachsene und Kinder.* Doch der Preis für dieses erste eigene Buch ist hoch. Während sie 1919 auf einer Schweinefarm in Arendsee an der Ostsee zeichnet, infiziert Erna sich mit Polio. Das hat sehr weitreichende Konsequenzen: Zwar erholt sich die damals 29jährige von der spinalen Kinderlähmung, gegen die es zu dieser Zeit noch keinen Impfstoff gibt, doch bleibt eine lebenslange Gehbehinderung zurück. Im Alter leidet sie unter starken Schmerzen. Durch die Krankheit ist die Malerin künftig gezwungen, auf großformatige Arbeiten zu verzichten, und wendet sich nun ausschließlich der kleineren Form der Zeichnung und Illustration zu. Diese Katastrophe bewältigt sie mit der ihr eigenen Disziplin. Wir können kaum ermessen, was es für sie bedeutet haben muß, das Malen aufzugeben.

Bereits in den 1920er Jahren wird die Tierzeichnung – neben Reisebildern, Landschaften, Figuren, Architektur und Stadtansichten – ein künstlerischer Schwerpunkt. Erna Pinner zeigt ihre Arbeiten in den Galerien Flechtheim und Schames in Frankfurt, Düsseldorf und Berlin. Beteiligt sich an den Präsentationen der Darmstädter Sezession, deren Mitglied sie seit 1917 ist. Zweimal ist sie mit ihren Arbeiten auch an Ausstellungen im

8  Erna Pinner: Erich Reiss. Verleger und Freund. Zitiert nach dem Manuskript aus dem Nachlaß Erna Pinners, 1972. Institut für Stadtgeschichte, Frankfurt am Main.

Frankfurter Zoo beteiligt: 1921 und 1924. Zahlreiche Bücher – zumeist von Kasimir Edschmid – erscheinen mit ihren Illustrationen, so zum Beispiel *Das Antilopenbuch* und *Bullis und Pekingesen*. 1927 veröffentlicht sie *Tierskizzen aus dem Frankfurter Zoo*, ein schmales Büchlein, das an der Zoo-Kasse für 80 Pfennig erhältlich ist. 1931 tritt sie mit *Ich reise durch die Welt*, einer Sammlung ihrer Reisefeuilletons als Buch mit eigenen Zeichnungen, an die Öffentlichkeit. In Tageszeitungen schreibt sie in den späten 1920er und frühen 1930er Jahren, darunter die Hallischen Nachrichten, die Luxemburger Zeitung, die Kölnische Zeitung, Sport im Bild, Berliner Börsen-Courier. Sie arbeitet auch für den Rundfunk.

Noch eine Gruppe von Bildern. Erna Pinner mit Kasimir Edschmid: in Split, in Venedig, in Rimini, in Südafrika, in Rio de Janeiro. 1916 begegnen die beiden einander, durch die Vermittlung von Heinrich Simon, dem Herausgeber der Frankfurter Zeitung. Edschmid ist damals ein vielversprechender expressionistischer Dichter und Herausgeber der »Tribüne der Kunst und Zeit«. Später ein erfolgreicher Reiseschriftsteller und Romanautor. Ein attraktiver, äußerst sportlicher Mann. Ein begabter Netzwerker. Es ist der Beginn einer fast 20jährigen Lebens- und Arbeitsgemeinschaft. Eine große Liebe. Erna Pinner und Kasimir Edschmid sind ein glamouröses Paar. Gemeinsam reisen sie in den 1920er Jahren mit wenig Geld durch Europa, den Nahen Osten, Afrika, Südamerika. Sie schreiben, jeder für sich, veröffentlichen Artikel und Bücher über ihre Reiseerlebnisse. Das hat in den 1920er Jahren Konjunktur. Zwar publizieren sie zahlreiche Bücher gemeinsam – Erna Pinner ist für die Zeichnungen und Fotografien zuständig –, aber ihre Illustrationen und Bilder stehen für sich. Sie gehen häufig nicht unmittelbar auf die Texte von Edschmid ein.[9] Der Blick der

9  Vgl. dazu: Barbara Weidle: Berlin, Johannesburg, La Paz. Ein Jahrzehnt im Künstlerleben der Erna Pinner. In: Ich reise durch die Welt. Nr. 23 Schriftenreihe Verein August Macke Haus, a. a. O., S. 47ff.

Künstlerin und Feuilletonistin ist, wie der von Edschmid, geprägt von ihrem eigenen kulturellen Hintergrund, »eurozentristisch«, empathisch, »weltneugierig«,[10] in bezug auf die indigene Bevölkerung der besuchten Kontinente aber manchmal auch »hochmütig«,[11] wie Dolors Sabaté Planes kritisch anmerkt. Aufwachsen und Sozialisation in der Kolonialzeit und deren Fortwirken in den 1920er Jahren prägt in Teilen auch die Sichtweise dieser eigentlich fortschrittlichen Künstler. Es ist

10  Vgl. dazu auch Gertrude Cepl-Kaufmann: Kasimir Edschmid. Von Deutschland in die Welt und zurück. In: Ich reise durch die Welt. Nr. 23 Schriftenreihe Verein August Macke Haus, a. a. O., S. 101 und 105.
11  Dolors Sabaté Planes: Friedliche Reisen, hochmütiger Blick. Das reisende Paar Erna Pinner und Kasimir Edschmid. In: Reiseliteratur der Moderne und Postmoderne. Hrsg. v. Michaela Holdenried, Alexander Honold und Stefan Hermes, Berlin, 2017. S. 81ff. – Siehe auch: Weidle: Berlin, Johannesburg, La Paz, a. a. O. S. 44.

der »harte Blick der Zeit«, formuliert Thekla Dannenberg das für die Reiseliteratur dieser Epoche treffend in einem Radio-essay.[12]

Gudrun Honke und János Riesz nennen unter den »verheißungsvollen Ansätzen der deutschen Afrikaliteratur vor dem Ersten Weltkrieg und in den ersten Jahren der Weimarer Republik, die Ansätze zu einer ›Humanisierung‹ der Beziehungen zwischen Deutschen und Afrikanern aufweisen und wachsenden Respekt vor den afrikanischen Kulturen verraten« mit Carl Einstein und Claire und Yvan Goll auch Kasimir Edschmids 1929 erschienenes Buch *Afrika nackt und angezogen* mit Zeichnungen und Fotos von Erna Pinner.[13]

Fünfzehn Bücher publizieren Edschmid und Pinner gemeinsam – bis zu ihrer Emigration.

Erna Pinner und Kasimir Edschmid gehören zur kulturellen Szene in Darmstadt und Frankfurt, aber auch in Berlin. Der Verleger Erich Reiss, die Photographin Lotte Jacobi, Gottfried Benn, Else Lasker-Schüler, Renée Sintenis, Max Beckmann sind Freunde und Gefährten. Das Künstlerpaar führt ein unabhängiges, privilegiertes Leben. Unverheiratet und ohne Kinder. Erna Pinner spricht, wie Edschmid auch, sehr gut Französisch, aber im Unterschied zu Edschmid ebenfalls gut Englisch

12 Thekla Dannenberg: Traumpfad oder Holzweg – Passt die literarische Welterkundung noch in den kritischen Zeitgeist? DLF: Essay und Diskurs. Sendung am 31. Juli 2022. – https://www.ardaudiothek. de/sendung/essay-und-diskurs-deutschlandfunk/21649030 – Zugriff: 31. Juli 2022.
13 Meg Gehrts: Weiße Göttin der Wangora. Eine Filmschauspielerin 1913 in Afrika. Aus dem Englischen von Bettina Schiller. Mit einem Nachwort von Gudrun Honke und János Riesz. Wuppertal 1999, S. 274. – Möglicherweise kannte Erna Pinner sogar den Bericht von Meg Gehrts, der 1915 in London erschienen war. Denn einer der Begleiter der beschriebenen Expedition in Togo war der Künstler Kay H. Nebel, u. a. auch Tierzeichner und später wie Pinner Mitglied der Darmstädter Sezession.

und »ein wenig« Arabisch und Suaheli, wie sie in ihrem 1931 erschienenen Buch *Ich reise durch die Welt* berichtet.[14] Den Texten in dieser Sammlung von Artikeln für die Kölnische Zeitung,
die Neue Badische Landeszeitung, das Prager Tagblatt u. a.,
die bei Erich Reiss verlegt wurde, ist anzumerken, daß sie für
den tagesaktuellen Gebrauch geschrieben sind. Meist in einem
amüsierten oder staunenden Plauderton. Heute wirken sie gro-
ßenteils wie aus der Zeit gefallen. Erna Pinner verkehrt, wie sie
beschreibt, in den von ihr besuchten Ländern vor allem mit den
Vertretern der Oberschicht. Dabei hat sie aber durchaus ein
Gefühl für die Situation der einfachen Menschen, beobachtet
ihren schwierigen Alltag. Fotografiert sie mit ihrer Rolleiflex
und zeichnet. Manchmal, z. B. bei der Beschreibung von Syrien
und Palästina, versucht die Autorin, die Geschichte und die po-
litische Situation in den 1920er Jahren dort zu umreißen. Ihren Reisegefährten erwähnt sie jedoch nie. So entsteht der Eindruck, sie sei stets allein gereist.

Das ist, im Zeitraffer, das erste Künstlerinnen-Leben der Erna
Pinner. In ihrem zweiten, das 1935 in London beginnt, ist sie
tatsächlich allein unterwegs. Die Trennung von Kasimir Edschmid zieht sich über mehrere Jahre. Beide erkennen klar,
daß es für den Schriftsteller in England keine berufliche Per-
spektive gibt. Die »Nürnberger Gesetze«, die im September
1935 von den Nationalsozialisten erlassen werden, machen aus
ihrer Beziehung »ein strafbares Delikt« wie Edschmid-Bio-
graph Hermann Schlösser schreibt.[15] Edschmid will dennoch
in Deutschland bleiben. Erna Pinner kann und will als Jüdin
nicht in Deutschland bleiben. Doch diese Erkenntnis in die Tat
umzusetzen ist schmerzhaft.[16] Im März 1935 wird Erna Pinner

14  Erna Pinner: Ich reise durch die Welt. Berlin 1931. S. 9.
15  Hermann Schlösser: Kasimir Edschmid. Expressionist, Reisender,
Romancier. Eine Werkbiographie. Bielefeld 2007, S. 250.
16  Der Briefwechsel zwischen Erna Pinner und Kasimir Edschmid gibt
Aufschluß darüber. Die Schriftstellerin Ulrike Edschmid veröffentlichte

aus der »Reichskammer der bildenden Künste« ausgeschlossen. Im November 1935 reist sie nach England und verläßt damit Deutschland für immer. Bis 1939 ist es noch möglich, sich zu treffen. In London, in Ronchi/Italien, in Südfrankreich, auf der jugoslawischen Insel Rogoznica. Dann reißt der Kontakt ab.

Angesichts der Zeitläufte schreibt Erna Pinner an Kasimir Edschmid im November 1935 aus der Schweiz unterwegs nach London: »Es gibt immer zwei Wege. Entweder Feuer u. Asche speien – oder abseits sich eine Welt im Geist bauen, in der es immer Wege gibt. Die zu finden ist des Nachdenkens für Dich das Wichtigste.«[17] Diese Maxime befolgt sie ganz entschieden selbst in London. Sie verläßt sich auf die Kraft des Geistes und der Kunst. Auf ihre eigene innere Stärke. Doch sie macht sich wenig Illusionen, das ist in ihren Briefen immer wieder spürbar.

Zunächst aber erlebt die bei ihrer Einreise 45jährige Emigrantin »Jahre der Desorientierung und der Entbehrungen«.[18] Es ist nicht leicht, in einer fest gefügten Gesellschaft mit ihren nicht immer durchschaubaren Regeln, in der sie mit vielen Exilanten konkurriert, den eigenen Platz zu finden. Hilfreich sind ihre Verwandten mütterlicherseits, die Familie Joseph, insbesondere ihr Vetter Oscar Joseph, mit dem sie sich schon in Frankfurt gut verstanden hatte, als er dort ein Praktikum bei einer Bank absolvierte. Doch klar ist, daß sie sich schnell

1999 die Briefe des Künstlerpaares, allerdings von ihr bearbeitet: »Wir wollen nicht mehr darüber reden«. Erna Pinner und Kasimir Edschmid. Eine Geschichte in Briefen. München, 1999. Zur Trennung: S. 17–19. – Die Originalbriefe befinden sich jetzt im Deutschen Literaturarchiv, Marbach, Handschriftenabteilung.
17 Zitiert aus der Kopie des Originalbriefs in meinem Archiv, damals im Besitz von Enzio Edschmid, jetzt Deutsches Literaturarchiv, Marbach.
18 Lutz Becker: Von der Kunst zur Wissenschaft. Der erstaunliche Lebensweg der Erna Pinner. In: Ich reise durch die Welt. Die Zeichnerin und Publizistin Erna Pinner. Nr. 23 Schriftenreihe Verein August Macke Haus Bonn, 1997, S. 17–18.

darum kümmern muß, wirtschaftlich unabhängig zu sein. Zuerst wohnt sie in Green Croft Gardens, Süd-Hampstead. Dort besucht sie Edschmid noch im ersten Jahr ihrer Trennung. Bald findet sie eine kleine Wohnung in der Cleve Road, ebenfalls im Emigranten-Stadtteil Hampstead. In dem ebenerdigen kleinen Zweizimmerapartment des neu erbauten Cleve House, dahinter ein kleiner Garten, wird sie, unterbrochen von einigen Reisen, ihr weiteres Leben verbringen: 1936 bis 1987, ein halbes Jahrhundert.

Erna Pinner pflegt Kontakte zu alten und neuen Bekannten und Freunden, die ebenfalls nach England emigriert sind, darunter Elias Canetti, Anna Mahler, Oskar Kokoschka, Hilde Spiel, Gabriele Tergit und Berta Geissmar. Gleichzeitig aber versucht sie in der Londoner Szene beruflich Fuß zu fassen. Eine Schlüsselrolle nimmt hier, nicht nur für sie, Julian Huxley ein, seit 1935 Direktor der London Zoological Society und Leiter des Londoner Zoos. Huxley interessiert sich für bildende Kunst, arbeitet an der Modernisierung des Konzepts für den Londoner Zoo. Offenbar hat er auf einer Recherchereise zu den Zoologischen Gärten Europas in Frankfurt Erna Pinners Buch *Tierskizzen aus dem Frankfurter Zoo* gesehen,[19] die darin enthaltenen sparsam und federleicht auf das Papier geworfenen Tierstudien. Die Künstlerin ist also keine Unbekannte für ihn, und er führt sie in die London Zoological Society ein. Er wird ein Freund. Damit findet sie Zugang in die für ihren weiteren Weg extrem bedeutsame Welt der Zoologie.[20]

In der Folge entfaltet sich Erna Pinner als Illustratorin noch einmal ganz neu. Ihre akademische Ausbildung, ihre malerische und zeichnerische Erfahrung, sind ein solides Fundament, auf

19 Gespräch der Autorin mit Lutz Becker, London, am 5. Mai 1997.
20 Julian Huxley: Memories. Harmondsworth 1972, S. 222. – Vgl. dazu auch: Barbara Weidle: »Im Stromgebiet der Zoologie«: Erna Pinners Neuanfang im englischen Exil. In: Ursula Seeber, Veronika Zwerger, Doerte Bischoff u. Carla Swiderski (Hg.), Mensch und Tier in Reflexionen des Exils (Exilforschung, Bd. 39), Berlin 2021. S. 303ff.

dem sie neue Wege gehen kann. Ganz freiwillig geht sie diese nicht, und sie hadert auch hin und wieder mit der Veränderung ihres Stils. Die Veränderung wird ihr von den Zeitläuften aufgezwungen. Denn wäre sie nicht im Exil, wäre sie viel freier gewesen in ihren Entscheidungen. Sie hätte ihren federleichten Stil beibehalten, weiter um die Welt reisen können. Wer weiß, wohin sie das geführt hätte? Eine Frage, die sie sich vermutlich niemals erlaubt hat.

Als Emigrantin kann sie keinen Auftrag zur Illustration von Büchern ablehnen, vielmehr muß sie sich um Aufträge bemühen und ihre Arbeit in den Dienst anderer, zumeist populärwissenschaftlich schreibender Autoren stellen. Sie tut das mit Neugier, Kreativität, Forschergeist und Eleganz.

1936 zeichnet sie die farbigen Illustrationen für David Seth-Smith' Kinderbuch *Animal Favourites*. Der Autor, Zoologe und Kurator am Londoner Zoo, ist bekannt als Rundfunkmann und stellt bereits seit 1936 in einer Fernsehsendung Tiere vor: »The Zoo Today«.[21] »By the Zoo-Man« steht auf dem Cover des gemeinsamen Buches. Der Name Erna Pinner auch. Die hervorragenden ganzseitigen Zeichnungen, kraftvoll neben den Text gesetzt, vereinen stilistisch Vergangenheit und Zukunft. So finden einige Motive aus Büchern der 1920er Jahre Verwendung oder erinnern an sie, andere weisen auf Künftiges. Wie oft erforscht die Künstlerin hier den Zusammenhang von Malerei und Zeichnung, Farbe und Linie. Und das ist ein Charakteristikum ihrer Arbeit in England: Mögen es Auftragsarbeiten sein, immer ist Erna Pinner künstlerisch auf der Suche nach einer guten, originellen Lösung. Sie stellt sich jedes Mal der Herausforderung. Dabei geht sie durchaus pragmatisch vor, indem sie auf ihren Zeichnungsfundus zurückgreift und auch vor Wiederholungen nicht zurückschreckt. Aber sie probiert immer auch Neues aus.

21  https://de.wikipedia.org/wiki/David_Seth-Smith – Zugriff: 28.07.22

Sieben Bücher illustriert Erna Pinner bis zum Ausbruch des Krieges. Darunter der sehr auflagenstarke neue Führer des Londoner Zoos, 1937, für den sie eine Doppelseite gestaltet. Eine Weltkarte mit Tieren, natürlich à la Pinner.[22] Sie arbeitet in dieser Zeit auch an einem Entwurf für ein Tonrelief mit Seepferdchen an der Eingangsseite des Zoo-Aquariums, wie eine Korrespondenz mit dem Zoo-Kurator G. M. Vevers belegt.[23] Es kam offenbar trotz positiver Resonanz nicht zur Ausführung. Die Begegnung mit Henry Moore in diesen Jahren muß beglückkend und ermutigend für sie gewesen sein, wie sie ihrem Freund Lutz Becker viele Jahre später erzählt. 1937 ist Erna Pinner an einer Ausstellung in der Ward Gallery beteiligt.

Es sieht so aus, als habe sie es schnell geschafft in England. Während viele andere Emigrantinnen aus Deutschland höchstens als Haushaltshilfen arbeiten dürfen, kann die Illustratorin ihrem Beruf nachgehen. Aber so einfach ist es nicht. Von diesen Aufträgen leben kann sie kaum. Durch den Krieg verschärft sich die Lage noch. Erna Pinner malt Postkarten, Grußkarten, fertigt ausgestopfte Tiere aus Wachstuch an. Und sie unterstützt ihren Vetter Oscar Joseph bei Hilfsaktionen für Flüchtlinge aus Deutschland und Österreich. Mit einer Freundin, der Bildhauerin Anna Mahler, hält sie Feuerwache beim Blitzkrieg. Doch sie arbeitet weiter. Sie ist durchaus in der Lage, kommerziell zu zeichnen. Der zuckersüße Schutzumschlag zu Felix Saltens *Bambi's Children* (1940) bedient ein großes Publikum, das die Fortsetzung der die Herzen ergreifenden Geschichte von *Bambi* genießen will. Innen fängt die Künstlerin den Charme

---

22 Dank an Burcu Dogramaci für die Zusendung des pdfs des *Zoo Guide* aus dem Archiv der London Zoological Society. Ausführlicher dazu mein Aufsatz »Zoologie als Kunst: In London erfindet sich Erna Pinner noch einmal neu.« In: Eva Sabrina Atlan, Mirjam Wenzel (Hg.): Zurück ins Licht. Vier Künstlerinnen – Ihre Werke, ihre Wege. Ausstellungskatalog Jüdisches Museum Frankfurt, Bielefeld 2022.
23 Die Briefe befinden sich in der Deutschen Nationalbibliothek Deutsches Exilarchiv 1933–1945, Frankfurt a. M., EB 2005 / 33.

der tierischen Protagonisten in feinen schwarzweiß schraffierten Zeichnungen ein. Künstlerisch ist dieses erste Kriegsjahr für sie trotz allem ertragreich und inspirierend.

Die Zusammenarbeit mit dem aus Berlin emigrierten Psychologen J. A. Loeser, der über Verhalten und Instinkt von Tieren forschte, war für Erna Pinner vermutlich besonders anregend. Die These, daß Tiere Instinkten folgen, hielt er für falsch und hatte schon in Deutschland ein Buch darüber veröffentlicht. Seine Theorien und Beobachtungen waren in England kaum bekannt gewesen. Das Buch *Animal Behaviour* entstand auf Wunsch englischer Wissenschaftler, teils als Übersetzung des deutschen Textes, teils mit Ergänzungen und Überarbeitungen. Im Vorwort betont L. J. F. Brimble den intensiven Austausch des Autors mit Erna Pinner, die genau das gezeigt habe, was Loeser darstellen wollte. Loeser, der 1938 gesundheitlich geschwächt in England ankam, erlebte das Erscheinen des Buches nicht mehr, er starb im September 1939.[24] Die Arbeit kam ihrem Interesse entgegen, zumal sie in diesen Jahren sogar »Biologie nachstudierte«,[25] wie sie später in einem Brief an Kasimir Edschmid schrieb. Es ließ sich bisher nicht ermitteln, wie sie studiert hat und wo. Ob es ein Selbststudium war, ob sie wissenschaftliche Vorträge in der Zoological Society meinte, die sie regelmäßig hörte. Oder ob sie die Universität besuchte. Tatsache ist, daß sie sich intensiv in zoologische Fragen einarbeitete und sich auch mit Paläontologie befaßte. Ein Blick in das Inhaltsverzeichnis von Loesers Buch, in dem er zum Beispiel über Symbiosen und Parasitentum, Balzverhalten sowie Familienstrukturen schreibt, legt nahe, daß Erna Pinner hier erste Anregungen für ihr eigenes Buch *Curious Creatures* empfing. Ein Zusammenhang ist evident, auch was die Illustratio-

24 Johann A. Loeser: Animal Behaviour. Illustrated by Erna Pinner. London 1940. Vorwort von L. J. F. Brimble. Alle Informationen zu J. A. Loeser stammen aus diesem Vorwort.
25 Ulrike Edschmid, a. a. O., S. 38.

nen angeht, von denen einige in ihrem eigenen Buch, wenn auch verfeinert, wieder verwendet werden.[26]

Auch *Wonders of Animal-Life*[27] weist schon auf *Curious Creatures* voraus. Die querformatige Broschüre der Reihe Puffin Picture Books, die 1945 in einer Auflage von 100.000 Exemplaren auf den Markt kommt und nach drei Wochen ausverkauft ist, erscheint mit Zeichnungen von Erna Pinner, auf dem Cover vor der Autorin Monica Shorten genannt. Der Klebeumbruch hat sich erhalten und gibt Aufschluß über die Akribie Pinners. Hier zieht die gelernte Malerin, die, um einen günstigen Verkaufspreis zu ermöglichen,[28] direkt auf den Stein gezeichnet hat, farblich alle Register. Und dem Titel nach zu urteilen haben die Bilder Priorität. Der Seeteufel in diesem von der Zoologin und Spezialistin für Eichhörnchen Shorten[29] leicht verständlich geschriebenen Heft ist ein zweieiiger Zwilling des Seeteufels oder Anglerfischs, der den Haupttitel der Originalausgabe von *Curious Creatures* ziert. In allen Publikationen, die in den 1940er Jahren erscheinen, zum Beispiel auch in der Bilderheftreihe für Kinder *Zoo I–IV*,[30] sammelt die Künstlerin Material und Eindrücke, die in *Curious Creatures* Verwendung finden. Auch die englische populäre Art zu schreiben, die ihr als Feuilletonistin entgegenkommt, lernt die Künstlerin ausgiebig kennen.

Hin und wieder schreibt Erna Pinner für »Die Zeitung«. Artikel über Kreta, Baalbek, Syrien, Malta, Libyen, die mit ihren Illustrationen der 1920er Jahre veröffentlicht werden. Dabei greift sie auf ihre Erlebnisse und Erinnerungen der Reisejahre

26 Zum Beispiel die Abbildung 23 in Loesers Buch, »Young Duck-Bills«, Junge Schnabeltiere, die in *Curious Creatures*, London 1951, auf S. 111 auftaucht, wenn auch zeichnerischer.
27 Wonders of Animal-Life by Erna Pinner text by Monica Shorten. West Drayton, Middlesex and West Nork, 1945.
28 Erna Pinner in einem Brief an Erich Reiss vom 14. November 1946. Deutsches Literaturarchiv Marbach, Handschriftenabteilung.
29 https://tinyurl.com/yhzsh3xz – Zugriff: 30. Juli 2022.
30 Erna Pinner: Zoo I–IV. Bantham Picture Books, London 1944–1947.

zurück, formuliert aber ihre Texte vollkommen neu. »Die Zeitung« erschien von 1941 bis 1945 in London, »von Deutschen für Deutsche« gemacht, als »die einzige freie, unabhängige deutsche Tageszeitung, die es heute in Europa gibt«. Sie wurde von den britischen Behörden finanziell unterstützt.[31] Ein langer Artikel über Burgund erscheint am 23. September 1944 in der »Zeitung«, mit drei Zeichnungen der Autorin. Etwa 1950 macht Erna Pinner eine Werbebroschüre zu Burgund für den Weinimporteur Hallgarten, ein Emigrant aus dem Rheingau, in der sie die Zeichnungen aus Der Zeitung wiederverwertet und noch einige mehr hinzufügt.[32] Auch der kultivierte Text, »A Tale of Wines, Duchesses and Culinary Delights«, ist von ihr verfaßt. So vielseitig ist Erna Pinner, und sie ist sich für nichts einigermaßen Seriöses zu schade.

Die Realisierung ihres ersten eigenen Buches in England liegt bei Kriegsende noch in weiter Ferne. Persönlich ist Erna Pinners Situation in diesen Jahren schwierig. Ihre Mutter ist 1944 in England gestorben. Im Oktober 1945 erreicht sie von einem Bekannten zunächst die Nachricht, auch Kasimir Edschmid sei gestorben, was durch Nachrufe in Schweizer Zeitungen bestätigt worden sei. Das schreibt sie in einem Brief an Erich Reiss.[33] Doch dann informiert sie derselbe Bekannte kurze Zeit darauf, Edschmid sei noch am Leben. Die englische Juristin Marguerite Wolff,[34] eine Freundin Edschmids, die bei den Nürnberger Prozessen als Dolmetscherin arbeitete, stellt bald die Verbindung zwischen Edschmid und Pinner wieder her.[35]

31 Doris Hermanns: »Und alles ist hier fremd«. Deutschsprachige Schriftstellerinnen im britischen Exil. Berlin 2022, S. 142.
32 Erna Pinner: Burgundy. A Tale of Wines, Duchesses and Culinary Delight. London um 1950.
33 Brief Erna Pinner an Erich Reiss vom 22. April 1946. Deutsches Literaturarchiv Marbach, Handschriftenabteilung.
34 https://de-academic.com/dic.nsf/dewiki/2497243 – Zugriff: 3. August 2022.
35 U. Edschmid, a. a. O., S. 37 u. S. 220.

Am 21. April 1946 kommt die erste Nachricht von Kasimir Edschmid, und die hat es in sich: »und gestern erhielt ich einen Brief von Edschmid aus Ruhpolding, Oberbayern, Mühlhof, Amerikanische Zone, dass er a) verheiratet ist, b) zwei Kinder von 3½ und 4½ Jahren hat, und seit drei Jahren Publikationsverbot hatte«, berichtet Erna Pinner ihrem Freund Erich Reiss.[36] Seit 1940 sind Edschmid und die Geigerin Elisabeth von Harnier ein Paar.[37] Als wäre dieser Schlag nicht genug, erscheint 1946 Kasimir Edschmids *Das gute Recht*. Heute würde man den Text autofiktional nennen. Edschmid beschreibt in diesem sehr umfangreichen Buch etwas larmoyant – bedenkt man, was sonst in Deutschland geschah, vor allem der jüdischen Bevölkerung – die Leiden der inneren Emigration in Bayern, aber auch sein neues Leben mit Frau und Kindern. Das alles zwischen zwei Buchdeckeln zu lesen ist verletzend für Erna Pinner, und das gibt sie in ihren Briefen auch offen zu.[38] »Das Buch hat mir einen noch größeren shok [sic] gegeben ... als die Nachricht von K. Tod. Ich war ganz krank nach der Lectüre, die mich ja außerdem noch sehr persönlich etwas angeht«,[39] schreibt sie im Januar 1947 an ihren ehemaligen Verleger Reiss nach New York. Sie nimmt eine »Spiesserei« und »dumme Versnobtheit«[40] beim Lesen wahr, eine grundsätzliche Veränderung. Erich Reiss nennt das Buch »eine hundertprozentige Katastrophe, von jeder Seite aus gesehen. Vor allem rein persönlich.«[41] In einem Brief

36 Erna Pinner an Erich Reiss, 22.4.1946. S. Anm. 33.
37 Hermann Schlösser: Kasimir Edschmid, a.a.O., S. 270.
38 Vgl. dazu Eva D. Becker: Erna Pinner und Erich Reiss lesen Kasimir Edschmid *Das gute Recht*, in: Dennoch leben sie. Verfemte Bücher, verfolgte Autorinnen und Autoren. Zu den Auswirkungen nationalsozialistischer Literaturpolitik. (Hg. Reiner Wild u.a.) edition text + kritik 2003, S. 95–103.
39 Brief von Erna Pinner an Erich Reiss vom 23. Januar 1947. Deutsches Literaturarchiv Marbach, Handschriftenabteilung.
40 Ebenda.
41 Erich Reiss an Erna Pinner am 18. Januar 1947. Deutsches Literaturarchiv Marbach, Handschriftenabteilung.

an Kasimir Edschmid formuliert Erna Pinner ihre Getroffenheit so: »Ich scheue mich nicht zu bekennen, dass die verschiedenen Nachrichten, die mich im Laufe der Jahre über Deine Heirat, sowie über die neue Form, die Du Deinem ganzen Leben gegeben hast, aufs Tiefste schmerzten. Ich habe sehr lange gezögert zu realisieren, oder es war mir vielleicht gar nicht möglich es mir vorzustellen, inwieweit die äussere Wandlung Deines Lebens auch eine Innere zur Folge haben könnte, oder ... vielleicht umgekehrt. Dein Buch jedoch hat mir in der Lebensnähe seiner Darstellung keinen Zweifel darüber gelassen, dass Deine Wandlung innerlich bedingt ist und, dass Du durch Deine Ehe und Deine Kinder eine neue Gefühlswelt erobert hast.«[42]

Über den ersten brieflichen Wiederbegegnungen mit Edschmid schwebt aus all diesen Gründen eine dunkle Wolke. Es ist ein Kraftakt, vor allem für Erna Pinner, diese Lebensfreundschaft zu retten, und es ist faszinierend zu sehen, wie das gelingt.

Ein Foto erzählt davon: Es zeigt Kasimir, Elisabeth, Erna und die Tochter Cornelia Edschmid 1949 am Meer in Forte dei Marmi, Italien. Ein Schnappschuß gewiß, doch ein wirklich interessantes Dokument, denn es handelt sich bei dieser Reise um die erste Begegnung nach dem Ende des Zweiten Weltkriegs. Zehn Jahre sind seit dem letzten Treffen von Kasimir und Erna vergangen. Die Situation ist entspannt und gleichzeitig gespannt: Kasimir und Elisabeth hören Erna zu. Sie gestikuliert und ist ihnen zugewandt, wie sie sehr konzentriert ihr zugewandt sind. Das Bild berührt, weil dieses Zusammensein nicht frei von komplizierten Gefühlen ist. Es zeigt deutlich, daß beiden an der Kontinuität ihrer Freundschaft trotz aller Schwierigkeiten gelegen ist. Es zeigt aber auch, daß Ent-

42 Erna Pinner in einem Brief an Kasimir Edschmid vom 19. November 1946. Zitiert nach einer Kopie des Originals in meinem Archiv. Damals Besitz von Enzio Edschmid, jetzt Deutsches Literaturarchiv Marbach, Handschriftenabteilung.

Cornelia, Kasimir und Elisabeth Edschmid,
rechts Erna Pinner

spannung eingetreten ist und daß nach den Kriegsjahren ein schöneres Leben möglich scheint. Das Trio trifft in Ronchi die gemeinsame Bekannte Hilde Spiel, auch sie eine Londoner Emigrantin, die das Ferienleben damals im Sommer in Italien in ihren Memoiren so beschreibt: »Es ist die Zeit des ›Rumbas‹: in all den Nachtlokalen an den Meeresständen von hier bis Viareggio, zumeist ›Capanina‹ geheißen, und in den Cafés auf sandigem Boden unter Platanenbäumen bringen wir mit Freunden viele lange Abende zu. Lebensfreude, naiv, wunschlos und von allem Bedrückenden gelöst erfahren wir dort immer wieder.«[43]

Diese Sommerwochen in Italien sind bitter notwendige Atempausen. Der Alltag, das Leben in London ist anstrengend und von Entbehrungen geprägt. Und da ist eine große Erschöpfung nach den harten Kriegsjahren. Erna Pinner lebt in London zurückgezogen, arbeitet intensiv an den verschiedensten Buchprojekten, die sie in bezug auf Bild- bzw. Motivrecherche sehr

43 Hilde Spiel: Welche Welt ist meine Welt? Erinnerungen 1946–1989. München/Leipzig 1990, S. 116–117.

fordern. In den unmittelbaren Nachkriegsjahren ist sie erneut in Bibliotheken und Museen unterwegs. Zeichnet zum Beispiel »bei Kerzenlicht im Museum« fossile Reptilien für *The Corridor of Life*. Für dieses Werk arbeitet sie mit dem führenden Paläontologen und Saurier-Spezialisten des British Museum, W. E. Swinton, zusammen. Ihre witzigen, ansprechenden Illustrationen von Dinosauriern tragen wesentlich zum attraktiven Erscheinungsbild des Buches bei, wie der Autor im Vorwort dankend konstatiert.[44] An der von Erna Pinner zusammengestellten Liste der Quellen, darunter malerische Rekonstruktionen des Amerikaners Charles R. Knight, läßt sich die Komplexität der Aufgabe ablesen. Auch Ernst Haeckels wunderbare Zeichnungen in *Kunstformen der Natur* (1904) finden sich als stilistischer Einfluß in diesem Buch. Während der Arbeit im Winter 1947 fühlt sich Pinner wegen des aktuellen »Kohlenmangels« an die Kriegsjahre erinnert.[45] Aufgrund ihrer Krankheit leidet sie besonders unter dem kalten feuchten Winter in England. Die künftigen Italienurlaube, die sie sich eigentlich nicht leisten kann – das Reiseticket bekommt sie in den kommenden Jahren mehrmals von einer ehemaligen Patientin ihres Vaters geschenkt –, sind für ihre Gesundheit lebenswichtig und eine willkommene Abwechslung vom englischen Klima.

»Abseits eine Welt im Geist bauen«, wie sie es Edschmid 1935 geraten hat, das ist es, was ihr trotz allem, wirklich zu gelingen scheint. Sie pflegt Freundschaften, ist Mitglied des PEN-Zentrums deutschsprachiger Autoren im Ausland, führt eine vielfältige Korrespondenz, u. a. auch mit Theodor W. Adorno, aber sie braucht nicht viele Menschen, wie sie Edschmid freimütig mitteilt: »Außerdem bin ich am liebsten allein hier in meinem flat, da mich Menschen nur noch sehr selten interessieren.«[46]

44 W. W. Swinton: The Corridor of Life. Illustrations by Erna Pinner. London 1948. S. 7.
45 U. Edschmid, a. a. O., S. 52.
46 U. Edschmid, a. a. O., S. 70.

Mit Gottfried Benn tauscht sie sich, nachdem sie durch Vermittlung von Erich Reiss trotz Bedenken wegen seiner problematischen Haltung im NS-Staat wieder Kontakt mit dem alten Freund aufgenommen hat, neben persönlichen Dingen, über ihre und seine Arbeit aus. Auch diese Briefe zeigen ihren geistigen Anspruch, ihre Intensität im Denken, ihre Klugheit.[47] Sie habe in den »14 Jahren der Emigration den kleinen Nachen« bestiegen, der sie »auf das« ihn »stets so anziehende Stromgebiet der Biologie, Zoologie und Palaeontologie hinaustrieb«, schreibt sie im August 1949 an Benn.[48]

Als 1951 *Curious Creatures* bei Jonathan Cape erscheint, ist Erna Pinner 61. Das Buch ist ihr bestes in England, hier führt sie ihre Illustrationskunst zur Meisterschaft. Die Entstehung zog sich über einige Jahre hin, und die Vorzeichen änderten sich unterdessen. Das Buch auf englisch zu schreiben – ein ziemlicher Kraftakt für eine Nichtmuttersprachlerin – war nicht der eigentliche Plan gewesen. Im November 1946 berichtet sie Erich Reiss stolz und gestreßt: »Ich habe inzwischen mit Cape ein neues Buch über ›Curious Creatures‹ abgeschlossen mit 150 ganzseitigen Bildern. Weiss der liebe Gott, wann ich das mache!«[49] Der Text soll eigentlich von dem Zoologen und Kurator des Londoner Zoos G. M. Vevers geschrieben werden. Nachdem sie acht Monate darauf gewartet hat und dann von einem Zusammenbruch des Autors erfährt, handelt sie, ermutigt durch Kasimir Edschmid:[50] »Jetzt schreibe ich das Buch *Curious Creatures* wirklich selbst und es frißt mich vollkommen

47  Immer Dein Bellalliancestraßengefährte. Der Briefwechsel Erna Pinners mit Gottfried Benn 1946–1956. In: Ich reise durch die Welt. Die Zeichnerin und Publizistin Erna Pinner. Nr. 23 Schriftenreihe Verein August Macke Haus Bonn, 1997, S. 139–157.
48  Ebenda, S. 142.
49  Erna Pinner an Erich Reiss, 14. November 1946. Deutsches Literaturarchiv Marbach, Handschriftenabteilung.
50  U. Edschmid, a. a. O., S. 89–90.

auf. Bin bei Kapitel sieben. Das ist fast die Hälfte, etwa achtzig Seiten und siebzig verschiedene Tiere, darunter die Schnecke und ihr Hermaphroditismus ... und alles auf englisch.«[51] Diese Herausforderung meistert sie mit Bravour. Elegant und im Stil eines guten TV-Tierfilms, vielleicht angeregt auch durch ihre Zusammenarbeit mit dem »Zoo-Man«, schreibt sie über die Eigenarten einzelner Tiere, webt Kulturhistorisches und selbst Beobachtetes ein, nennt wichtige Forscher, deren Schriften sie zu Rate zieht. Erzählt von eigenen Erlebnissen. Auch die populäre Art von *Brehms Tierleben*, sowohl was das Schreiben als auch die lebendigen Illustrationen angeht, die die Tiere als Lebewesen mit Gefühlen zeigen, hat ein Echo in diesem Buch gefunden. Die Geschichte des Erzählens über Tiere läßt sich vom 19. Jahrhundert bis zu den Bestiarien des Mittelalters zurückverfolgen. Was Erna Pinner, obwohl sie nicht selbst Primärforschung betrieben hat, mit den Forschern des 19. Jahrhunderts verbindet, ist, daß Text und Zeichnung aus einer Hand stammen. So arbeiteten zum Beispiel auch Adelbert von Chamisso und Alexander von Humboldt. Und erst recht im 17. Jahrhundert die aus Frankfurt stammende Malerin und Forscherin Maria Sibylla Merian, deren Werk Erna Pinner natürlich bekannt war. Sie erwähnt den Namen in *Curious Creatures* im Zusammenhang mit dem Kapitel über »Insekten mit sonderbaren Körperformen«. Auch mit den Schriften des Insektenforschers J. Henri Fabre ist die Autorin vertraut. Mit ihrem Text stellt sie sich in eine lange Tradition und schafft gleichzeitig etwas Eigenes. Sie bietet den Leserinnen ihr Wissen geschickt dar, indem sie eine originelle Gliederung vornimmt: So behandelt sie den »Kampf um Nahrung«, das Thema »Nestbau«, »Väterliche Brutpflege« zum Beispiel und fächert die Erkenntnisse über die verschiedenen Tierarten auf. Die Illustrationen vertiefen die beschriebenen Eigenarten der Tiere. Im Kapitel »Wassertiere, die Luft atmen« beschreibt Pinner auf zauberhafte Weise

---

51 Ebenda.

das Axolotl als »eine Art dauernde Larve, die sich nicht weiterentwickeln will«, als »Peter Pan der Tierwelt«. Sie erklärt auch, Forschungsstand 1951, daß das Axolotl die Larvenform des nordamerikanischen Salamanders sei.

Die dazugehörige Zeichnung erfaßt die Eigenheiten des Tieres, etwa die ungewöhnlichen Kiemenäste am Hals. Pinner setzt ihnen kleine Schnecken und Pflanzenranken hinzu. Das in tiefem Gewässer seitlich gezeigte Tier mit dem für Reptilien typischen starren Gesichtsausdruck ist in bewegte Wasserpflanzenblätter eingebettet, und ein Paar Luftblasen deuten die Atmung an. Feine parallele Schraffuren und Linien erinnern, wie häufig bei den Illustrationen Pinners in dieser Zeit, an Keramik der Weimarer Republik, das Spritzdekor. Stets verbindet sie künstlerisch eine gewisse Naturnähe mit Formstrenge und zeichnerischen Markierungen wie Punkten und Strichen. Auch der Pottwal und der Gorilla sind gelungene Beispiele dieses Vorgehens. In ihren Illustrationen scheint aber auch die Fragilität der Natur auf, die Verletzlichkeit von Pflanzen und Tieren, und sie formuliert durchaus auch schon ein Gefühl für die Bedrohung der Natur durch den Menschen, zum Beispiel wenn sie über die Bemühungen des Gorilla-Forschers Carl Akeley zur Errichtung des Albert-Nationalparks in Belgisch-Kongo schreibt.

Sie selbst nennt ihr Arbeiten im »tierbiologischen Bereich« schon früh eine »General-Science-Linie«.[52] *Curious Creatures* kann man als eine kondensierte Vorform des modernen Nature Writing betrachten. Das Buch *Wahre Monster* von Caspar Henderson mit Bildern von Pauline Altmann und Judith Schalansky zum Beispiel wäre hier als späterer Verwandter zu nennen.[53] Während Erna Pinner trotz aller künstlerischen Freiheit an einer genaueren Darstellung der Tiere interessiert ist, sind die

---

52 U. Edschmid, a. a. O., S. 38.
53 Caspar Henderson: Wahre Monster. Ein unglaubliches Bestiarium. Aus dem Englischen von Daniel Fastner. Mit Illustrationen von Pauline Altmann und Judith Schalansky. Naturkunden No. 15 (Hg. von Judith Schalansky), Zweite Auflage Berlin 2017.

Tiere in den Illustrationen von Pauline Altmann und Judith Schalansky jedoch eingebettet in eine Ästhetik, die den Zeitgeist der Zehner Jahre des 21. Jahrhunderts repräsentiert. Und doch ist da eine Verbindung, wenn man sich z. B. die Illustration zum Axolotl anschaut.[54]

*Curious Creatures* wird ins Französische, Dänische, Niederländische, Schwedische übersetzt. Eine spanische Ausgabe sei in Vorbereitung, schreibt Erna Pinner 1959 zufrieden an Gabriele Tergit: »Das Buch hat somit ›sieben foreign rights‹ bis jetzt zu verzeichnen.«[55] *Curious Creatures* erscheint auch in den USA. Die deutsche Übersetzung, die 1955 im Zsolnay Verlag unter dem Titel *Wunder der Wirklichkeit. Seltsame Geschöpfe der Tierwelt* herauskommt, besorgt die Autorin selbst. Das Buch orientiert sich in Satz und Auswahl der fast auf ein Drittel der Originalausgabe reduzierten Abbildungen weitgehend an der französischen Ausgabe *Étranges Créatures* von 1953. Von der Kritik wird es überall freundlich aufgenommen. »Erna Pinners Werk liest sich mit anhaltendem Vergnügen«, findet Le Figaro. »Erna Pinner hat so hinreißende Illustrationen gezeichnet, wie ich sie in Büchern dieser Art noch nie gesehen habe«, kommentiert Time and Tide, London. »Wer ihr Buch aus der Hand legt, dem hat sich unweigerlich etwas von jenem Entzücken mitgeteilt, mit dem sie selbst das Leben großer, kleiner und kleinster Lebewesen betrachtet und festgehalten hat«, schreibt Hilde Spiel in der Zürcher Weltwoche. Und »Dänemarks bedeutendster Biologe« Hans Hvass findet: »Ihre Illustrationen hinterlassen den starken Eindruck ihrer ungewöhnlichen Persönlichkeit«.[56]

54 Ebenda, Abbildung S. 18.
55 Brief an Gabriele Tergit mit Autorinneninformationen für den Eintrag der PEN-Mitglieder vom 3. Februar 1959. Deutsche Nationalbibliothek, Exilarchiv 1933–1945, EB 93/178-D.01.0086. – Die spanische Ausgabe ist vermutlich nie erschienen.
56 Alle Kritiken: Umschlag der deutschen Ausgabe von 1955.

»Amerikanische Kritiken über ›Curious Creatures‹ fantastisch gut. Halbe Seite im ›Herald Tribune‹ mit drei Abbildungen: ›British artist Erna Pinner successfully turned zoologist‹! Das Leben ist eine Metamorphose«, schreibt Erna Pinner im April 1954 stolz an Kasimir Edschmid.[57]

*Wunder der Wirklichkeit* mit 61 Illustrationen, schickt sie an Bernhard Grzimek,[58] der Mitte der 1950er Jahre Direktor des Frankfurter Zoos ist. Eine durchaus schillernde Persönlichkeit, in den 1960er und 1970er Jahren durch seine Fernsehsendungen mit lebenden Tieren sehr bekannt, und ein engagierter Naturschützer. In seinem Dankesbrief bittet Grzimek sie um ein Exemplar ihres Zoo-Buchs von 1927, da alle Akten und Bücher während des Krieges verbrannt seien.[59] Die beiden haben viel gemeinsam. Es entsteht mit der Zeit nach anfänglicher Skepsis ihrerseits ein intensiver Austausch: »Das weitaus interessanteste Tier unter all seinen Tieren ist er selbst. Ein toller Mann. Warum er einen Narren an mir gefressen hat, weiß ich nicht. Vielleicht, weil wir uns nie persönlich begegnet sind«, kommentiert Erna Pinner das mit dem ihr eigenen Humor.[60] Aber telefoniert haben sie. »Trotz aller ›hörbaren‹ schwierigen Eigenschaften enfin un homme!«[61] Seine Aufforderung, an der von ihm und dem Verhaltensforscher Konrad Lorenz seit 1960 herausgegebenen Zeitschrift »Das Tier« mitzuarbeiten, war sicher eine feine Anerkennung von höchst professioneller Seite. Doch schrieb Erna Pinner schon seit 1948 als Wissenschaftsjournalistin für die Zürcher Zeitschriften Die Tat und Die Weltwoche, ab 1960 für die Naturwissenschaftliche Rundschau, Stuttgart.

57 U. Edschmid, a. a. O., S. 135.
58 Grzimek war als Moderator der Sendung »Ein Platz für Tiere« eine Berühmtheit des deutschen Fernsehens. Sein Film »Serengeti darf nicht sterben«, 1959, erhielt einen Oscar. – Siehe dazu: Claudia Sewig: Bernhard Grzimek. Der Mann, der die Tiere liebte. Köln 2009.
59 Bernhard Grzimek an Erna Pinner am 28. Oktober 1955.
60 U. Edschmid, a. a. O., S. 218.
61 U. Edschmid, a. a. O., S. 222.

Ihre Vorträge zu zoologischen Fragen für den WDR, die sie in den 1960er Jahren hielt, sind in Rundfunkarchiven leider nicht mehr auffindbar. Mit *Born Alive* und *Unglaublich, und doch wahr* legte sie 1959 und 1964 zwei weitere erfolgreiche Bücher vor, die in der Art an *Curious Creatures* anknüpften. *Born Alive* erschien 1961 auf Deutsch, wieder in der Übersetzung der Autorin.

Zwar führte Erna Pinner ein intensives, arbeitsreiches Leben mit vielen Illustrationsaufträgen, doch in den 1950er Jahren ist ihre wirtschaftliche Situation immer noch sehr bescheiden. Es reicht gerade so zum Leben. Mit ihrer Schwester Maria Oldham muß sie ihren Anspruch auf das elterliche Grundstück in der Bockenheimer Landstraße durchsetzen. Durch den Einsatz des Germanisten Wilhelm Sternfeld erhält sie, wegen ihrer Polioerkrankung zu 50 % als Invalidin eingestuft, ab 1955 immer wieder Mittel aus dem Künstlerfonds des Süddeutschen Rundfunks. Ab 1957 bekommt sie, mit Hilfe des im Nachkriegsdeutschland sehr angesehenen Edschmid, endlich eine Berufsentschädigungsrente von monatlich 429 DM.[62] Und dann ist da noch die verlorene Kunstsammlung ihrer Eltern. Da ihre Mutter Anna ursprünglich geplant hatte, sie mit nach England zu nehmen, gab es dazu detaillierte (Umzugs)-Listen. Eine Akte im Frankfurter Städel Museum gibt Aufschluß darüber, wie zäh und lang der Kampf um Wiedergutmachung war. Allein das Gutachten zum Wert der Sammlung zu erstellen dauerte Jahre. Zu dem wohl wichtigsten Bild Oscar und Anna Pinners, dem Gemälde *Paraphrase*, einem sehr qualitätvollen Porträt, das Ernas ehemaliger Lehrer Lovis Corinth von seiner Frau Charlotte 1908 gemalt hatte, gab es erst 2013 eine Einigung der Erben Erna Pinners mit dem Privatsammler, in dessen Besitz das Ölbild jetzt ist.[63]

Die Konsequenzen von Krieg und Exil waren für das Leben

62 Vgl. dazu ausführlicher: Weidle: Im Stromgebiet der Zoologie, a. a. O., S. 321–322.
63 Vgl. dazu ausführlicher: Weidle, »Zoologie als Kunst: In London erfindet sich Erna Pinner noch einmal neu.«, S. Anm. 22.

von Erna Pinner also in vielen Hinsichten massiv und herausfordernd. Sie hatte Verluste auf allen Ebenen zu verkraften. Persönlich, künstlerisch, beruflich, materiell.

Die Verbindung mit Kasimir Edschmid blieb fragil und doch verläßlich. Sie trug bis zum Tod Kasimir Edschmids 1966. Erna wechselte mit Elisabeth bis zu ihrem eigenen Tod 1987 weiter regelmäßig Briefe.

Bis zu ihrem neunzigsten Geburtstag, 1980, publizierte sie in Zeitschriften und freute sich über gelegentliches Interesse an ihrer künstlerischen Arbeit aus Deutschland.

In den letzten zwei Jahren habe ich, lesend und schreibend, viel an Erna Pinner gedacht. Ich habe mir die Künstlerin, über die ich im Laufe der Zeit mehr erfahren habe, als ihr lieb gewesen wäre, vorgestellt. Wie sie auch im Alter, in den späten 1960er Jahren, elegant und gut zurechtgemacht, ihren jungen Freund, den in London studierenden Maler und späteren Filmhistoriker Lutz Becker empfing. Von ihm weiß ich von diesen Besuchen, die ihre Einsamkeit unterbrachen, und die sie genoß. »Kommen Sie vorbei, wenn Sie ein Loch in der Zeit haben,« pflegte sie zu ihm zu sagen.[64] Er wollte von ihr etwas über die Vergangenheit erfahren, von ihrer Arbeit, von dem »versunkenen« Teil ihres Lebens.[65] Ich imaginiere sie in ihrer kleinen Wohnung, an ihrem Arbeitstisch. 3 Cleve House, Cleve Road. Telephone MAIda Vale 4361. So steht es auf ihrem Briefkopf. Die vielen Jahre, die sie dort verbracht hat bis zu ihrem Tod im Mai 1987. Ihr dramatisches Leben. Ihre Klarheit und Selbstgenügsamkeit. Ihre große Passion für das Zeichnen und Schreiben. Eine grandiose Künstlerin. Eine ungewöhnliche, faszinierende Persönlichkeit. Sie ist mir ans Herz gewachsen. Eine bleibende Inspiration. Und ich wünsche mir, daß sie nicht vergessen wird.

*Barbara Weidle    August 2022*

64 Gespräch mit Lutz Becker, London, 5. Mai 1997.
65 So formulierte sie es 1946 brieflich an Erich Reiss.

## Editorische Notiz

*Curious Creatures* erschien 1951 mit 152 Illustrationen in England. 1955 wurde das Buch als *Wunder der Wirklichkeit* in Deutschland veröffentlicht. Nur 61 Illustrationen der Originalausgabe fanden Eingang in die deutsche Ausgabe, die von der Autorin selbst übersetzt worden war. Das vorliegende Buch vereint die englische und die deutsche Ausgabe: Alle 152 Illustrationen des Originals sind der deutschen Fassung beigegeben. Im Text selbst wurde nur ganz gelegentlich korrigiert, wo es sich um eindeutige Fehler oder um einer schwindenden Vertrautheit mit der deutschen Sprache geschuldete Ausdrücke handelte; die Zeichensetzung wurde behutsam angeglichen. Einige wenige Passagen, die in der deutschen Ausgabe fehlten, wurden aus der englischen Ausgabe übersetzt.

*Curious Creatures* erschien zuerst 1951 bei Jonathan Cape, London.
Die von der Verfasserin besorgte deutsche Übersetzung erschien
unter dem Titel *Wunder der Wirklichkeit* 1955 bei Paul Zsolnay,
Hamburg-Wien. Sämtliche Illustrationen stammen von Erna Pinner.

Dank an Enzio Edschmid für die Fotos im Nachwort,
an Lutz Becker, Kat Menschik und an
The Estate of Erna Pinner, London.

© 2022 Weidle Verlag
Beethovenplatz 4, 53115 Bonn
www.weidle-verlag.de
Lektorat: Barbara Weidle
Korrektur: Stefan Weidle
Gestaltung und Satz: Friedrich Forssman
Schrift: Hertz von Jens Kutílek
Scans und Druck: Ph. Reinheimer GmbH, Darmstadt
Bindung: Schaumann, Darmstadt

Die Deutsche Bibliothek – CIP-Einheitsaufnahme
Ein Titeldatensatz für diese Publikation ist bei
Der Deutschen Nationalbibliothek erhältlich.
Dieses Buch wurde klimaneutral gedruckt.
natureOffice.com | DE-077-134232

ISBN 978-3-949441-05-9